이천의 인물

해월 최시형, 세상을 구한 평민지식인

저자 소개 _ 백 승 종

　정치, 사회, 문화, 사상을 아우르는 전방위 역사가, 역사 저술가. 독일 튀빙겐대학교, 보훔대학교, 막스플랑크 역사연구소, 서강대학교, 경희대학교, 한국기술교육대학교 등 국내외 여러 대학교 및 연구기관에서 역사와 문화를 연구하고 가르쳤다.

　저서로 한국사와 서양사를 비교 분석한 《상속의 역사》, 《신사와 선비》, 한국의 전통사상을 재해석한 《조선, 아내 열전》, 《세종의 선택》, 《문장의 시대, 시대의 문장》 등이 있다. 《금서, 시대를 읽다》와 《정조와 불량선비 강이천》은 각각 한국출판평론학술상, 한국출판문화상을 받았다. 그 외에도 《도시로 보는 유럽사》, 《제국의 시대》, 《시민을 위한 이천의 역사 - 조선 전기, 후기 편 》, 《모재 김안국》 등 30여 권이 넘는 역사서를 집필해 동서양 역사에 두루 정통한 폭넓은 식견을 시민과 공유하는 데 힘쓰고 있다.

해월 최시형
세상을 구한 평민지식인
────────────────────
초판1쇄 _ 2025년 6월 10일

지은이 _ 백승종
펴낸이 _ 소재두
편　집 _ 심재진
펴낸곳 _ 논형 (등록 제386-3200000251002003000019호)
　　　　　 경기도 고양시 덕양구 꽃마을로 36, DMC스타비즈 6st 708호
　　　　　 전화 02-2138-2043 팩스 070-4833-2063 jdso6313@naver.com

ISBN 978-89-6357-996-2 93900

이천의 인물

해월
최시형

세상을 구한 평민지식인

해월 최시형(1827~1898)은 세상이 질곡에 빠져 허우적댈 때 홀연히 나타난 인물이다.
그는 사람들의 마음을 위로하고 세상을 바로잡기 위해 보따리 하나를 달랑 메고 30년
넘게 고난의 길을 걸었다. 사람들은 그를 '최보따리'라고 불렀다.
알다시피 그는 동학의 제2대 교주로서 한 가지 염원을 품고 살았다. 다른 변화도 다
의미가 있으나, 정말 중요한 것은 지배와 종속으로 얼룩진 인간과 사물의 관계를
근본적으로 바꾸는 것이다. 최시형의 생각은 바로 그것이었다고 본다.

백승종 지음

해월 최시형1827~1898은 세상이 질곡에 빠져 허우적댈 때 홀연히 나타난 인물이다. 그는 사람들의 마음을 위로하고 세상을 바로잡기 위해 보따리 하나를 달랑 메고 30년 넘게 고난의 길을 걸었다. 사람들은 그를 '최보따리'라고 불렀다.

알다시피 그는 동학의 제2대 교주로서 한 가지 염원을 품고 살았다. '다른 변화도 다 의미가 있으나, 정말 중요한 것은 지배와 종속으로 얼룩진 인간과 사물의 관계를 근본적으로 바꾸는 것이다.' 최시형의 생각은 바로 그것이었다고 본다. 말하자면, 관계의 질적 전환에 최시형의 바람이 있었다. 그는 종교적 인물이었고, 따라서 정치 사회적 변화 이상으로 개인의 내적 변화에 더 깊은 관심을 가졌다는 것이다.

최시형의 고뇌

그러나 최시형이 살았던 시대는 내우외환이 겹쳤으므로, 동학은 새로운 정치 운동이자 사회운동으로 농민의 여망에 부응했다. 1894

머리말

년 봄에 남쪽에서는 동학농민이 들고 일어나 "보국안민輔國安民"의 기치 아래 혁명을 일으켰다. 그러자 동학 지도층은 현실참여의 수위를 둘러싸고 갈등했다. 한편에서는 가난한 소농민의 요구를 대변하며 하루빨리 외세를 축출하고, 부정부패한 기득권층을 갈아치우자는 주장이 높았다.

그러나 혁명을 반대하는 이들도 많았다. 그들이 현실을 굳이 외면해서 그랬던 것은 아니다. 아직은 교조教祖인 수운水運 최제우崔濟愚의 억울한 죽음조차 신원伸冤하지 못하고 있는 처지였다. 그러므로 동학이 관헌官憲과 물리적으로 충돌하는 것이 과연 현명한 일인지 염려하는 목소리가 작지 않은 것은 당연한 이치였다.

물불을 가리지 않고 농촌 현실의 개혁을 주장하는 것이 과연 옳았을까. 또는 사태를 유심히 관찰하며 교단의 내실부터 다지는 것이 더더욱 필요한 일이었을까. 최시형은 동학의 최고 지도자로서 깊은 고뇌에 빠졌다. 구한말 조선에서 그처럼 큰 집단의 영수로 산다는 것은 참으로 난감한 일이었다.

그는 농민의 처지를 십분 공감했으므로 깊은 우려 속에서 부디 최악의 사태만은 피할 수 있기를 바랐다. 그러나 관군과 일본군의 폭력적 행위는 최시형의 노선을 바꾸어놓았다. 1894년 가을이 되자 저들은 동학교도라면 무조건 토벌대상으로 삼아버렸다. 이제 최시형으로서도 더는 참을 수 없는 상태가 되었다. 그는 무력투쟁에 돌입하였다.

"인심이 천심이고, 이것이 천운이다. 도중道衆을 모아 전봉준과 힘을 합치라. 그리하여 교조최제우의 원한을 풀어드리고 동학의 큰 뜻을 이루자."

1894년 9월에 최시형은 마음을 바꾸어 투쟁의 대열에 나섰다. 하지만 동학농민은 안타깝게도 공주 우금치에서 좌절했고, 최시형은 체포령을 피해 다시 숨어야 했다. 그때 그는 경기도 이천과 여주 및 강원도 원주에서 그림자도 없는 사람처럼 지냈다. 이처럼 위급한 상황에서도 최시형은 '이천식천以天食天'과 '향아설위向我設位' 등 여러 가지 중요한 법설法說을 선포하였다. 귀한 가르침으로 후세를 일깨웠으니, 참으로 큰 업적이었다.

하지만 나날이 좁혀오는 관헌의 포위망을 피하지 못하고, 결국은 강원도 원주에서 체포되었다. 즉각 서울로 압송된 최시형은 교수형을 받았다. 1898년 음력 6월 2일이었다. 그를 심판한 고등재판소 판사 중에는 조병갑도 포함되어 있었다. 1894년에 전봉준이 동학농민혁명의 횃불을 높이 들게 만든 고부 군수 조병갑, 바로 그 사람이었다. 죽어 마땅한 탐관오리의 손에 최시형이 희생되고 말았으니 이럴 수도 있는가.

머리말

최시형의 깨달음

최시형은 세상을 구원하고자 애쓴 평민지식인이었다. 알다시피 그때 세상에서는 계층, 성별, 나이에 따라 사람을 차별했다. 그런데 최시형은 차별을 세상의 고질병이라고 비판하였다.

"사람은 한울이라 평등이요 차별이 없나니. 사람이 억지로 귀천을 가리는 것은 한울님 뜻에 어긋나리라."

그는 폭력이 사라진 세상을 추구했으니, "어린아이도 한울님을 모셨으니 때리지 말고 울리지 마옵소서."라고 가르쳤다. 이런 가르침에 힘입어 훗날에 어린이날이 제정되었다. 또, 최시형에게는 아이뿐만 아니라 여성도 존중받아 마땅한 존재였다.

"부인이 남편의 뜻을 따르지 아니하면 정성을 다해 절하라. 온순한 말로 한 번 절하고 두 번 절하면 비록 도척盜跖 같이 나쁜 부인이라도 좋게 변하리라."

요컨대 최시형은 가정폭력에 반대하며 부부가 화순和順을 바탕으로 평화롭게 살기를 당부했다.
최시형의 이상은 자급자족적인 소규모 공동체를 만드는 것이었다. 지배도 사라지고 소유도 사라진 새로운 인간관계를 그는 열망했다.

이러한 그의 신념은 '이천식천以天食天'이라고 하는 새로운 경지를 열었다. 달리 표현하면 인간은 지극히 존귀한 세상 만물의 도움으로 삶을 영위한다는 뜻으로, 최시형은 '생태 문명으로의 전환'을 추구한 셈이다. 그는 인간사회의 평등과 평화를 토대 삼아, 장차 우주 만물이 평등함을 인식하고 공존공영의 길로 나아가자고 주장하였다. 나는 그의 사상에 "만물평등주의"라는 이름을 붙이고 싶다. 나날이 어두워가는 19세기 말에 조선의 가난한 평민지식인 가운데 최시형과 같이 탁월한 사상가가 출현해 인류에게 희망을 선사했다는 점이 경이롭다.

감사의 말씀

이 책은 해월 최시형의 언행을 다루고 있다. 최시형이야말로 세상을 구한 평민지식인이라는 관점에서 현대의 교양 시민들이 꼭 알았으면 싶은 내용을 차곡차곡 담은 것이다. 그런데 필자는 동학 또는 천도교를 신봉하는 종교인이 아니라 한 사람의 역사가로서 최시형과 그의 시대를 바라보았다. 그러므로 천도교에서 최시형의 가르침을 해석하는 방식과는 거리가 클 것이므로, 이 점 너그러이 양해하여 주기를 부탁드린다.

여러 가지 문헌을 열람하고, 생각을 정리하는 데 여러분의 아낌없는 도움이 있었다. 언제나 선배 또는 동료로서 격려와 응원을 아끼지 않는 여러분께 감사드린다. 특히 역사를 함께 공부한 홍영기, 최옥환, 김규완, 정정환, 정재철, 장순순, 이영남, 김병남, 이병규, 정치영, 배재현, 고윤수, 김상훈, 정일영, 조성민, 남혜림, 박준영, 정기정 선생님의 격려에 감사드린다. 아울러 관련 연구자료를 제공해준 동학농민혁명재단에게도 감사의 인사를 올린다.

또, 필자의 동학 연구에 깊은 관심을 보여주신 존경하는 이만열 교수님을 비롯하여 이근수, 강정구, 조성민, 이명재, 최자웅, 이철, 박충구, 김영, 임재해, 조헌정, 김규복, 이명재, 김창규, 최승언, 이태행, 이흥용, 이대남, 유정현, 홍주민, 김상기, 이승렬, 이영호, 김경일, 정갑환, 김규돈, 조정환, 정종훈, 김근수, 최석진, 김응교, 손원영, 홍덕진, 이윤홍, 이병련, 문병율 선생님 등에게 삼가 감사의 말씀을 올린다.

그리고 필자를 고무하여 이 책을 쓰도록 안내하신 이천문화원의 조성원 원장님과 이인수 이천학연구소장님과 이동준 사무국장님 그리고 유선영 연구원님의 친절한 배려에도 감사한 마음을 표현하고 싶다.

끝으로, 난삽한 원고를 정성껏 다듬어 볼 만한 책자로 꾸며준 논형의 소재두 대표님과 편집진 일동에게 고개 숙여 감사드린다.

2025년 5월 11일 동학농민혁명기념일에
평택 석양재石羊齋에서
백승종 삼가

서장

평민지식인 해월의 역사적 사명

최시형은 구한말에 풍운을 몰고 온 종교적 천재로, 그의 삶은 한국의 역사에 한 획을 그었다. 특히 말년에는 이천과 여주 등에서 사상적 완성을 보았다고 해도 지나친 말이 아니다. 그의 삶과 사상은, 또 다른 역사적 혼란기에 빠져든 것으로 보이는 21세기 한국의 교양 시민에게 과연 어떠한 가르침을 줄 것인가. 이 책을 쓰는 동안 필자는 그러한 물음을 화두(話頭)로 삼고 항상 고뇌하였다. 세계 여러 나라에서 민주주의가 위기에 빠지고, 전쟁의 광풍(狂風)이 날로 심각해지는데 해월 최시형에게서 우리는 과연 무엇을 얻을 것인가.

조선 후기에는 유학(儒學)이 광범위하게 보급되어 양반이 지식을 독점하던 시대가 저물었다. 잘 따져 보면 유학 또는 유교의 정점에 있는 공자(孔子)란 인물 자체가 지식과 교양의 대중화를 적극적으로 추진하였다. 그는 상하 귀천을 가리지 않고 배움을 원하는 모든 이에게 자신의 지식을 기꺼이 나눠주었다. 그러므로 조선에서도 유교화(儒敎化)가 진행될수록 교육의 수혜자가 늘어나, 결국에는 '평민지식인'의 시대를 열기에 이르렀다.

동학(東學)을 창도한 수운 최제우도 그렇고 이 책의 주인공 해월 최시형도 전형적인 평민지식인이었다. 그들의 후계자인 의암 손병희나 동학농민혁명의 선두에 섰던 전봉준과 김개남 등도 다르지 않았다. 19세기 말에 한국사회의 변혁을 이끈 이는 상당수가 바로 평민지식인이었다.

아래에서는 다음의 네 가지 사항을 살펴볼 것이다. 그 첫째는 동학과 평민지식인의 관계를 살펴보는 것이다. 둘째는 동학이 나타난 시대적 배경을 짚어보는 것이며, 셋째는 수운 최제우가 동학을 창도(唱導)하고, 그 흐름이 해월 최시형에게 이어진 사실을 간명하게 정리할 예정이다.

이러한 검토는 평민지식인 최시형의 삶과 사상을 좀 더 깊이 이해하는 데 필수적인 예비 지식일 것이다. 참고로, 이 장의 맨 끝에는 각 장에서 다룰 여러 가지 주제를 간단히 소개할 것인데, 우리가 함께 떠날 역사 여행의 안내도라고 보면 좋겠다.

1. 평민지식인과 동학

수운(水雲) 최제우(崔濟愚, 1824-1864)는 지금부터 약 200년 전에 경상도 경주에서 태어났다. 그 뒤를 이어 동학을 이끈 이가 곧 해월(海月) 최시형(崔時亨, 1827-1898)이었는데, 두 사람은 모두 평민지식인이었다. 특히 최시형은 세상 사람들이 스스로 깨우쳐 인간관계는 물론이고 인간과 만물의 관계까지도 질적으로 평등하게 전환하기를 소망하였다.

필자는 아래에서 두 가지 이야기를 해볼 생각이다. 하나는 '평민지식인'이란 누구이고, 우리 역사 속에서 어떻게 성장하였는지를 살펴보는 것이다. 수운과 해월의 역사적 뿌리를 더듬는 작업이다. 또, 하나는 동학의 초기 지도자였던 수운과 해월이 추구한 바가 무엇인지를 분석할 것이다. 필자는 그것이 '자주적 근대화'였다고 보는데, 그에 관한 구체적인 설명이 필요하다.

평민지식인의 사회적 성장

조선 후기가 되자 기득권층인 양반보다도 새롭게 등장한 "평민지식인"이 역사적으로 훨씬 더 의미 있는 역할을 하였다. 평민지식인이 앞장서 조선왕조를 무너뜨리고 새로운 세상을 이루고자 하는 사업을 펼쳤다는 뜻이다. 양반은 자신들의 특권을 유지하기 위해서라도 조선왕조의 존속을 바랐다. 그들은 백성의 처지가 어찌 되었든지 자신들이 조정에 나아가 한 자리를 차지하면 그만이었다. 그러나 평민지식인은 생각이 달랐다. 그들 대다수는 양반이 군림하던 조선왕조가 망하기를 소망했다.

조금만 더 설명을 붙여보면, 본래 '지식'이란 두 가지 다른 성격을 가진다. 확산적 성격과 독점적 성격이다. 한편으로 지식은 무수히 복제되어 사방으로 확산하는 속성이 있다. 그러나 다른 한편으로, 소수의 특권층은 지식을 자신들이 독점하려고 한다. 현대사회는 초고속 정보 통신망과 디지털의 발달로 지식정보의 생산·유통이 매우 빠르고 쉽게 이루어져 지식정보에 대한 일반인의 접근성과 이용 가능성이 높다. 반면에 특별한 지식정보는 여전히 일부만이 독점한다. 법률가나 의료인과 같은 소수 전문직이 특권을 누리는 배경에는 그런 속성이 작용하고 있다.

17세기부터 한국에서는 지식의 독점이 사라지기 시작했다. 비슷한 시기에 지구 북반구에서 일어난 보편적 현상이었다. 프랑스, 영국, 이탈리아 및 독일 등 유럽 여러 나라에서 평민지식인이 급증하였다. 일본, 중국 및 베트남 등에서도 그와 비슷한 현상이 나타났다. 사회경제적 발전과 맞물린 현상으로 보이는데, 각 나라는 역사적으로 다른 경험을 하는 가운데서도 상당한 공통점이 있었다.

북반구의 여러 나라는 사회·경제·문화적으로 유사한 점이 적지 않았다. 흔히 17세기를 '소빙기(小氷期)'라고 부르며 사회경제적 위기가 심했다고 주장하지만, 그러한 위기를 극복하는 가운데 여러 나라에서 사회경제적 조건이 크게 개선되기도 하였다. 유럽에서는 의식주를 염려하지 않고 고급문화를 누리고자 하는 중산층이 크게 확대되었다. 그들의 문화적 수요는 급증하였고, 그에 따라 지식의 독점이 빠른 속도로 붕괴했다. 중국과 일본 등에서도 유럽과 비슷한 상황이 연출되었다.

당시에 우리 사회는 어떠한 모습을 보였을까. 흔히는 북반구의 다른 나라들과 마찬가지로 조선에서도 시장경제가 발전하였다는 주장이 있다. 수공업과 광업이 발전하고 교역이 증대되어 새로운 중산층이 대두했다는 것이다. 그래서 18세기부터는 조선에서도 서민 문화가 융성하였다는 것이 통설이다.

그런데 그 당시 사회는 매우 복잡한 성격을 띠고 있었으므로, 한마디로 설명하기는 어렵다. 필자가 보기에, 조선 후기에는 부의 편중이

전보다 훨씬 더 심해졌고, 이것이 결국은 평민들에게 지식이 널리 보급되는 배경이 되었다. 이를 달리 말하자면, 가난한 양반이 많이 생기는 바람에 그들이 지식을 널리 보급하는 데 뛰어들었다는 것이다.

사회경제적 변화를 따라가지 못한 가난한 양반은 생계를 유지하기 위해서 누구에게든지 자신의 지식을 팔려고 나섰다. 그들 가난한 양반에게는 약간의 지식밖에는 아무런 재산이 없었다. 그들은 자신의 지식을 공유하는 대가로 약간의 수입을 마련하였고, 그것으로 생계를 이어 나갔다. 요즘 말로, 비정규직 떠돌이 지식인이 많아진 것이다.

조선 후기에는 위에 말한 것과 같은 양반지식인에게서 지식을 얻는 평민이 갈수록 많아졌다. 더구나 유교 경전에 따르면 지식인은 예의를 갖추고 배움을 청하는 사람이 있으면 당연히 지식을 전해준다고 되어있다. 유교의 가장 큰 스승 공자도 3천 명이나 되는 제자를 거느렸는데, 신분에 따라 입학을 거절한 일은 없었다. 누구든지 말린 고기 몇 덩이만 가지고 찾아와도 공자는 그를 제자로 삼았다. 이는 《논어》에도 기록 되어있는 엄연한 사실이다. 그러므로 조선의 가난한 양반지식인이 평민에게 일종의 수업료를 받고 글을 가르치는 것은 당연한 일이었다.

결과적으로 시간이 흐르면서 차츰 평민 가운데서는 지식인이라 불릴 만한 똑똑한 인재가 많아졌다. 그들이 바로 '평민지식인'이다. 조선 후기에는 물론 이러한 용어가 존재하지 않았다. 이 표현은 필자가 만든 것이다. 역사 용어는 당대 사회에서 널리 통용한 것도 있고 후세가 만든 것도 있다. 가령 고려의 "호족(豪族)"이나 조선 후기 "실학자"는 후대에 만든 것이다. 평민지식인도 그와 같다.

17세기 이전에는 평민지식인이라 불릴 만한 계층이 없었다. 조선 전기에는 가난한 양반이 사회문제로 부각될 만큼 많지도 않았고, 그들에게 수학한 평민이 하나의 사회세력으로 성장할 수도 없었다. 하지만 조선 후기에는 양반층의 상당수가 여러 대에 걸쳐 조정에 나가지 못하였고, 평민 중에도 배움을 얻고자 하는 사람들이 무척 많아졌다.

그리하여 18세기에는 평민지식인으로 활동하는 이가 다수를 차지하였다. 여러 마을에서 글을 가르치는 훈장 중에도 평민지식인이 적지 않았다. 그들은 상당한 지식이 있었으나 벼슬을 얻지는 못하였으므로, 달리 할 수 있는 일이 없었다. 각지의 평민지식인 중에서 한문에 능통한 사람이 유달리 많은 곳도 있었는데, 황해도, 평안도 및 함경도가 그러했다. 그런데 그런 북쪽 지방은 예부터 조정으로부터 부당한 차별을 당하였다. 차별이 심하면 심할수록 그 지역의 평민지식인은 조선왕조를 원망하는 마음이 컸다. 누구라도 그들의 처지를 이해할 수 있을 것이다.

18세기 이후 북쪽 지방 출신의 평민지식인 중에는 다수가 《정감록》 등 여러 종류의 정치적 예언서를 탐독하고, 편집 또는 개작(改作)

하면서 조선왕조를 저주하였다. 그들은 정치적 예언서를 바탕으로 왕조의 비운을 예상하고, 심지어 왕조를 전복하려는 역모사건에도 개입하였다. 북부 지방의 평민지식인 가운데 상당수는 활동 무대를 남쪽 지방으로 확대하였으므로, 왕조의 처지에서 보면 불온한 내용의 정치적 예언서가 전국에 퍼져나갔다. 필자가 연구한 결과는 그와 같다.

정치적 예언서 《정감록》 등이 널리 유행한 배경에는 떠돌이 평민지식인이 결정적인 역할을 하였다. 조선 후기에 그들 평민지식인의 활동 거점은 서당이었다. 서당의 훈장은 오늘날의 개념으로는 비정규직이었다. 그들은 고용이 불안정하였으므로 사회경제적 불만이 더욱 많았다. 서당은 조선을 지탱하는 필수적인 교육기관이었으나 국가는 운영에 필요한 재정을 지원하지 못하였고, 따라서 엄격히 통제할 수도 없었다. 대개는 마을 유지의 보조금을 바탕으로 서당이 유지되었으므로, 서당 훈장은 임기 보장도 없이 겨우 몇 달 동안 머물거나 잘해야 일이 년을 버티고는 다른 곳으로 떠나갔다.

평민지식인이 훈장 노릇만으로 생계를 해결하기는 어려웠다. 그들은 여러 가지 부업을 가지고 있었는데, 예컨대 풍수지리에 관한 지식을 토대로 장례와 이장(移葬)을 주관하는 지관(地官) 노릇도 하고, 의약에 관한 지식으로 진맥을 하거나 탕약을 짓고 값비싼 약재를 구매하는 등의 역할도 했다. 또는 송사(訟事), 즉 재판에 개입하여 문서를 대리 작성하기도 하고, 각종 집안행사에 필수적인 시문과 제문 등을 지어주고 대가를 받았다. 이처럼 다양한 부업에 종사하며 평민지식인은 여러 계층의 사람들과 사귀었다.

그들은 전국 방방곡곡을 떠돌아다니다가 믿음이 가는 친구가 생기면 몰래 간직하고 있던 《정감록》 등의 정치적 예언서를 공유하였다. 더러는 중앙과 지방의 불우한 선비들과 함께 왕조를 전복할 계획을 마련하고 그들과 함께 비밀조직을 만들었다. 18세기 후반에는 조선사회를 떠들썩하게 만든 역모사건이 많았는데, 필자가 연구한 바로 그런 사건의 중심에는 북부지방 출신인 평민지식인이 다수 있었다. 그 뒤로는 북부지방의 평민지식인이 아니라 남부지방의 평민지식인이 주도한 비밀결사도 나타났다. 역모사건은 19세기에도 전국 각지에서 발각되었으며 그 배후에는 반드시 평민지식인이 낀 비밀결사가 있었다. 사회 변혁의 기운은 날로 증가하는 추세였다.

이제 조선왕조를 전복하려는 운동의 주체를 북부 또는 남부지방의 평민지식인이라고 특정하기는 어렵게 되었다. 요컨대 전국 어디에나 조선왕조에 깊은 원한을 품은 평민지식인이 많았다. 그들은 생명의 위험을 무릅쓴 채 반(反) 왕조활동에 적극적으로 뛰어들었다.

조선왕조에 반대하는 것이 평민지식인만은 아니었다. 그중에는 정권을 빼앗긴 문벌(門閥) 귀족도 있었고, 평범한 농민과 승려 및 무속인도 존재하였다. 다양한 세력이 연합하여 조선왕조를 공격한 것이다. 그래

서장 _ 평민지식인 해월의 역사적 사명

도 그 중심에는 평민지식인이 있었다는 것이 필자의 주장인데, 그들이 일으킨 역모사건이 가장 활발하게 일어난 것은 정조 때였다.

우리는 보통 정조라고 하면 어진 임금으로 조선 후기의 르네상스 시대를 연 명군(名君)이라고 한다. 실제로 정조가 학식도 탁월하였고 백성을 널리 사랑한 것은 의심할 여지가 없는 일이었으나, 후세의 평가와는 달리 정조가 다스리던 시대는 태평성세와는 거리가 아주 멀었다. 일반 백성은 굶주림에 시달렸고, 조세와 군역과 환곡의 폐단이 이전에 비하여 더욱더 심하였으면 심하였지 누구나 평안하게 살 수 있는 세상이 온 것은 아니었다.

정조 때는 천주교에 대한 탄압도 심했다. 19세기의 역사에서 보게 되는 전면적인 박해사건은 아니었으나, 정조는 여러 가지 방법으로 천주교 신자를 가혹하게 탄압했다. 정약용과 박지원도 정조의 명령에 따라 천주교를 박멸하는데 앞장섰다는 점은 꽤 널리 알려진 사실이다.

바로 그 시절에 《정감록》을 비롯한 정치적 예언서를 가지고 반란을 일으키려고 지하에서 움직이는 평민지식인이 여러 지방에서 활동했다. 바로 그러한 정치사회적 문제를 본격적으로 다룬 것이, 필자의 책 《정조와 불량선비 강이천》(푸른역사, 2011, 제52회 한국출판문화상)이다.

위에서 설명한 역사적 과정을 통해 평민지식인은 날로 성장하였다. 19세기 후반에 이르러 평민지식인의 활동은 신종교의 탄생으로 귀결되었다. 그때 최제우가 경주에서 동학을 선포하고 세상을 구하는 거창한 사업을 펼친 것은 우연이 아니었다. 한마디로, 최제우라고 하는 종교적 천재의 등장은, 17세기부터 이 땅에서 평민지식인들이 다양한 활동을 벌인 결과였다.

자주적 근대화라는 지향점

수운 최제우는 한 사람의 평민지식인으로서 오래된 비밀결사 운동의 전통을 계승하고, 마침내 동학이라는 신종교를 열었다. 그의 제자 최시형은 스승의 가르침을 널리 선포하며 조직의 외연을 더욱 확대하였다. 당연히 그는 동학의 가르침을 심화하였는데, 필자는 동학의 가르침을 "관계의 질적 전환"이라고 정의한다. 수운 등은 옛날과는 다른 방법으로 작동하는 새 세상을 꿈꾸었기 때문이다. 그들이 사용한 용어에 따르면 "후천개벽(後天開闢)"이 그것이다. 새 세상은 여러 가지 측면에서 설명할 수 있지만, 한마디로 표현하면 '자주적 근대화'였다. 이는 필자가 만든 용어이다.

'근대화'라고 했으나, 그것은 누구에게나 익숙한 근대화라는 개념과는 성격이 다르다. 근대화라고 하면 사람들은 두 가지를 염두에 두기 마련이다. 하나는 산업혁명을 기점으로 펼쳐진 유럽식의 산업화, 곧 기계가 설치된 공장제도를 떠올리기 일쑤이다. 또 하나는 프랑스

대혁명에 뿌리를 둔 정당제 민주주의의 성립이다. 그런데 이 두 가지는 동학의 '자주적 근대화'와는 거리가 멀다.

그 차이점을 설명해보자. 민주주의라면 근대 유럽사회의 핵심가치이고, 그것은 동학에서 말하는 "사람이 곧 하늘(人乃天)"이란 사회와 유사해 보인다. 하지만 자세히 살펴보면 차이가 크다. 동학은 사람들끼리만 자유롭고 평등한 관계를 맺으려고 한 것이 아니었다. 조선의 평민지식인은 모든 존재의 상호관계에 질적 전환이 일어나야 한다고 확신했고, 인간사회에서는 무엇보다도 '해원상생(解冤相生)'을 추구했다. 상대에 대한 원망을 해소하고 함께 살자는 것은, 차별과 소외에서 비롯된 일체의 갈등과 대립을 해소하자는 뜻이다.

최제우와 최시형은 사회문제의 핵심이 '결원(結怨)', 즉 한과 원한이 쌓여 있는 현상이라고 보았다. 서로가 서로를 용서하지 못하게 된 것은 차별이 극심했기 때문이다. 정치, 경제, 문화적으로 지배권력이 독점되었기 때문이라는 비판이었다. 바람직한 것은 공유와 공존인데, 그보다는 독점과 착취가 횡행하여 모두를 불행에 빠뜨렸다는 지적이다. 현실사회의 문제는 소유와 지배, 강압이 짓누르기 때문이란 것이다. 일리가 있는 분석이다.

우리가 이런 문제를 해소하려면 무엇을 어떻게 해야 할까? 사회적 긴장과 대립을 해소하고, 경제적 양극화를 극복해야 한다. 문화적 헤게모니도 지배층의 독점물로 인식하면 곤란하다. 조선의 평민지식인은 이와 같은 여러 가지 문제의 해결책을 한마디로 '해원상생'이라고 표현하였다. 필자가 보기에는, 이야말로 진정한 한국식 근대화였다.

기계와 공장이 도시든 마을이든 어느 곳에나 들어선 산업화가 동학의 근대화는 아니다. 평등과 자유를 주장하면서도 실제로는 소수 특권층의 독주를 허용하는 민주화라면, 그것은 허울에 지나지 않는다. 세상의 진정한 주인인 대다수 시민이 깊은 잠에서 깨어나야 한다. 그래야만 사회경제적 질곡을 벗어나 "관계의 질적 전환"을 이룰 수 있다. 그런 상태를 최제우와 최시형 등은 '개벽(開闢)'이라고 불렀다. 크게 다시 열린 세상, 즉 후천개벽의 시대에는 '유무상자(有無相資)'가 저절로 이뤄진다. 재물의 유무는 인정하면서도 그들 사이에 아무런 차별이 없는 세상을 동학은 지향하였다.

동학농민혁명 때 전봉준 등 다수의 평민지식인은 '유무상자'의 정신을 강조하였다. 그것이 곧 '해원상생'의 밑거름이라고 보아서였다. 동학의 어법으로 말하면 우리가 모두 하늘[1]이요, 우리는 하늘이면서도 또 다른 하늘을 날마다 먹고 사는 것이다. 공기도 하늘이요, 물 한 방울, 먼지 하나도 모두 하늘이다. 모든 생명체와 우주 만물을

---

1 이 책에서는 "하늘"을 "천(天)" 또는 "한울"이라고 하였으며, "하느님"을 "천주(天主)" 또는 "한울님"이라고 하였다. 알다시피 동학과 천도교의 한글 문헌에서는 "한울" 또는 "한울님"이라고 하였으며, 한문으로 된 문헌에서는 "천(天)" 또는 "천주(天主)"라고 기록하였다. 표현은 달라도 그 뜻에는 차이가 없다. 그런데 이 책의 제1장에서는 주로 "하늘"이라고 했고, 제2장부터는 "하늘"과 "한울"을 같이 사용하였다. 제6장에서는 주로 "한울" 또는 "한울님"이란 용어가 많이 나온다. 동학 또는 천도교의 경전을 인용할 때 거기에 쓰이는 표현을 그대로 따랐고, 문맥에 따라 혼용하기도 하였다.

한없이 소중하게 여긴 20세기 한국의 여러 사상가들, 특히 바보새 함석헌과 무위당 장일순은 동학의 전통을 제대로 이어받았다고 하겠다. 그들이 소망한 새 세상이 '자주적 근대화'인데, 그 중심에는 모든 관계를 질적으로 전환하려는 의지가 위치하고 있었다.

그들은 우주 자연을 자신의 생명처럼 소중히 여기는 인간으로 가득한 세상이 밝아오기를 바랐다. 깊은 잠에서 깨어난 개인이 서로의 지혜를 모아 만든 새로운 세상을 염원한 것이다. 그것은 평화와 정의가 강물처럼 넘치는 세상, 소박함으로 가득한 풍요의 세상이다.

2. 시대 배경

18세기 후반이 되자 역사의 격랑이 일어났다. 이제 변화는 누구도 피할 수 없는 운명처럼 되어갔다. 그러나 조선왕조는 뚜렷한 개혁을 하나도 시행하지 못한 채 낡은 관습에 끌려가고 있었다. 그러자 평민 지식인은 불만을 터뜨리며 사방에서 "불온한" 사건을 연달아 일으켰다. 그중 하나는 "괘서(掛書, 일종의 벽보)" 사건이었다. 또 다른 사건으로는 "작변(作變)", 즉 변란을 음모하고 실천에 옮기기도 하였다.

조선 후기의 위기는 다면적이었다. 한편으로 국내에서는 여러 가지 모순이 축적되어 민란이 일어났으며, 다른 한편으로 서구 제국주

의 세력의 침략이 노골적으로 시작되었다. 그와 때를 같이 하여 조정
에서는 서양 종교인 천주교를 박해하는 사건이 잇따랐다. 또, 이웃나
라 일본도 급격하게 변화하였다. 일본의 지도층은 서양 세력이 동아
시아로 직접 진출하자 위기의식을 느낀 나머지 개방정책을 서둘렀다.
나중에 일본은 조선에 대한 침략정책을 추진하기에 이르렀다. 이상의
네 가지 변화는, 최제우와 최시형의 생각과 행동에도 깊은 영향을
끼쳤다.

민란의 시대

19세기가 되자 국내 상황은 더욱 심각해졌다. 이른바 삼정(三政),
즉 전정(田政, 조세 문제), 군정(軍政, 군역 문제) 및 환정(還政, 환곡 문제)이
더욱더 무너져, 철종 13년(1862)에는 전국 각 지방에서 민란이 일어났
다. 탐관오리와 그들의 뒷배에 해당하는 조정에 모든 책임이 있었으
나, 모든 고난은 무고한 백성의 몫이었다.

19세기 후반에 일어난 초기의 민란은 그 규모가 작았다. 포악한
수령을 고을에서 몰아내는 데 그치는 정도였다. 백성은 관리와 향리
의 잘못을 지적하는 민소(民訴, 백성의 고발장)를 작성하여 관찰사에게
처벌을 호소하고, 얼마 뒤에는 통문(通文)을 사방으로 보내 무리를
모은 다음에 관아로 쳐들어가 지방관을 내쫓았다. 더러는 인명이

서장 _ 평민지식인 해월의 역사적 사명

살상되기도 하고, 관청이 불태워지고 했다.

그때마다 조정에서는 조사관을 파견해 문제의 지방관과 궐기한 백성을 처벌하는 방식으로 안이하게 대처하였다. 평민지식인은 이러한 사태의 추이를 목격하고 본격적인 민란을 일으켜야만 문제를 고칠 수 있다는 생각을 하였다. 나중에 동학농민혁명이 고을이라고 하는 협소한 테두리를 벗어나 전국적인 차원에서 일어난 것은 정치사회적 요구를 반영한 것으로 볼 수 있다.

서양 제국주의의 침략

조선 후기에 평민지식인은 서양 제국주의 침략으로 말미암아 심각한 위기를 느꼈다. 알다시피 19세기 중반부터 유럽 여러 나라에서는 시민과 노동자까지도 자신들의 권익을 주장하였다. 영국에서는 "차티스트" 운동을 벌이며 노동자들도 참정권을 요구하였다. 각종 총파업과 노동자운동을 통하여 유럽 각국의 시민은 정치적 주체로 등장하였다.

그러한 새로운 분위기 속에서 1861년에 러시아에서도 농노해방령이 공포되었다. 또, 미국에서는 '남북전쟁'이 일어나 남부의 흑인노예가 해방되는 등 엄청난 사회변화가 일어났다. 이처럼 하층민의 정치사회적 약진이 계속되는 가운데 각국의 지배층은 '내셔널리즘'을 앞세워 영토 전쟁을 여러 차례 벌였다. 러시아, 터키, 프랑스, 영국, 독일, 오스트리아 등이 뒤엉켜 자국의 이익을 극대화하기 위한 전쟁에 나섰다.

그들 제국주의 국가는 해외에 식민지를 건설하려고 각축전을 벌였다. 라틴아메리카와 아프리카를 차지한 것은 옛날 일이었고, 인도와 동남아시아도 진즉에 그들의 수중으로 들어갔다. 19세기에는 다시 청나라와 일본, 베트남 그리고 조선까지도 수중에 넣으려고 안간힘을 썼다.

중국은 동아시아의 최대강국이었으나, 19세기 초반부터 영국의 먹잇감으로 추락해 이른바 '아편전쟁'의 치욕을 두 번이나 겪었다. 특히 제2차 전쟁 때는 영국과 프랑스가 연합군을 편성해 북경까지 유린하였고, 그 소식이 조선에 널리 퍼졌다. 당시에 청나라 황제는 그들을 피해 멀리 피난을 떠나기도 하였다. 1858년(철종 9)에 청나라는 천진조약을 강요당했고, 1860년에는 북경조약을 맺기도 하였다. 이로써 서양 세력은 천주교를 포교할 권리를 인정받았다. 그뿐 아니라 청나라는 영국에게 구룡반도를 떼어주는 등 당대의 조선인이 도저히 이해하기 어려운 사건이 일어났다.

천주교의 역할

조선의 관점에서 볼 때 19세기 후반의 국제정세는 종잡을 수 없이 복잡하고도 불리하였다. 그러므로 국내에 들어와 있던 서양종교 천주교에 대한 의혹과 두려움은 날로 증폭되었다. 천주교를 유교나 불교와는 다른 하나의 종교로만 간주할 수 없는 처지였다. 서구의 침략 위협을 눈앞에 둔 조선사람들에게 천주교는 심각한 위해 요인이었다.

천주교는 조국을 배반할 가능성이 가장 높은 집단으로 여겨져 무자비한 박해를 받았다. 무고한 생명이 희생된 것은 실로 안타까운 일이나, 당시에는 그들에 대한 박해를 당연하게 여기는 풍조가 있었다.

일본의 근대화

영국과 프랑스 등의 무력 침략을 제대로 방어하지 못하고 청나라가 무참히 꺾이는 모습에 일본은 크게 동요했다. 그런데 그들은 이미 17세기부터 네덜란드와 접촉하며 근대 서양의 발전상을 정확히 인식한 터였다. 일본에는 수천을 헤아리는 '난학자(蘭學者)', 즉 서양학 전문가가 활동하고 있었다. 그중에는 서양의학에 정통한 이도 많았고, 다수가 서구 언어를 습득해 서양의 인문사회과학은 물론이고 자연과학에 관해서도 상당히 깊은 이해를 가지고 있었다. 수구적인 경향의 사무라이도 어느 지방에서나 널리 퍼져있었으나, 결국 일본은 문호를 개방하고 서구식 산업화에 착수하였다. 그들은 곧 제국주의적 침략 국가의 길을 걷게 되었다.

최제우의 대응

경주 출신인 최제우는 처음에 무명장사를 하며 사방을 편력하였다. 그는 지방관헌의 부패와 백성의 고난을 눈으로 확인하고서 신종교 창도의 꿈을 키웠다. 그의 시대에 불교는 이미 황폐하였고, 유교는 형식주의에 흘렀으며, 외래 종교인 천주교는 탄압의 대상이었다.

어느 날 그는 정성을 다해 하늘에 제사지내고 나서 하느님의 말씀을 들었다. 그리하여 37세 되던 해에 보국(保國), 안민(安民)과 포덕천하(布德天下)의 일대사업을 선포하였다. 즉 동학의 교문(敎門)을 열었다. 그 이듬해 38세로 《동경대전(東經大全)》 4편과 《용담유사(龍潭遺詞)》 8편을 저술하였다.

40세 때는 자신의 도통(道統)을 해월 최시형에게 넘겨주고, 그해 3월에 이단(異端)이란 지목을 받아 대구에서 사형을 받았다.

다 아는 대로 최제우의 가르침을 받은 동학교도는 훗날 농민과 함께 지방관의 폭정에 저항하여 동학농민혁명을 일으켰다.(1894년) 그런데 최제우는 내정뿐만 아니라 외부의 침략세력에 관해서도 신경을 곤두세웠으므로, 동학은 자연히 반(反)제국주의적 성격을 띠었다.

최제우는 자신의 종교를 동학이라 부르고 천주교를 서학(西學)이라고 하여 동서 간의 대립을 은연중에 표현하였다고 본다. 그는 <권학가>에서 서양사람들이 청나라에서 교회당을 짓고 천주교를 포교하는 점을 비판하였다. 그는 천주교를 "탈국멸민(奪國滅民)", 즉 나라를 빼앗고 백성을 멸망시키는 사교(邪敎)라고 하였다. 최제우는 동학을 서학으로 오해하지 말라고 해명하는 동시에 서양의 침략을 경고하였다.

"우리나라에 악질이 가득 차서 백성들이 연중 편안할 날이 없다. 이역시 다치고 해를 입을 운수이다. 서양은 싸우면 이기고 공격하면 빼앗아 이루지 못하는 일이 없으니 천하가 모두 멸망하면 순망치한(脣亡齒寒)의 탄식이 없지 않다."(<포덕가>)

최제우의 이러한 관점은 당시 조선사회에 널리 퍼져있던 일반적인 생각과 다름이 없었다. 그리고 그는 일본이 다시 조선에 쳐들어올 것이므로 경계를 늦추지 말라고 일렀다.(<안심가>)

3. 동학의 창도와 계승

수운 최제우는 종교적 천재였다. 그는 시대가 당면한 여러 가지 문제를 해결하기 위해 신종교인 동학을 개창하고 많은 제자를 길렀다. 그의 포교 활동은 비록 수년에 그쳤으나 그 효과는 적지 않았다. 아래에서는 그의 생애를 간단히 살펴보고, 동학의 가장 큰 특징인 21자(字) 주문에 관해 알아보겠다. 끝으로 동학의 또 다른 특징인 삼교합일론(三敎合一論), 즉 유불선이 근본적으로 다르지 않다는 주장에 관해서도 알아본다.

최제우의 한평생

순조 24년(1824) 10월에 최제우는 경주의 서쪽에 있는 가정리(柯亭里)에서 태어났다. 마을 앞에는 용담(龍潭)이라 불리는 맑은 연못이 있고, 연못 건너편에 구미산(龜尾山)의 소나무 숲이 아름답다. 최제우의 아명은 복술(福述)이고, 호는 수운(水雲)이었다. 아버지는 이름을 옥(鋈)이라 하였고, 호는 근암(近庵)이었다. 학덕은 높았으나 평생 과거에 급제하지 못하고 훈장으로 지냈다. 어머니 한씨는 재가한 과부였다. 최제우는 근암의 서자였다.

어린 시절에 부모를 잃었으며, 20세 때 화재로 모든 재산을 잃었다. 결혼한 지 얼마 되지 않았으나 사방을 유랑하며 지냈는데 생활고로 고생이 심했다. 시대의 아픔을 깊이 절감하여 유교와 불교에서 길을 찾고자 애썼으나, 길이 잘 보이지 않았다.

철종 10년(1859)에 방랑을 끝내고 고향으로 돌아왔는데, 그 이듬해 경신년(1860) 4월에 하늘의 뜻을 받들어 득도하였다. 그는 자신이 무극대도(無極大道)를 세상에 펼칠 사람이라는 확신을 얻었다. 이어서 동학의 경전인 《동경대전(東經大全)》과 《용담유사(龍潭遺詞)》를 저술하였다.

최제우가 강조한 것은 '시천주(侍天主)'와 '개벽(開闢)'이란 두 가지 개념이다. 먼저 시천주는 모든 사람이 각자 자신의 마음속에 천주를 모시고 있는 존귀한 존재라는 자각과 직결된다. 그리고 개벽은 곧 신세계가 열린다는 부푼 기대를 담고 있다. 관계의 질적 전환을 의미하는 후천개벽은 새로운 세상의 도래를 약속한 것으로 대단히 높게 평가된다.

그런데 최제우는 무력 폭동으로 새 세상을 열 수 있다고 주장하지 않았다. 그는 천시조화(天時造化)로 개벽이 온다고 하였다. 조화란 전면적인 일대변혁을 가리킨다. 최제우는 주문을 통해 조화가 이뤄진다고 믿었다. 이는 《정감록》에 나오는 궁을부(弓乙符)와 같은 것으로, 21자 주문을 통해 이뤄지는 것으로 믿었다.

많은 사람이 동학에 쏠린 것은 그 교리가 매력적이었기 때문이다. 동학은 기존의 종교인 유불선(儒佛仙)이나 민간신앙과 나름없어 보이면서도 세상을 변화하려는 큰 의지를 담고 있었다. 그 교리는 복잡하지도 않았다. 누구나 몸 안에 천주(天主)를 모시고 있으므로, 21자

주문을 정성껏 외우고, 청수(清水)를 앞에 두고 제사를 지내며, 궁을부를 태워 마시면 모든 병이 낫는다고 하였다.

동학에 입도하면 누구나 상대방을 접장(接長)이라 부르며 존중하였다. "노비와 주인이 함께 입도해도 서로를 접장이라고 불러, 마치 벗이 서로 사귀는 것과 같았다."[2] 이처럼 신분의 상하를 떠나 모두가 동등하게 대접하므로 가난하고 신분이 낮은 사람들이 앞을 다투어 동학을 믿었다.

좀 더 자세한 기록이 어느 서원의 <통문(通文)>에도 보인다. "조금도 귀천의 차등을 두지 않아서 백정과 술장사들이 어울리며, 남녀가 엷은 휘장을 치고 뒤섞여서 홀어미와 홀아비가 모이고, 재물을 좋아하여 있는 이와 없는 이들이 서로 도우니 가난한 사람이 기뻐한다."[3] 이처럼 양반의 눈에 비친 동학이란 신앙단체는 이해하기 어려운 존재로, 기존의 신분적 사회질서를 위협하는 무리였다.

게다가 동학은 포교 사업에 힘써 빠른 속도로 성장을 거듭하였다. 하나같이 널리 무리를 모으는 것을 첫째 사업으로 삼아, 교도가 어느 한 마을에 살면 그는 한 마을 사람 모두를 입도시키려고 하였다. 게다가 이런 포교 사업은 은밀하게 이루어져 적발하기도 쉽지 않았

---

2 황현(黃玹), 《오하기문(梧下記聞)》, 김종익 역, 역사비평사, 1994, 129쪽.
3 <도남서원(道南書院) 통문(通文)>; 최승희, <서원(유림)세력의 동학 배척운동 소고>, 《한우근박사정년기념논총》, 1981.

서장 _ 평민지식인 해월의 역사적 사명

다. 이에 깊은 충격을 받은 각지의 유림(儒林)은 동학을 자신들의 적으로 삼고 동학을 금지하자는 여론을 일으켰다.

결과적으로 고종 원년(1864) 4월에 최제우는 세상을 현혹하였다는 죄목으로 사형을 당했다. 그리고 동학은 사교(邪敎)로 낙인찍혀 무자비한 탄압을 받았다.

21자 주문

1895년 5월에 동학농민혁명을 탄압하러 한국에 파견된 일본군 대대장이 상부에 보고한 바에 따르면, "동학은 하나의 종교로서 종교가 필요로 하는 기능을 모두 완비한 것 같았다. … 그 교의는 하늘을 숭배하는 것이며 그 경전은 주역(周易)·예기(禮記)·춘추(春秋)·대학(大學)·논어(論語)·모시(毛詩)와 같은 고전을 발췌한 것이 많은 것 같다."[4] 라고 하였다. 동학이 유교의 영향을 크게 받았다는 평가인데 맞는 설명이다. 또, 동학은 조화의 영묘(靈妙)함을 모두 하늘에 돌린다고 하였다.[5] 그렇게 판단하는 이유로 21자 주문(呪文)을 예로 들었다.

그런데 일본군 보고서에는 그 당시 남접과 북접의 주문에 약간의

---

4 1895년 5월 13일에 일본군 후비보병(後備步兵) 독립(獨立) 제19대대장 미나미 고시로(南小四郎)가 특명전권공사(特命全權公使) 백작(伯爵) 이노우에 가오루(井上馨)에게 보낸 <동학당정토대(東學黨征討隊)의 조사결과보고(調査結果報告)>의 "별지(別紙)"에 기록된 내용이다. 이하 <동학당 정토대>로 약칭.
5 <동학당 정토대>.

차이가 있다는 점을 지적했다. 북접의 주문은, "시천주(侍天主) 조화정(造化定) 영세불망(永世不忘) 만사지(萬事知)"가 중심인데, 이 주문을 한없이 되풀이해서 외우면 신이 내린다고 하였다. 그리고 신이 내릴 때가 되면, "지이령금(至以令今) 원위대강(願爲大降)"이라고 말한다고 하였다.6 오늘날 우리가 아는 21자 주문과 대체로 동일한 형태였다. 한두 글자는 차이가 있으나 그것은 받아 적는 과정에서 발생한 오류일 수도 있으므로 따로 논하지 않는다.

그런데 흥미롭게도 남접의 주문은 다음과 같다고 보고되었다. 즉, "봉사상제(奉事上帝) 조화정(造化定) 무궁무궁(無窮無窮) 만사지(萬事知)"7라는 것이다. 자구(字句)의 차이는 있으나 내용상으로는 큰 차이가 없다고도 볼 수 있다.

일본군은 동학에 관하여 "혁명적 종교라고는 말할 수 없으나 미개한 인민은 쉽게 종교에 심취하기 쉬우므로 인심이 크게 이 도(道)에 쏠려 대란(大亂)을 일으키게 되었다."8라고 평했다. 동학의 종교성을 애써 깎아내렸으나, 그 인기는 인정하였다.

1895년 당시 조선의 종교계는 전반적으로 매우 취약하였다. 일본군은 그 점을 다음과 같이 기술하였다.

---

6 <동학당 정토대>.
7 <동학당 정토대>.
8 <동학당 정토대>.

서장 _ 평민지식인 해월의 역사적 사명

"조선에 유도(儒道)가 있다 해도 그 흔적만 남아 있을 뿐 실효는 없다. 불법(佛法)도 마찬가지여서 높은 산이나 암애(岩崖)에 사원을 짓고 있어, 백성을 교화하는 일은 어디서나 보잘 것이 없다."9

이러한 관찰에서 엿볼 수 있듯 당시는 유교든 불교든 일반 백성의 종교적 요구에 부응하지 못하였다. 그러므로 신종교 동학이 급속히 세력을 팽창시킬 수 있었다는 이야기였다.

이상에서 살핀 일본군의 현지 조사 결과와 일맥상통하지만 조금 다른 내용을 담은 보고서도 있다. 1895년 9월에 일본 외교관이 상관인 이노우에 가오루에게 보낸 보고서가 그것이다. 그에 따르면, 최제우는《동경대전》을 저술하여 새로운 교리를 제시했는데, 그 중심 사상은 "경천수심(敬天守心) 정기솔성(正氣率性)"이라고 하였다. 그리고 이것이 곧 보국안민(輔國安民)의 길(道)이라고 하였다.10 요컨대 동학은 보국안민을 위한 종교라는 것이다. 그 사람들을 일컬어 동학당이라고 부르는데, 그들은 항상 "지기금지(至氣今至) 원위대강(願爲大降) 시천주(侍天主) 조화정(造化定) 영세불망(永世不忘) 만사지(萬事知)"11라고 하는

---

9 <동학당 정토대>.

10 1895년 9월 2일에 경성(京城)에 주재한 일본의 일등영사(一等領事) 우치다 사다즈치(內田定槌)가 특명전권공사 이노우에 가오루에게 보낸 <동학당사건(東學黨事件)에 대한 회심전말(會審顚末) 구보(具報)>의 "기밀호외(機密號外)". 이하 <동학당 사건>으로 약칭.

11 <동학당 사건>.

21자의 주문을 외우며 기도한다고 하였다. 서울에서 작성한 이 보고서에는 21자의 주문이 제대로 기록되어 있다. 다만 "지기금지 원위대강"을 맨 앞에 둔 것은 잘못이다. 어찌 되었든 21자밖에 되지 않는 간단한 주문을 반복하여 욈으로써 동학교도는 조화, 즉 후천개벽을 실현하고자 한다는 점은 이 보고서에서도 확인되었다.

삼교합일론

동학은 알다시피 유교를 중심으로 삼고 불교와 도교 또는 민간신앙의 색채를 더한 것이다. 삼교의 장점을 편의에 따라 취사선택한 것이 아니라, 전통 종교의 요체(要諦)를 융합한 것이다.

이른바 삼교합일론(三敎合一論)은 회통론(會通論)과 같은 것으로 1920년부터 식자(識者)의 관심을 끌었다. 천도교 기관지인 《개벽》에서도 그 문제를 깊이 있게 다루었다. 그에 따르면 한국의 사상계에는 까마득한 옛날부터 삼교합일론이 면면히 이어졌다고 한다.

통일신라 말기의 석학인 고운(孤雲) 최치원(崔致遠)부터 유불선(儒佛仙) 삼교를 통합하려는 의지가 있었다고 한다. 그가 왕명으로 호계사(護溪寺)의 진감대사(眞鑑大師) 비명(碑銘)을 지을 때 그 글 가운데서, 유불(儒佛) 이교(二敎)가 그 형적(形跡)은 서로 달랐으나 석가(釋迦)와 공자(孔子)의 진수(眞髓)에 이르러는 일치하였다고 기술했다고 한다.[12] 최치

원이 따로 도교(道敎)를 언급하지는 않았으나, 도교에 적용하더라도 무방할 것으로 판단하였다.[13]

또, 고려 때는 유학자들이 삼교합일론(三敎合一論)을 주창하였으나, 불교계에서는 그런 주장에 수긍한 이가 없었다고 했다.[14] 가령 현종(顯宗) 때 문신 채충순(蔡忠順)이 <현화사비음기(玄化寺碑陰記)>를 저술하면서 삼교합일(三敎合一)을 밝혔다. 그는 삼교가 한 뿌리에서 나왔으므로 그 진리가 안으로 융화(內融)하는 것으로 보았다.[15] 또한 진리가 삼교를 일관한다고 서술하였는데 불교가 가장 고원(高遠)하다고 평하였다.[16]

고려 말에는 유학(儒學)이 점차 일어나 많은 선비가 배출되었다. 그때도 목은(牧隱) 이색(李穡)을 비롯한 거유(巨儒)가 승려와 친하게 지내며 불교 경전을 깊이 공부하였다.[17] 특히 이색은 유불(儒佛)의 조화(調和)를 부르짖었다. 그는 <적암기(寂菴記)>와 <설산기(雪山記)>에서 이교(二敎)의 조화를 서술하였다.[18]

그러나 조선 시대에 이르러서는 유교가 국시(國是)가 되고 불교가

---

12 야뢰(夜雷), <인내천(人乃天)의 연구(硏究)(속 續)>, 《개벽》 제3호, 1920년 8월, 71.
13 위와 같음.
14 위와 같음.
15 위와 같음.
16 위와 같음.
17 야뢰(夜雷), <인내천(人乃天)의 연구(硏究)(속 續)>, 71~72쪽.
18 야뢰(夜雷), <인내천(人乃天)의 연구(硏究)(속 續)>, 72쪽.

억눌림을 당해 그러한 사상은 찾아보기 어렵게 되었다.[19] 그러나 임진왜란을 겪은 뒤에 사상이 일변하여 상촌(象村) 신흠(申欽)은 삼교의 조화(調和)를 주장하기에 이르렀다.[20]

조선 중기 이후 선비로서 유불조화(儒佛調和) 또는 유불선(儒佛仙) 합일론을 편 이는 찾아보기 어려웠으나, 고승 가운데는 이를 주장하는 이가 많았다.[21] 예컨대 상월(霜月)은 선비들이 불교를 배척하는 것이 잘못이라고 말하는 동시에 성리학과 불교를 비교해 유사성을 발견했다. 곧 주자(朱子)가 말한 미발(未發)의 기(氣)는 불가(佛家)에서 말하는 여여(如如)의 이치요, 주자가 말한 태극(太極)은 불가(佛家)의 일물(一物)이라고 했다.[22]

요컨대 신라와 고려 때는 유교의 선비들이 유불선 삼교(儒佛仙三敎) 또는 이교(二敎) 합일론(合一論)을 펼쳤고, 조선 때는 이러한 주장이 주로 불교계에서 나왔다. 이는 유교와 불교 가운데 어느 쪽이 융성하고 쇠락하였는가에 따라 입장이 달라진 것으로 볼 수 있다.[23]

최제우는 철종 11년(1860) 4월 5일에 천주교의 유행을 반대한다고 하면서 동학을 개창하였다. 그러면서 삼교합일(三敎合一)을 표방하였

---

19 위와 같음.
20 위와 같음.
21 위와 같음.
22 위와 같음.
23 야뢰(夜雷), <인내천(人乃天)의 연구(硏究)(속 續)>, 73.

서장 _ 평민지식인 해월의 역사적 사명

다. 즉, 삼교의 장점을 집성하여 우리 종교(吾教)를 세운다고 선언하였던 것이다. 그는 제자 최시형에게 말하기를, 삼교가 모두 우리 교리(教理)에 포함되어 널리 조선사람마다 신앙을 갖게 할 것이라고 하였다.[24]

최제우의 삼교합일론이 실현되어 한 세상을 휩쓴 것은 흥미로운 일이다. 그러나 그것은 한국인의 오랜 전통에 뿌리박은 것이기도 하였다.

수운 최제우가 고향인 용담(龍潭)에서 포덕(布德, 포교)을 처음으로 시작한 것은 철종 12년(1861) 6월부터였다. 2년 반쯤 지나자 조정은 선전관 정운구(鄭運龜)를 보내 최제우와 제자들을 체포하였다.(1863년 12월 10일) 당시에 정운구는 동학의 교세가 이미 크게 확장되었다며 다음과 같이 보고하였다.

"(문경) 새재에서 경주까지는 4백여 리이며, 고을은 열세네 개나 되니 다만 동학에 관한 이야기를 듣지 못한 날이 거의 없었습니다. 경주 외곽의 여러 고을에서는 더욱 심했습니다. 주막집 아낙이나 산골의 초동까지도 (21자의 동학) 주문을 외우지 않는 이가 드물었습니다."[25]

---

24 야뢰(夜雷), <인내천(人乃天)의 연구(研究)(속 續)>, 74.
25 《승정원일기(承政院日記)》, 철종 14년(계해 癸亥) 12월 20일.

다소 과장된 표현일지는 몰라도 동학의 파급력이 대단하였다는 점을 알리는 최초의 보고가 아닌가. 19세기 조선의 종교 천재 수운 최제우는 제대로 뜻을 펴지도 못한 채 순교하고 말았으나, 장차 동학이 조선의 역사에 큰 족적을 남기리란 점은 누구라도 쉽게 짐작할 수 있었다.

4. 책의 구성

이 책은 서장을 비롯하여 종장에 이르기까지 모두 7개 부분으로 나뉘어 있다. 서장은 앞에서 살핀 것과 같이 해월 최시형의 인생과 종교지도자로서의 활동을 이해하기 위한 기초라고 볼 수 있다.

이어서 전개될 제1장에서는 최시형이 헤쳐간 인생 험로를 탐구한다. 네 개의 소주제를 다루게 되는데, 맨 먼저 남달리 불우하였던 어린 시절의 고초를 딛고 성장하여 수운 최제우의 후계자로 지명되기까지 그 역정(歷程)을 탐구한다. 이어서 최제우가 순교한 이후 동학의 최고 지도자로서 교세를 확장하고, 드디어는 억울하게 처형된 최제우를 신원(伸寃)하려고 국가 권력과 충돌한 과정을 분석한다. 곧이어 동학농민혁명이 발생하였는데 그때 최시형은 어떠한 태도를 보였는지도 검토한다. 끝으로 동학혁명이 일본군의 무력에 밀려 무산된 이후 해월은 이천과 여주 등지에서 숨어 지냈는데, 그때 그의 생활은 어떠했는지도 알아보겠다.

제2장은 최시형의 사유(思惟)에 초점을 맞춘다. 그는 어떠한 깨침을 얻었으며, 그를 따르는 교도에게 어떠한 가르침을 베풀었는지를 살펴보겠다. 이 장에서는 대체로 1894년까지 최시형이 선포한 종교적 가르침에 주목하려고 한다. 다음의 세 부분으로 나누어 서술할 것이다. 첫째는 최시형이 언제 어디서 어떠한 계기로 무엇을 깨쳤는지 분석하겠다. 둘째는 그의 깨침 또는 가르침의 핵심적인 내용이 무엇인지도 해부할 필요가 있다. 셋째는 그의 종교적 사유에서 우리가 특별히 주목할 점이 무엇인지도 검토하겠다.

이어지는 제3장에서는 해월 최시형을 따른 제자들에 관한 이야기이다. 그에게는 무척 많은 제자가 있었는데 그 가운데서 특히 중요한 인물을 다루려고 한다. 우선 그의 후계자인 손병희의 특징을 짚어보고, 또 다른 고제(高弟)로 알려진 김연국에 관해서도 관심을 가질 것이다. 아울러 손천민, 김낙철 및 이종훈 등의 생애도 검토할 예정이다.

제4장은 최시형과 동학 교단 전체의 역사적 운명에 하나의 분수령이 된 동학농민혁명의 문제를 다룬다. 최시형이 적극적으로 가담하지 않았던 제1차 동학농민혁명을 우선 분서하겠다. 일다시피 그때 혁명의 주역은 전봉준 등이 지도한 남접이었다. 이어서 1894년 늦가을부터 전개된 제2차 동학농민혁명을 살피겠다. 다 아는 대로 최시형

의 북접과 전봉준 등의 남접은 당시에 연합전선을 형성해 반(反)외세 투쟁에 나섰다.

제5장에서는 경기도 여주와 이천의 동학농민과 그 지도자들의 운명을 살펴볼 것이다. 이 두 지역은 경기도의 여러 고을 중에서도 동학이 크게 일어난 곳이었는데도 기왕에 별로 주목받지 못하였다. 이 책에서는 이천과 여주의 동학에 관하여 상당한 관심을 쏟고 있어 이채를 띠고 있다고 하겠다. 필자는 이 기회를 빌려 경기도의 동학에 관해서도 여러분의 관심을 촉구하고 싶다.

제6장에서는 동학농민혁명 이후에 발아(發芽)한 최시형의 새로운 가르침을 분석하였다. 1895년 이후 최시형은 이천과 여주 등에 거주하였는데, 그때 그는 종교적으로 완숙기에 이르렀다. 그는 "향아설위 (向我設位, 내쪽을 향해 위패를 둠)"를 비롯하여 "이천식천(以天食天, 사람인 하늘이 하늘인 만물을 먹음)", "삼경설(三敬說, 천지인을 공경함)", "양천주설(養天主說, 내면의 천주를 기름)" 등을 펼쳤고, 다가올 "개벽(開闢, 새 시대가 열림)"의 시대에 관하여도 가르침을 베풀었다. 크게 주목할 점이라 여겨 각각의 교설(教說)을 음미하고자 한다.

이 책의 마지막을 장식하는 것은 종장(終章)이다. 이 장에서는 우선 이 책의 내용을 간단히 되짚어보고 이어서 평민지식인 최시형의 정신을 이어받은 20세기의 인물은 누가 있는지를 헤아려 볼 것이다. 이는 평민지식인의 전통이 어떻게 변화하는 것이 바람직한지를 논의하겠다는 뜻이다.

한 마디로 말해 최시형은 구한말에 풍운을 몰고 온 종교적 천재로, 그의 삶은 한국의 역사에 한 획을 그었다. 특히 말년에는 이천과 여주 등에서 사상적 완성을 보았다고 해도 지나친 말이 아니다. 그의 삶과 사상은, 또 다른 역사적 혼란기에 빠져든 것으로 보이는 21세기 한국의 교양 시민에게 과연 어떠한 가르침을 줄 것인가. 이 책을 쓰는 동안 필자는 그러한 물음을 화두(話頭)로 삼고 항상 고뇌하였다. 세계 여러 나라에서 민주주의가 위기에 빠지고, 전쟁의 광풍(狂風)이 날로 심각해지는데 해월 최시형에게서 우리는 과연 무엇을 얻을 것인가.

제1장

해월이 헤쳐간 길

해월 최시형의 생애를 시간적 흐름에 따라 약술하였다. 첫째, 그가 교조인 수운 최제우의 후계자로 선정되기까지 걸어간 험난한 인생 역정을 네 단계로 나누어 알아보았다. 둘째, 스승 최제우가 무고하게 희생당한 후에 최시형은 많은 어려움 속에서도 교단을 정비하고 세력을 키워 마침내는 교조신원(伸冤)운동을 대대적으로 벌였다는 점에 주목하였다. 셋째, 1894년은 동학의 역사에 있어서나 한국 및 동아시아의 역사에서 하나의 전환점이 되었다. 동학농민혁명을 통해 엄청난 변화가 일어난 것인데, 최시형은 동학의 교주로서 큰 역할을 담당하였다. 넷째, 동학농민혁명이 수포로 돌아가자 말년의 최시형은 다시 고난의 늪에 빠졌다. 그러나 그 속에서도 그는 교단을 발전시키고 사상적으로도 완숙한 경지에 올랐다.

해월 최시형은 수운 최제우의 문하에서 동학의 교리를 익히고, 스승의 뜻을 받들어 포교에도 정성을 다했다. 그리하여 스승으로부터 제2세 교주가 되라는 부탁을 받았다.

그러나 최제우가 고종 원년(1864)에 처형되자 동학의 교세는 크게 꺾였다. 최시형은 그럼에도 뜻을 꺾지 않고 동지들과 함께 교세의 회복을 위하여 노력하였다. 그런데 마침 고종 3년(1866)에 집권자인 흥선대원군이 천주교를 박해하여 대학살이 일어나, 동학의 포교 활동도 더욱더 곤란해졌다. 최시형은 할 수 없이 남몰래 지하에서 포교를 계속하였다.

그는 관헌의 눈길을 피해 각지를 오가는 가운데 포교에 크게 성공하였다. 결과적으로 동학의 교세는 눈부시게 성장하였다. '포접제(抱接制)'를 통해 교단의 결속력을 강화한 것이다. '접주'는 이를테면 마을 사람인데 그는 자신이 거주하는 마을을 중심으로 여러 이웃 마을까지 합쳐 하나의 '접'으로 삼았다. 동학은 접주를 중심으로 교도를 교육하고 하나의 믿음직한 생활공동체를 이루었다.

그들에게는 '육임제(六任制)'라고 하는 제도가 있었다. 공동체의 대표들이 여섯 가지 임무에 종사했는데, 그중에는 '교수'라는 직책도 있었다. 고종 31년(1894)에 최시형이 전라도 어느 마을에 사는 교도를 교수로 임명했다는 문서가 아직도 남아 있다. 이처럼 어느 마을이나 동학 공동체가 있는 곳에는 평민지식인으로 교리를 잘 아는 선생이 있어서 그가 교도들에게 《동경대전》과 《용담유사》에 담긴 가르침을 전해 주었다.

동학은 포접제를 통해 일종의 학교를 운영한 셈이다. 뜻있는 어른과 청소년이 무릎을 맞대고 앉아 '후천개벽'의 꿈을 펼칠 방법을 함께 연구하였다는 말이다. 그들은 학습을 통해 "관계의 질적 전환"을 꾀했다고 볼 수 있다. 기존의 낡은 제도와 관습에서 자유로운 새로운 인간관계를 추구한 데 동학의 참뜻이 있었다. 남성과 여성, 어른과 아이, 가진 사람과 없는 사람, 사람과 우주 등 다양한 차원에서 형성되는 온갖 관계를 지배와 소유라는 틀에 박힌 관계가 아니라, 사랑의 관점에서 혁신하는 것이 동학의 참뜻이었다. 최시형은 바로 그러한 혁신 운동을 가장 선두에서 이끌었다. 그는 평민지식인의 전형이었다.

아래에서는 해월 최시형의 발자취를 네 단계로 나누어 서술할 것이다. 첫째, 그가 수운 최제우의 후계자가 되기까지 어떠한 일을 겪었는지를 알아보겠다. 둘째, 최제우가 세상을 떠난 이후 최시형이 그 후계자로서 어떠한 활동을 전개하였기에 최제우의 신원(伸冤) 운동이 대대적으로 일어났는지도 분석할 것이다. 셋째, 동학이 한국 역사의 중심으로 떠오른 것은 동학농민혁명이란 일대 사건이었다. 그때 최시형의 역할에 관해서도 우리는 주목하지 않을 수 없다. 넷째, 최시형은 혁명의 열기가 식은 뒤에도 4년쯤 생존하였으므로, 우리는 그의 말년에 관해서도 기술할 것이다. 그런데 아래에서 논의하는 사항들은 최시형의 삶을 이해하는 데 필수적인, 그야말로 최소한의 서술에 지나지 않는다.

1. 최제우의 후계자가 되기까지

최시형의 자는 경오(敬悟)요, 해월당(海月堂)은 그의 호다. 초명은 경상(慶翔)이었다. 월성(月城) 최씨인데 그 연원이 매우 깊은 집안이다. 그의 조상을 일일이 소개하는 대신에 8대조 이하의 비교적 가까운 조상을 간단히 언급한다. 최시형의 8대조는 무민(武敏)이요, 7대조는 시엄(是嚴), 6대조는 봉한(鳳翰)이요, 5대조는 원복(元復)이다. 그 아래로 고조부는 민혁(民赫)이요, 증조부는 계동(啓東), 조부는 규인(奎仁)이며, 부친은 종수(宗秀)이다. 이름있는 집안이나 세대가 아래로 내려올수록 벼슬에서 멀어지고 가세도 빈곤해졌다. 최시형의 모친은 월성배씨(月城裵氏)인데, 순조 27년(1827) 정해년 3월 21일에 경주부 동촌(東村) 황오리(皇吾里)에서 최시형을 낳았다.[1]

---

1 황현(黃玹)의 《매천야록(梅泉野錄)》에서는 최제우가 작고한 날과 최시형이 태어난 날짜가 같다고 하였다. 즉, "爲東學敎祖崔濟愚死日, 而崔時亭, 以是日生"이라고 기록햇는데, 이것은 잘못된 주장이

자력갱생

최시형의 어린 시절은 불우하였다. 겨우 다섯 살 때 어머니가 작고하시고 열두 살 때 아버지까지 별세하였다. 소년 최시형은 계모의 도움으로 겨우 살아남았다. 입에 풀칠도 하기 어려운 살림이라, 어려서부터 남의 집 심부름을 하였다. 조금 자라서는 머슴 노릇까지 하였다. 아무리 애써 일하여도 의식주를 마련하기가 힘겨웠다. 그런데도 최시형은 성품이 아름답고 용모와 처신이 남달라 많은 사람이 그를 칭송하였다.

열일곱 살이 되자 관청에 소속된 조지소(造紙所, 한지생산처)에서 일하며 생계를 꾸렸다. 그때 경주 부중(府中, 읍내)에 살림이 넉넉한 오씨가 있었다. 그 집안 딸이 일찍 과부가 되었으므로, 최시형을 두 번째 사위로 맞으려고 했다. 최시형은 비록 가난하였지만 자신의 지조를 재물과 바꾸려 하지 않아, 오씨 부자의 사위가 되지 않았다.

열아홉 살에 그는 흥해손씨(興海孫氏)를 부인으로 맞이하였다. 부부는 비록 살림이 어려웠으나 즐거운 마음으로 흥해에서 새살림을 시작하였는데, 가난을 조금도 두려워하지 않았다. 이후 철종 5년(1854년)이 되자 최시형은 흥해를 떠나 경주의 승광면(昇光面) 마복동(馬伏洞)

다.

으로 이사하였다.

사람들은 최시형이 매사에 공정하고 청렴하며 은연중에 위엄이 있으므로 마을의 풍강(風綱, 이장)을 맡아달라고 거듭 요청하였다. 풍강은 '집강(執綱)'이라고도 하였다. 차마 거절할 수 없어서 최시형은 6~7년 동안 마을 사람을 위하여 헌신하였다. 온 마을이 그의 현명하고 공정한 처사에 감탄하였다. 그러나 그 시절에는 어디나 탐관오리가 들끓었으므로, 최시형은 그런 사람들과 오래 내왕하면 일이 잘못될 줄 짐작하고 스스로 이장을 그만두었다. 철종 10년(1859년) 가을에 최시형은 마복동을 떠나 다시 검곡동(劍谷洞)으로 이사했다. 두 마을은 비교적 가까운 거리에 있었다.

최제우와의 만남

검곡동으로 이사한 그 이듬해에 경주 용담에서 수운 최제우가 동학을 시작했다.(철종 11년, 1960) 다시 해가 바뀌어 신유년(철종 12, 1861) 6월에 최시형은 최제우에게서 동학의 도를 얻었다. 최제우는 최시형과 같은 집안으로, 상제(上帝) 또는 천주가 내린 말씀에 따라 무극(無極)의 참 도리로 교문(敎門)을 새로 열었다. 그것이 바로 동학이다.

용담에서 동학이 일어나자 최제우를 찾아와서 가르침을 받은 이가 많았다. 최시형도 그 소식을 듣고 백지 세 묶음을 예물로 삼아 용담정사(龍潭精舍)를 찾아가 최제우에게 절하고 입도하기를 바랐다. 최제우는 기쁘게 여겨 그를 제자로 받아들였다. 최시형의 나이 35세였다.

그때부터 최시형은 한 달에도 서너 번은 용담으로 스승을 찾아가 가르침을 청하였다. 그는 한 번 배운 것은 반드시 실천하였는데, 입도한지 일고여덟 달이 지나자 마음이 더욱 맑아지고 신령을 깨달았다고 한다.

수도자의 길

한 번 동학에 입도한 뒤로 최시형은 신앙에만 정진하고 생업을 돌보지 않았다. 방문을 닫고 홀로 앉아 밤새 뜬 눈으로 21자 주문을 외울 때가 많았다.

"내가 들으니 공부를 돈독히 하는 자는 항상 하늘의 말을 듣는다고 하니, 나는 다른 능력이 없고 오직 정성의 힘으로 하늘을 움직일 뿐이다."

최시형의 집 앞에는 대나무 숲이 있고, 그 아래에 연못이 있다. 깊이가 한 길이나 되는 못이지만 한겨울이라 꽁꽁 얼어붙었다. 최시형은 밤이 깊거나 인적이 없을 때는 연못으로 가서 얼음을 깨고 목욕하였다. 지극한 정성으로 이처럼 도를 닦았다.

어느 날 밤, 그가 얼음을 깨고 목욕하는데 갑자기 공중에서 소리가 들렸다.

"따뜻한 몸이 해를 입는 것은 차가운 샘물에 급히 앉기 때문이다."

이런 말씀을 들은 뒤에는 얼음물에서 목욕하는 것을 그만두었으나 도력은 도리어 높아졌다고 한다.

그리하여 철종 13년(1862년) 정월에는 신기한 일이 일어났다. 그는 늘 밤새도록 등불을 켜 놓고 수도했으나 남은 기름이 반 종지나 되었다. 그로부터 스무하룻날이 지나도 기름은 전혀 줄어들지 않았다.

그 일이 있기 전에 최제우가 전라도 남쪽으로 여행을 떠났다. 최시형이 찾아가서 뵙고 안부를 여쭈려 했지만 어디에 계시는지 몰라서 방법이 없었다. 그런데 그해 3월이 되자 마음이 더욱더 맑아져 최제우가 다시 용담으로 되돌아 오셨으리라는 생각이 들었다. 기쁜 마음에 닭 두 마리를 사서 스승을 찾아뵙기로 하였다. 주위의 제자들 가운데는 누구도 최제우의 행방을 아는 사람이 없었다.

그러나 최시형의 마음속에는 스승이 박대여(朴大汝)의 집에 계신다는 느낌이 강하게 일어났다. 과연 최제우는 그 집에 계셨다.

최시형은 스승 최제우를 만나 회포를 풀었다. 스승은 그사이에 제자의 도력이 높아졌음을 확인하고 크게 기뻐하며 특별히 <도수사

(道修辭)>와 <권학가(勸學歌)> 2편을 주었다. 최시형이 이를 공경히 받고 집으로 돌아오자 그때부터 사방의 선비들이 그의 문하에 몰려왔다. 그해 6월에 최시형은 동지 강원보(姜元甫)를 방문하여 며칠 동안 머물다가 돌아왔다.

최시형의 포덕

그 다음 달인 7월부터 최시형은 포덕(布德)에 전념하기로 마음먹었다. 그러고는 동지 김이서(金伊瑞)를 찾아가서 포덕 사업에 관하여 상의했다. 김이서는 수백 석의 곡식을 비용으로 쓰라고 주었으며, 다시 120석의 곡식을 사용할 수 있게 어음을 끊어주었다. 김이서의 이러한 정성에 힘입어 최시형의 포교 사업은 순조롭게 진행되었다.

새로 입도한 인사 중에는 영덕(盈德) 출신으로 오명철(吳明哲)·유성운(劉聖云)·박춘서(朴春瑞)가 있었고, 상주(尙州)의 전문여(全文汝)와 흥해(興海)의 박춘언(朴春彦), 예천(醴泉)의 황성백(黃聖伯), 청도(淸道)의 김경화(金敬和) 및 울진(蔚珍)의 김욱생(金旭生) 등이 있었다.

최시형의 도안(道眼)은 더욱 형형해져 어느 날은 마복동(馬伏洞)에 사는 친구의 집에 도둑이 든 것을 정확히 알아차려 그 집에 들어온 도둑을 쫓아냈다. 또, 조카며느리가 병에 걸려 고생할 때 그것이 귀신의 장난인 줄 짐작하고 귀신을 쫓아내기도 하였다.

동학의 세력이 커지자 관헌의 탄압이 본격적으로 시작되었다. 한 번은 최제우가 경주부에 붙들려 가서 곤욕을 치르기도 했다. 그때 최시형은 수백 명의 교도와 함께 경주로 달려가 최제우를 구출하기도 했다.

철종 13년 10월 초에는 관예(官隷, 관가의 노예) 30여 명이 몰려와 최시형을 괴롭히려 하였으나, 그는 생마(生麻) 한 묶음으로 그들을 포박하고 그들의 비행을 낱낱이 지적하고 야단을 쳤다. 이런 일까지 일어나자 사람들이 모두 최시형을 장사라고 칭송하였다.

그해 12월 그믐에는 최시형이 최제우를 모시고 함께 의논하여 각지에서 활동할 접주(接主)를 정하였다. 그는 스승을 모시고 설을 지냈다. 며칠 뒤인 철종 14년(1863) 정월 6일에 최제우가 최시형에게 다음과 같이 말했다.

"각 지방의 교우들이 규칙을 어길 염려가 있으니 네가 한번 순회를 하여 그들의 근면함과 게으름을 살피는 것이 좋겠다."

그해 6월에 최제우는 시를 지어 보여주었는데, 다음과 같았다. "용담에 물이 흘러 사해의 근원이 되고 구악(龜岳)에 봄이 돌아와 한 시대의 꽃이로다." 후세에 사람들이 풀이하기를, 도의 근원이 밝아져 천지가 마음을 세우고 온 세상이 태평하게 되는 조짐이 곧 이 시에서 시작되었다는 것이다.

북접주인

그 무렵에 최제우는 최시형을 북접주인(北接主人)으로 삼았다. 그러고는 다음과 같이 부탁했다.

"천운(天運)이 그대의 몸에 있도다. 뒷일은 그대가 조심스럽게 행동하고 자비로운 마음으로 사람들을 잘 거두어들이고 보살펴, 나의 비밀스러운 부탁을 본받고 나의 큰 도를 밝혀라."

최제우는 뒷일을 많고 많은 제자 중에서도 최시형에게 부탁한 것이다. 최시형이 놀라워하자 최제우는 이렇게 대답했다. "이것은 실로 천운이다. 나 또한 이 같은 운수를 어찌할 수 없으니, 그대는 모름지기 마음에 새겨 잊지 말라." 최시형은 분에 넘치는 교훈이라 감당하기 어렵다고 대답했으나, 최제우는 웃으면서 다음과 같이 말했다.

"일은 하늘이 시킨 대로 나오는 것이니 의심하지 말고 번거로워하지도 마라. 그것이 옳을 것이다."

최제우는 좌우를 돌아보며 말하기를, "이 뒤로는 각지의 교우는 반드시 먼저 검곡 주인(최시형)을 찾아가 만난 뒤에 용담으로 오는 것이 옳다."라고 하였다.

그 뒤에 영해의 이 진사(進士)라는 이가 최제우의 가르침을 어기고 곧바로 용담으로 찾아왔다. 그러자 최제우는 이 진사가 자신의 문한(文翰)과 지벌(地閥)을 믿고 최시형을 업신여긴 점을 꼬집어 힐난하였다. 이에 이 진사가 검곡으로 최시형을 찾아가 사과했다. 그러자 최시형은 더욱더 겸손하고 바른 태도로 이 진사를 대접했다.

그해 8월 14일에 최시형이 스승 최제우를 찾아뵈었다. 스승이 기뻐하고 밤이 깊어 자정이 되자 좌우를 모두 물리치고 최시형을 불렀다. 최제우가 말하기를, "경상(최시형)은 무릎을 모으고 단정하게 앉으라."고 하였다. 이후에 묵묵히 한참 무엇인가를 생각하더니 담뱃대를 주면서 말했다. "경상은 불을 붙여 가져오라." 그러나 최시형은 숨도 쉴 수 없고 몸도 움직일 수가 없었다. 얼마 후에 최시형은 최제우의 깨침에 힘입어 심신이 다시 정상을 회복했다. 이날을 기념하여 동학에서는 8월 14일을 지통(地統) 기념일로 삼았다.

그 이튿날 새벽에 최제우는 후계자 최시형에게 타이르기를, "우리 도는 유불선(儒佛仙) 세 도를 겸했다"라고 말하고, 그 종지(宗旨)를 다음과 같이 설명하였다.

"강령을 세우고 인륜을 밝힐 때에는 인(仁)에 근거해 의리를 행하고 뜻을 정성스럽게 하고, 마음을 바르게 할 때에는 자기 몸에서부터 시작하여 세상에 미치게 하니, 이는 대개 유교(儒教)에서 취한다. 자비로 마음을 삼을 때에는 몸을 던져 세상을 구하고, 도량(道場)을 청정할 때에는 입으로 주문을 외우고 손으로 염주를 굴리니, 이는 대개 불교(佛教)에서 취한다. 현묘함을 탐구하고 무위를 밝혀낼 때에는 영욕을 없애버리고, 청정으로 몸을 수양할 때는 수련하여 탈태(脫胎)를 하니, 이것은 대개 선교(仙教)에서 취한다. 이 3도가 그 근원을 탐구해내고 그 참을 알아내면 천도의 범위 안에서 벗어나지 않는다."

그날 새벽에 최제우는 "수심정기(守心正氣)"라는 네 글자를 크게 써 후계자 최시형에게 주고 이렇게 설명했다. "이 뒤로 병에 걸릴 때 이것을 쓰라." 또, 부적 그림을 내려 주었다. 이어서 시동인 김춘발(金春發)에게 먹을 갈게 하고, 붓을 잡아 비결인 시를 썼다. "용담에 물이 흘러 사해의 근원이 되고 검악에 사람이 있어 일편단심이다."

그리고 이 시를 최시형에게 주면서 말했다. "이 시는 그대를 위하는 강화의 구절이니 길이 지켜 잊지 말라." 그때 최제우의 측근에는 문학하는 선비가 많았으므로, 스승이 마땅하지 않은 사람에게 도를 전수하였다고 반론을 제기하였다. 최시형은 글에 능통하지도 못하고 또 가문이 한미하였기 때문에 이런 말이 나왔다.

그해 11월에 최제우가 최시형에게 말했다. "북방에 신령스럽고 상서로운 기운이 있어, 뒤에는 인재가 그곳에서 많이 나올 것이다. 내가 지금부터 북접(北接)에 관심을 기울일 터이니 제군은 이 뜻을 아는 게 좋겠다." 과연 훗날 동학을 이끌 인재가 북쪽에서 많이 나왔다.

최제우의 최후

철종 13년 12월이 되자 최제우는 제석(除夕, 섣달그믐)에 최시형이 용담에 함께 머물지 못하게 만류했다. 그때 조정에서는 동학을 사학 (邪學)으로 규정하고 최제우를 잡아들이라고 하는 명령을 내렸다. 선전관(宣傳官) 정구룡(鄭龜龍)이 왕명으로 경주부에 도착해 여러 장교와 병졸을 거느리고 용담으로 들이닥쳤다. 최제우는 물론이고 함께 있던 제자 10명쯤이 한양으로 즉각 압송될 처지였다.

그런데 일행이 과천(果川)에 이르렀을 때 갑자기 철종(哲宗)이 승하하였다는 소식이 들려왔다. 이에 최제우 일행은 대구감영으로 이송되었다. 당시 경상 감사(監司)는 서헌순(徐憲淳)이었다.

고종 원년(1864) 2월에 경상감영과 경주부는 교졸(校卒, 군교와 포졸) 30여 명을 검곡으로 보내 최시형을 체포하려고 하였다. 최시형은 의관을 정제하고 방 안에 앉아 성스러운 주문을 묵념하고 있었다. 교졸들은 방문을 열고 그를 찾았으나 발견하지 못하였다. 최시형이 포위망을 벗어나 빠져나오는 데도 전혀 알아채지 못하였다고 한다.

얼마 후 최제우는 다시 대구 감옥에 갇혔다. 그 소식을 듣고 최시형은 바로 감영으로 찾아갔다. 옥졸로 변장하여 밥상을 들고 감옥으로 들어가자 최제우가 담뱃대 하나를 주었다. 자세히 살펴보니, 그 담뱃대 속에 심지 한 개가 있었다. 펼쳐 보자 시 한 구절이 있었는데, 그 아래에 "때가 얼마 남지 않았다"라고 쓰여 있었다. 최제우는 자신이 이승을 떠날 줄 미리 알았다는 뜻이다.

그해 3월 초 열흘에 과연 대구감영에서 최제우는 세상을 떠나고 말았다. 그날은 해도 달도 빛을 잃었다고 한다. 이로써 최시형은 돌아가신 스승을 대신하여 동학의 흥망을 자신의 사명으로 삼았다.

참고로, 1898년에 재판소가 최시형에게 교수형을 선고한 판결문에는 최시형의 이력을 다음과 같이 약술하였다.

"피고(被告) 최시형(崔時亨)은 병인년(丙寅年, 1866, 연도는 사실과 다름)에 간성(杆城)에 사는 필묵상(筆墨商) 박춘서(朴春緒)라는 사람에게(爲名人의게) 이른바 동학(東學)을 받아(受ᄒ야) 도를 잘하여(善道로) 병을 치료하며 주문(呪文)으로 신(神)을 내리게 한다고 이르고는 여러 군현(列郡)과 각도(各道)를 돌아다니며 '시천주 조화정 영세불망 만사지(侍天主造化定永世不忘萬事知)'라는 13자 주문과 '지기금지(至氣今至) 원위대강(願爲大降)'이란 8자 강신문(降神文)과 동학원문(東學原文, 동경대전) 제1편인 <포덕문(布德文)>과 제2편 <동학론(東學論)>과 제3편 <수덕문(修德文)>과 제4편 <불연기연문(不然其然文)>과 궁궁을을(弓弓乙乙)이란 부적으로 백성을 선동하고 유혹하며 도당을 체결하였다. 또, 목 베어 죽인 최제우(崔濟愚)의 '만년 지상화천타(萬年枝上花千朶, 만년 묵은 가지 위에 꽃이 피어 천 떨기 요)'와 '사해운중월일감(四海雲中月一鑑, 사해의 구름 가운데 달이 솟 아올라 한 개의 거울이로다)'이란 시구를 숭상하였다. 법형(法兄)과 법제(法弟)의 실심경신(實心敬信, 진심으로 존경하고 신뢰함)을 말미 암아 법헌(法軒)이라고 호(號)를 삼고 해월(海月)이란 도장을 새겨 교장(敎長)과 교수(敎授)와 집강(執綱)과 도집(都執)과 대정(大正), 중정(中正) 등의 간부를 각 지방에 두었다. 또, 포(包)와 장(帳, 보통은 접接이라고 함)이란 회소(會所, 교당)를 설치하여 교도를 모은 것이 천만 명에 이르렀다."[2]

인용문에서 우리는 최시형이 동학에 들어갈 때 필묵상 박춘서의 안내가 있었다는 점을 알 수 있다. 그 나머지는 대개 우리가 위에서 논의한 것과 별로 다르지 않다.

위에서 말했듯 최시형은 전형적인 평민지식인이었다. 그의 신분은 평민이었는데 탁월한 종교적 감성을 가지고 사회문화적 문제를 깊이 성찰하는 사람이었던 것이다. 그에 앞서 조선후기에는 최시형과 처지 가 비슷한 이들이 적지 않았고, 그들은 비밀결사를 조직해 정치적 예언서《정감록(鄭鑑錄)》을 연구하고, 새로운 사회의 도래를 꿈꾸었 다. 최제우 또한 그러한 문화적 전통을 이어받았다는 것은 재론의

---

2 <최시형 판결문>(1898년)

여지가 없다.

2. 후계자로서 신원 운동까지

최시형은 교세를 만회하자 교조 최제우를 신원하기 위해 힘을 쏟았다. 그리하여 고종 30년(1893) 계사년에는 교도 수천 명이 대궐 앞에 나아가 상소를 올리기까지 하였다. 이어 충청도 보은 장내(帳內)에 교도가 모여 신원에 관한 일을 계속해서 논의하였다. 그때 조정은 순무사(巡撫使)를 보내 해산을 종용하였고, 결과적으로 그 이듬해 봄이 되자 교도가 모두 고향으로 돌아갔다. 이 모든 일의 중심에 최시형이 있었는데, 아래에서는 그의 활약상을 서술할 것이다.

생사를 넘은 포교 활동

관헌의 탄압이 심해지자 최시형은 낮에는 숨었다가 밤이 되면 길을 떠났다. 그는 천지를 집으로 삼아 하늘에 생사를 맡겼다. 우선 고향을 떠나 안동 지역으로 갔는데, 그때 교도 이무중(李武仲)이 최시형을 도왔다. 이무중은 전답을 팔아 그 돈으로 안동의 교졸을 달랬다. 가까스로 위기를 모면한 최시형은 평해(平海)의 황주일(黃周一)을 찾아가 숨어 살 방법을 의논하였다. 최시형은 가족을 데리고 황주일과 함께 살면서 짚신삼기로 연명하였다.

고종 2년(1865년)이 되자 최시형은 거처를 옮겨 울진군(蔚珍郡) 죽병리(竹屛里)로 가서 살았다. 그때는 교세가 위축되어 교도들 간에 내왕이 완전히 끊어지다시피 했다.

그 이듬해 고종 3년(1866년) 3월 초열흘은 최제우의 대상(大祥)이었다. 이에 상주에서 황문규(黃文奎)·한진오(韓振五)·황여장(黃汝章)·전문여(全文汝) 등 여러 교인이 제물을 가지고 최시형을 찾아와 옛일을 회상하고 당시의 처지를 슬퍼하였다. 최시형은 반드시 교도를 관헌의 탄압으로부터 지켜야겠다고 다짐하였다. 그러나 그는 뜻을 펴기 어려워 일시 잠행하였다.

그해 8월에 프랑스 군함이 강화도(江華島)에 쳐들어와 나라가 소란스러워졌다. 이른바 병인양요로, 프랑스는 조선에서 가톨릭 신자를 대대적으로 박해한 사건에 항의한 것이다. 아는 것처럼 병인박해 때 프랑스 신부들도 희생되었기 때문에 프랑스의 항의는 격렬하였다.

10월 28일이 되자 최시형은 스승 최제우의 생신을 기념하여 향례(享禮)를 베풀었다. 박춘서(朴春瑞)와 강수(姜洙) 등 여러 교인이 참석하였다. 예를 마치고 최시형이 제안하기를, "내년 3월부터 최제우 선생을 위해 계를 만들고 싶다"라고 했다. 일동이 찬성하자 최시형은 스승의 생일과 기일에 두 차례씩 모든 교도가 4전씩을 걷어 봄과 가을의 제사 비용으로 쓰면 좋겠다고 하였다. 그러고는 그 사실을 각 지방에 알렸다. <계안(契案)>도 작성하였는데, 김경화(金慶化)·김사현(金士顯)·이팔원(李八元)·유성원(劉聖元)·김용여(金用汝)·임만조(林蔓祚)·구일선(具日善)·신성우(申聖祐)·정창국(鄭昌國)·배(裵) 아무개(이름은 모름) 등이 계원으로 등록되었다. 계장(禊長)은 강정(姜錠)으로 강수의 생부였다.

그 이듬해 정묘년(1867년)에 최시형은 죽병리(竹屛里)를 떠나 예천군(醴泉郡) 수산리(水山里)로 이사하였다. 다시 한 해가 지난 무진년(1868) 3월에는 영양(英陽) 일월산(日月山)에 있는 죽현(竹峴)으로 이사하였다. 그곳에서 최시형은 짚신을 삼아서 생계를 꾸렸다. 가난이 심하였지만 도를 실천하는 데 조금도 게으르지 않았다.

그 이듬해 기사년(1869년) 2월에 강원도 양양(襄陽)에서 최희경(崔喜慶)과 김경서(金慶瑞)가 최시형을 찾아왔다. 그들은 최시형에게 가르침을 청하였으므로, 최시형은 그들에게 주문의 뜻과 입도의 방법을 자세하게 설명하였다. 두 사람은 고향으로 돌아가면서 간절한 마음으로 최시형에게 방문을 요청하였다.

그 다음달인 3월에 최시형은 박춘서(朴春瑞)와 함께 양양의 교도를 방문하였다. 놀랍게도 30호가량의 교도가 살고 있었다. 그 이듬해 경오년(1870) 10월에 양양의 교인이 최제우 맏아들 최세정(崔世貞)을 찾아와 강원도 영월로 거처를 옮기라고 권유하였다. 최세정은 그 말을 쉽게 믿고, 최시형에게는 상의도 하지 않은 채 영월(寧越)의 소밀원(蘇密院)으로 이주했다.

제1장 _ 해월이 헤쳐간 길

이필제의 난

신미년(1871년) 정월이 되자 이필제(李弼濟, 李弼)가 최제우의 제자를 일컬으며 사람을 모아 문경에서 난리를 모의하였다. 그는 본래 충청도 홍성 사람으로 전국 여러 곳을 돌아다니며 역모를 꾀하였다. 그는 그해 7월에 영해로 숨어들었고, 스스로를 "단군의 환생"이라거나 또는 계해년(1863)에 동학에 입도한 교도라고 주장하였다. 이필제는 영해의 동학 교도를 포섭하고, 그 가운데 이인언과 박군서 등을 최시형에게 보내 거사에 동참하기를 요구하였다.3 결국 이필제는 반란에 성공하지 못하였고, 관헌은 그의 무리를 모두 체포하였다.

문경 사건에 앞서 기사년(1869)에도 이필제는 전라도 광양(光陽)에서 군사력을 동원한 민란을 일으켰다. 주로 "잔반(殘班, 몰락한 양반)"과 제휴한 사건이었는데, 적극 가담자는 70여 명이었다. 그들은 300명 가량의 백성을 동원하여 관아의 무기고를 습격하여 단단히 무장하였고, 사창(社倉)을 열어 백성에게 곡식을 나누어 주었다. 평민지식인이 일으킨 전형적인 반란이었다. 이필제 일당은 영병(營兵)에게 제압되어 40여 명이 목숨을 잃었다. 그밖에도 이필제는 충청도 진천(鎭川)과 경상도 진주에서도 난리를 일으키려 하였다.

---

3 그때 일은 《도원기서(道源記書)》《동학사상자료집》 1권, 211-221쪽)에 보인다. 그런데 박주대(朴周大)의 《나암수록(羅巖隨錄)》에는 이필제가 경오년(1870) 11월에 이수용을 찾아 갔다고 서술하였다.

광양 사건이 실패로 돌아가자 그 보다 2년 뒤에 이필제는 다시 영해(寧海)와 문경(聞慶)에서 또다시 병란을 일으켰다. 이필제는 교조 최제우가 순도(殉道)한 3월 10일에 동학농민군을 움직여 난리를 일으키려고 하였다. 《도원기서(道源記書)》에 따르면, 최시형은 이필제의 요청을 수락하였다고 한다. 결과적으로 영해 봉기에 많은 동학 교도가 참여하여 큰 피해를 입었으며, 살아남은 이들도 수년간 도피생활을 하지 않을 수 없게 되었다.

영해의 반란은 그 초반에 상당히 성공적이었다. 수백 명이 난을 일으켜 밤중에 관아를 습격해 향리를 죽이고 부사도 살해하였다. 그러자 조정은 안동부사 이제관(李齊寬)에게 토벌군을 운용하라고 지시하였다. 관군은 난을 일으킨 백성 1백여 명을 체포해 그중 30여 명을 목벴다. 이필제 등은 위기를 벗어나 문경 새재(鳥嶺)에서 재기를 꾀하였다. 그러나 그 정보가 누설되어 반란군 40여 명이 생포되었다. 이필제도 그 가운데 한 명이었다. 최시형은 문경 사건에 직접적인 관련이 없었다. 그러나 관헌은 최시형을 비롯한 동학 교도 전체를 일망타진하려고 했다.

험난한 피난길

최시형은 위기를 실감하고 강수(姜洙)에게 명령하기를 이제 자취를 감추어 화란을 피하자고 하였다. 그 뒤에 최시형은 황재민(黃在民)까지 대동하여 세 사람은 깊은 산속으로 숨었다. 처음에는 태백산으로 들어 갔는데, 그들의 곤궁하고 어려운 형상은 이루 말할 수 없었다. 최시형 과 황재민 및 강수는 산중을 헤매며 하루하루를 위태롭게 보냈다.

그러다가 의로운 소년 박용걸(朴龍傑)을 만났다. 소년은 영월 직곡 리(稷谷里) 사람이었다. 며칠 뒤에 최시형과 강수는 직곡리로 박군을 찾아갔다. 최시형은 그 마을에서 49일 동안 제계를 베풀었다. 그 소 문이 영월군 포청(捕廳)에 들어가 하마터면 체포될 뻔하였다. 하지만 다행히도 영월의 수리(首吏, 우두머리 향리) 지달중(池達仲)이 그 일을 무마 하였다.

그 일로 최시형은 강수와 함께 북어 한 꾸미를 마련하여 지달중을 찾아가 사례하였다. 지달중은 최시형 일행을 극진히 대접하고 헤어질 때는 돈 200문과 붓 두 자루, 중국 먹 한 자루를 바쳐 여비로 삼게 하였다. 훗날 지달중은 거듭 승급하여 삼척(三陟)의 영장(營將)이 되었다.

임신년(1872년) 6월에 최시형은 위기에 빠진 스승 최제우의 가족을 구원하였다. 사모 박씨 부인을 남성으로 분장하고 두 딸은 어린 사내의 복장으로 꾸며 박용걸의 집으로 안내하였다. 최시형은 강수, 전성문, 유인상 등과 상의하여 사모의 집안을 보호하는 데 최선을 다하였다. 홍석범(洪錫範)·안시묵(安時默)·김경순(金敬淳) 등도 그 일에 협력하였다.

얼마 지나지 않아 스승 최제우의 셋째 딸과 아들 최세정의 부인이 모두 인제(麟蹄) 감옥에 갇혔다. 교인 중에 김덕중(金德仲)이란 사람이 관헌에 밀고하여 일어난 화였는데, 화란이 쉽게 끝날 기색이 보이지 않았다. 그해 5월 12일에 스승 최제우의 아들 최세정은 양양에서 매를 맞아 죽었고 교도 김덕중(金德仲)·이일여(李逸汝)·최희경(崔禧慶)은 유배형을 받았다. 그처럼 어려울 때 박봉한(朴鳳漢)이란 교인이 항상 사모 박씨부인을 봉양하는 데 힘썼다고 한다. 하지만 박씨 부인은 그 이듬해 8월에 타계하였다.

최시형은 강수와 함께 정선의 무은담(霧隱潭)에 있는 교인 유인상을 찾아갔다. 유인상은 의인으로, 최시형을 돕겠다는 뜻을 밝혔다. 최시형은 강수, 전성문과 함께 유씨의 집에서 49일 동안 재계하였다. 정선의 교도인 신정언(辛定彦)·신치서(辛致瑞)·홍문여(洪文汝)·유계홍(劉啓弘)·최영하(崔永夏)·김해성(金海成)·방자일(房子一)·안순일(安順一)·장기서(張基瑞)·김내병(金鼐秉)·박용걸(朴龍傑) 등은 최시형이 머무는 곳에 왕래하며 신앙을 돈독히 하였다.

계유년(1873년) 8월에 최시형은 강수와 유인상을 태백산에 보내 기도할 곳을 정하게 했다. 그 결과 갈천사(葛川寺) 적조암(寂照庵)에 가기로 되었다. 최시형은 강수·유인상·전성문·김해성(金海成) 등을 데리고 적조암으로 가서 주지 철수(哲秀) 스님을 만났다. 최시형은 의관을 정제하고 단정하게 앉아 손으로 염주를 잡고 하룻밤에 3만 번이나 주문을 외웠다. 그곳에서 최시형은 강수와 함께 부적의 그림을 익히

기도 하였다.

갑술년(1874년) 정월에 최시형은 순흥으로 가서 철수 스님에게 선사할 옷 한 벌을 마련하였다. 그 다음달에 적조암에 올라가 스님을 방문하였다. 그 이튿날 스님이 입적하자 최시형은 여러 스님과 함께 예법대로 화장하였다.

이후 최시형은 김연순(金演順)·김용진(金龍鎭)을 단양(丹陽) 도솔봉(道率峯) 아래로 보내, 이미 작고한 철수 스님이 알려준 기도처를 마련하였다. 당시에 최시형이 50살이었는데 자손이 없었다. 첫째 부인 흥해손씨는 자손을 낳지 못하고 별세하였기 때문이다. 그래서 1873년 3월에 최시형은 안동김씨와 혼례를 올렸고, 그 다음 달에는 도솔봉 아래에서 살림을 시작했다. 김연순도 그곳에서 함께 살았다. 곧이어 최시형은 홍순일, 김용진과 함께 49일간 기도했는데, 안동 권기하(權奇夏)가 힘껏 후원하였다.

그 이듬해인 을해년(1875년) 2월에 최시형은 다시 송부(松阜)로 이사하였는데 도솔봉 근처였다. 최시형은 농사를 지으며 생계를 꾸렸다. 그는 검소하고 근면하여 머슴이 하는 노동까지도 스스로 하지 않은 적이 없었다. 가난이 떠나지 않았으나, 분수를 따르고 도를 즐겨 집안이 늘 화목하였다.

그해 8월 15일에 정선의 여러 도인이 특별히 치성을 바쳐 돌아가신 스승 최제우의 제사를 지내게 되었는데, 쇠고기를 제사에 쓰려고 하였다. 그러나 최시형은 하늘이 주신 강화(降話)의 가르침을 따라 제수 물품을 모두 물리치고 청수 한 그릇만 정성껏 올렸다. 이때부터 동학에서는 제사를 지낼 때 어육(魚肉)을 완전히 금지했다.

그해 9월에 최시형은 강수, 전성문과 함께 신영(新寧)을 거쳐 경주 용담(龍潭)의 가정리(稼亭里)를 지나 경주부까지 여행하였다. 그러고는 청하(淸河)를 경유하여 단양에 있는 본가로 돌아왔다. 오가는 길에 여러 교인을 만나 위로하였다. 그 무렵 박용걸이 영춘(永春) 장항리(獐項里)로 이사하자 최시형은 박용걸을 찾아가 그해를 거기서 보냈다.

10월에 18일에 최시형은 천주에게 제사를 지내며 그간 동학이 발전해 온 일을 고했다. 그는 교도에게 말하기를, "내게 12의 시(時)자와 12의 활(活) 자가 있으니 우리는 이제 이름과 자를 고쳐서 시자와 활자로 하는 것이 좋겠다"라고 하였다. 그리하여 자신의 이름을 시형(時亨)으로 고치고 강수의 이름은 시원(時元)으로 고치고, 유인상의 이름은 시헌(時憲)으로 고쳤다. 마침 그때 최제우의 아들 최세정은 병에 걸려 일어나지 못했으므로, 이후 최제우의 기제와 생신과 향례는 최시형이 주관했다.

정축년(1877년) 10월 16일에 최시형은 정선에 있는 유시헌의 집에서 최제우를 기념하는 제사를 지냈다. 그는 말하기를, "… 우리 스승(최제우)은 후천개벽 5만년의 신인(神人)이며, 또한 지금 세상 삼재(三才, 천지인)의 주인이다." 라고 하였다. 그날 모인 교도는 <계안>을 작성하

였는데, 김응규(金應奎)·유시헌(劉時憲)·신시영(辛時永)·방시학(房時學)·
신시일(辛時一)·최창식(崔昌植)·유택진(劉澤鎭)·최창익(崔昌翼)·김석두(金錫
斗)·홍시래(洪時來)·최기동(崔箕東)·홍석도(洪錫道)·안교강(安教綱)·김원중
(金源中)·안교일(安教一)·윤종현(尹宗鉉)·안교백(安教伯)·안교상(安教常)·홍
상의(洪尙義)·신용한(辛龍漢)·안교흥(安教興)·홍봉의(洪鳳儀)·안교룡(安教
龍)·이득룡(李得龍)·최진섭(崔振燮)·유인형(劉寅亨)·유경식(劉慶植)·허찬(許
燦)·김두원(金斗元)·최익섭(崔益燮)·전세필(全世弼)·김세숙(金世淑)·전세인
(全世仁)·박영근(朴永根)·노정식(盧貞植)·최재구(崔在九) 등 여러 사람이었다.
여기서 보듯 교조 최제우가 형장의 이슬로 사라진지 10여 년 만에 교세
가 크게 성장하였다.

교리와 교단 조직의 발전

이후에 동학은 교리를 체계화하고 교단의 조직도 강화하였다. 무
인년(1878년) 7월 25일에 최시형은 동학 교도가 모이는 것을 "개접(開接)"
이라고 부르게 했다. 그는 설명하기를, "스승 최제우가 도를 하늘에서
받았기 때문에, 닦는 것도 하늘로부터요, 행하는 것도 하늘로부터이다.
이것이 하늘이 열고 하늘이 접하는 이치이다"라고 하였다.

기묘년(1879년) 2월에 최시형은 꿈에서 최제우를 뵙고 큰 도가 창
명하는 징조를 경험했다. 3월 26일에 최시형은 영남 서부 지방을 향

해 출발하였다. 강시원과 김용진(金龍鎭)이 따라갔다. 윤(閏) 3월 1일에
는 영월(寧越) 거성리(巨石里)의 노정식(盧貞植)의 집에 도착하여 잠을 잤
는데 다시 꿈에 최제우가 나타났다. 그 역시 동학이 크게 일어날
조짐을 알리는 것이었다.

해가 바뀌어 경진년(1880년)이 되자 최시형은 《동경대전》을 간행하
라고 명했다. 그해 5월에 《동경대전》의 개간소(開刊所)를 인제의 갑둔
리(甲遁里)에 설치하였고, 6월 14일에 이르러 출간을 마쳤다. 그 이듬해
신사년(1881년) 6월에는 최제우의 가사 8편을 인쇄하여 도인에게 나누
어 주었다. 개간소는 인제 천동(泉洞) 여규덕(呂奎德)의 집에 설치하였
고, 이 책을 《용담유사》라고 한다.

임오년(1882년) 6월에 한양에서 임오군란이 일어났다. 제자 이민하
(李敏夏)가 시국에 대한 방침을 묻자 최시형은 망령되게 행동하지도
말고, 함부로 소문을 전파하지도 말라고 했다.

이듬해인 계미년(1883년) 3월에 손병희(孫秉熙)·손천민(孫天民)·박인
호(朴寅浩)·황하일(黃河一)·서인주(徐仁周) 등이 차례로 최시형을 찾아와
서 예를 올렸다. 그들 다섯 명은 훗날 동학의 큰 지도자로 성장하였는
데, 그때 최시형은 가르침을 베풀고, 손병희와 손천민 두 사람을 자신
의 거처에 머물게 했다.

갑신년(1884년) 10월에 최시형은 강서(降書)를 얻었다. 그것을 제자
들에게 나누어 주었다. 그 내용 가운데 다음과 같은 구절이 있다.

제1장 _ 해월이 헤쳐간 길

"고목이 봄을 만났구나. 참으로 좋은 시절이로다. 부처가 견성(見性)하였구나. 정성스럽고 정성스럽도다. 이것을 알고 또 알지어다. 마음을 정성스럽게 하라. 간교하고 잡박하구나. 이것을 알고 또 알지어다. 주인 되는 이가 어찌 삼가하지 않을 수 있겠는가? 생각하고 또 생각하여 상제를 도우라. … 큰 운이 장차 열릴 것이다. 이 새로운 명을 받들어서 개척하여 이룰 것이다. 아아, 우리 주인은 공경히 받고 공경히 받으라."

이어서 최시형은 <강서>를 바탕으로 다음과 같이 주문을 지었다. "상제(上帝)를 섬기는 것이 한 조각 마음이요, 상제를 한 조각 마음으로 섬겨서 조화가 정해지고 만사를 알 수 있게 된다"라는 것이었다.

또, <강서>를 가지고 최시형은 육임(六任)의 제도를 세웠다. "교장(敎長)은 충실하고 인망이 두터운 사람으로 삼고, 교수(敎授)는 성심으로 도를 닦아 전수할 사람으로 삼고, 도집(都執)은 풍력(風力)이 있고 기강을 바로잡고 경계를 아는 사람으로 삼고, 집강(執綱)은 시비를 밝혀서 기강을 잡을 수 있는 사람으로 삼고, 대정(大正)은 공평하여 근실한 사람으로 삼고, 중정(中正)은 바른말을 잘하는 강직한 사람으로 삼아라."

교세가 확장되자 관헌의 탄압이 또다시 심해졌다. 을유년(1885년) 6월의 일이었는데 그때 최제우의 영험이 있어 최시형은 화를 피했다고 한다. 즉, 충청도관찰사(忠淸道觀察使) 심상훈(沈相薰)과 단양군수(丹陽郡守) 최희진(崔喜鎭)이 최시형을 체포하려고 하였다. 그러자 최제우가 최시형의 꿈에 나타나 보은(報恩)의 장안(長安) 마을로 몸을 피했다. 강시원(姜時元)·이경교(李敬敎)·김성집(金成集) 등은 미처 피하지 못하고 잡혀갔다. 최시형은 장한주와 함께 공주(公州) 마곡(麻谷)으로 피하여 바깥과의 교섭을 끊었고, 8월이 되자 다시 보은으로 돌아왔다. 얼마 뒤에는 다시 경상도 영천(永川)을 거쳐 화계동(花溪洞)으로 들어갔다.

9월이 되자 최시형은 가족을 데리고 상주(尙州)의 전성촌(前城村)으로 옮겼다. 그때 서인주(徐仁周)와 황하일(黃河一)이 최시형의 생계를 도왔다. 겨울이 되자 교인 이치흥(李致興)이 백목 7필을 바쳤다고 한다.

전염병을 물리친 동학

그 무렵 조선은 장티푸스와 콜레라 등 외국에서 들어온 전염병으로 많은 피해를 입었다. 하지만 동학 교도는 최시형의 가르침에 힘입어 큰 피해를 겪지 않았다. 병술년(1886년)에 최시형은 제자들에게 말하기를, "금년에 악질이 크게 일어나 많은 인명이 줄어들 것이다. 그대들은 섭생(攝生)을 잘하여 걸리지 않도록 하라"고 하였다. 또 각지의 교도에게 수도에 힘써 수심정기하고 주문을 열심히 외우며, 청수를 지성으로 받들라고 하였다.

과연 그해에 악질이 유행하여 감염이 된 사람이 매우 많았다. 그러나 동학 교도 중에는 걸리지 않은 사람이 대부분이었다. 특히 최시형이 사는 마을에는 40여 호 중에 단 한 명도 병에 걸리지 않았다고 한다. 이로 말미암아 동학의 인기는 날로 높아졌다.

정해년(1887년)에 정월 24일에 최시형의 부인 안동김씨가 별세하였으므로 상주(尙州)의 봉산(鳳山)에 장사지냈다. 두 달쯤 지나 3월 21일은 최시형의 회갑이었다. 최시형은 다시 장안 마을로 돌아왔다.

우여곡절 속에 성장하는 동학 교세

그 이듬해 무자년(1888년)에는 신변에 위협을 느껴 숨어지내며 성심으로 하늘에 기도했다. 그런 가운데 봄에는 밀양손씨(密陽孫氏)에게 장가들었다. 제자 손병희의 여동생이었다. 한 해가 지난 기축년(1889년) 7월에 시국이 불안하여 관헌이 탄압의 손길을 뻗치고 있었다. 급박한 사정으로 최시형은 더욱더 깊이 숨어 지냈다.

그는 육임(六任)의 접소를 일단 없애고 괴산(槐山)의 신양동(新陽洞)에 옮겼다. 10월에 손천민은 최시형을 찾아와서 교인 서인주(徐仁周)가 왕명으로 체포되었다는 소식을 전하였다. 최시형은 난을 피해 인제(麟蹄)로 가서 김연호(金演鎬)의 집에 도착하였으나 포졸들이 자주 출몰하여 위태로웠다. 그는 간성(杆城)의 왕곡(旺谷)으로 피했다.

그 와중에도 경인년(1890년)에는 <내칙(內則)>과 <내수도문(內修道文)>을 지어 반포했다. 여성의 수도에 지침을 마련한 것이다. 그해 정월에는 아들 최동희(崔東曦)가 태어났다. 최시형은 제자이자 처남인 손병희에게 글을 보내 도움을 요청했다. 그러자 손병희는 그를 공주(公州) 외서천(外西村)의 보평(洑坪)으로 모셨다. 그해 5월에 체포령이 조금 느슨해졌다.

7월에 교인 장희주(張希周)와 윤상호(尹相五)가 최시형을 찾아와 서인주가 보석으로 풀려날 기미가 있는데, 보석금이 없어 걱정이라고 했다. 그러자 최시형은 김연호(金演鎬)의 접소에 명하여 500금을 마련하여 보내주었다. 적어도 그만큼 동학은 실력이 강화되었다.

최시형은 가는 곳마다 새로운 가르침을 베풀었다. 가령 서택순(徐垞淳)의 집을 지나갈 때 어느 여성이 베 짜는 소리가 들리자 "이것은 천주가 베 짜는 소리이다"라고 하였다. 그 당시는 서택순이 최시형의 생계를 돌볼 때였다.

신묘년(1891년)이 되자 최시형은 손병희에게 하늘에 관해 설명했다. "홀로 하늘이 있지 않다. 사람이 한번 움직이고 한번 정지하는 것도 천지가 혼원(混元)하는 기운이다. 사람이 하늘을 본 뒤라야 이기(理氣)의 참모습이 더욱 밝아질 것이다." 그때 손병희는 하늘의 이기에 대하여 최시형에 물었고, 최시형은 그와 같이 대답하였다.

호남의 동학

그해 3월에는 호남에서 김영조(金永祚)·김낙철(金洛喆)·김낙봉(金洛 葑)·김낙삼(金洛三)·남계천(南啓天)·손화중(孫和中)이 찾아왔다. 최시형 은 그들에게 조선의 운수를 말하기를, "오늘날 도의 운수는 곧 동방 (東方)의 목운(木運)이다. 목(木)이 서로 부딪치면 불을 내는 것은 필연의 형세이다. 인심이 화순하면 하늘이 반드시 감응할 것이다."라고 했다.

또, 최시형은 교단의 운영에 관해 다음과 같은 지침을 주었다. "재덕이 있는 자를 선택하여 두령을 삼을 것이오, 두령이 지휘하는 대로 한결같이 따르고 서로 두 마음을 먹지 아니하면 도는 반드시 저절로 이뤄질 것이다."

그해 5월에 최시형은 부안(扶安)에 사는 윤상오(尹相五)를 방문했 다. 윤상오는 호남 우도의 두령이요, 남계천은 좌도의 두령이었는데, 문지(門地)가 달라서 두 사람이 서로 용납하지 못하고 분쟁이 일어났다. 그런데 최시형이 남계천을 호남좌우도편의장(湖南左右道便義長)으로 임 명하였다. 이에 김낙삼(金洛三)이 호남좌우도에 설치된 16포의 도인 백 여 명을 거느리고 최시형을 찾아왔다. 호남 편의장을 남계천으로 정했 다는 소식에 실망하였다며, 그 결정을 따를 수 없다고 하였다.

최시형의 대답은 다음과 같았다. "우리 도는 5만 년 개벽의 운수 를 타서 무극의 큰 도를 창설했다. 그러므로 문벌의 높고 낮음과 노소의 등급과 구분이 사라졌다. 어찌 논의할 필요가 있겠는가? 비록 문벌이 낮고 한미하더라도 두령의 자격이 있으면 한결같이 그 지휘를 따라서 도를 밝히는 것으로 마음을 삼는 것이 옳다."

김낙삼은 스승의 가르침에 수긍하고 물러갔다. 곧 최시형은 태인(泰仁)에 있는 김낙삼의 집에 도착하여 육임을 선임하였다.

그해 6월에 최시형은 직면곡(織綿谷, 지금실)에 있는 김기범(金基範), 즉 김개남의 집에 머물렀다. 그때 금구(金溝)의 교인 김덕명(金德明)이 여름옷 5벌을 지어 바쳤고 김기범도 여름옷을 바쳤다.

최시형은 호남의 여러 지방을 두루 돌아다니며 교도를 권면하였다. "참으로 도를 아는 자가 매우 드물다"라고 한탄하였는데, 그것은 비단 호남 일원에 국한된 현상은 아니었다. 전주부에 들렀을 때는 최찬규(崔燦奎)의 집을 방문했다. 최시형을 수행한 이는 남계천(南啓天)·허내원(許乃元)·서영도(徐永道)·장경원(張敬元) 등이었다.

교조 신원운동

그해 7월에 최시형은 공주의 신평(薪坪)으로 돌아왔다. 12월에는 다시 충청도 충주 아촌(亞村)으로 거처를 옮겼다. 신재연(辛在淵)이 도운 덕택이었다. 해가 저물어 임진년(1892년)이 되자 조병식(趙秉式)이 충청도 관찰사가 되어 동학에 대한 탄압을 다시 시작하였다. 최시형은 손연도

(孫延鐵)의 안내로 진천(鎮川) 부창리(扶昌里)로 옮겼다. 5월이 되자 김주원(金周元)의 주선으로 상주의 왕실촌(旺實村)으로 이주하였다.

그해 7월에 서인주(徐仁周)와 서병학(徐丙鶴)이 최시형을 찾아와 교조 신원(伸寃) 운동을 펼치자고 주장하였다. 그러나 최시형은 일이 순조롭게 이루어지지 않으리라는 점을 예견하고 허락하지 않았다. 두 사람은 화를 내며 고집하였지만 최시형은 끝내 그들의 요청을 들어주지 않았다.

10월이 되자 충청도의 교도가 공주부(公州府)에 모여 대규모 집회를 열었다. 이는 서인주와 서병학이 최시형의 뜻을 어긴 채 마음대로 집행한 것이다. 그 집회의 뜻이 잘못된 것은 아니다. 지방관들이 동학 교도를 침학하고 백성을 해치고 재물을 빼앗는 일이 많으므로 엄금하라는 요구였다. 그러나 충청관찰사 조병식(趙秉式)은 수긍하지 않았다. 그러면서도 감사는 동학 교도의 어려운 처지를 헤아려 지방관들에게 절대로 침탈하지 말라고 명령하였다.

그달에 최시형은 제자들에게 지시하여 <입의문(立義文)>을 지어 널리 알리게 하였다. 그 가운데는 다음과 같은 구절이 있었다.

"바라건대 여러 도우(道友)는 (스승을) 신원할 방법을 꼭 생각하고, 아침저녁으로 부지런히 힘써 조금도 게을리 하지 말라."

또, 그달 27일 밤에는 손천민(孫天民)에게 명령하여 <경통문(敬通文)>을 지어 반포하게 하였다. 그 가운데는 신원운동의 시작을 알리는 구절이 포함되어 있었다. 즉, "각 포의 여러 두령은 포소(包所)의 도인을 모아 일제히 삼례(參禮)도회소(都會所)로 오라. 만약 이 통유문을 보고도 곧바로 모이지 않으면 이는 은덕을 저버려서 스스로 사문을 내치는 것이오, 하늘에 죄를 짓는 것이니, 사심이 의리를 해치는 것을 깊이 반성하고 이간질하는 사람들의 거짓말을 듣지 말라."고 하여 삼례집회를 명령하였다.

그에 따라 11월 초 2일에 각지의 교도가 전라도 삼례에 모였다. 그 수가 수천 명에 이르렀는데, 동학의 대표들이 <단자(單子)>를 만들어 전라감영에 보냈다. 당시 전라감사는 이헌직(李憲稙)이었다. 단자의 내용에 다음과 같은 글귀가 있었다.

"우리 스승을 서학(西學, 가톨릭)이라고 의심한다면 우리는 비록 주륙을 당하더라도 맹세코 억울함을 푼 뒤에야 그만둘 것입니다. ... (조정에서는) 동학을 힘껏 배척하여 걸핏하면 '서학'이라고 말합니다. 그러나 우리 스승께서는 동방에서 나서 동방에서 배웠으며, 학문은 사람에게 배우는 것이 아니라 하늘에게 배우는 것입니다. 동이 어찌 서가 되며 서가 어찌 동이 되겠습니까? ... 지금 서방의 학문이 꿈결처럼 서로 날뛰어서 역적의 무리들이 임금 밑에서 나쁜 짓을 하고 무뢰배들에 이르기까지 서학에 몸을 맡기고 산골짜기에 무리를 모아서 백주에

제1장 _ 해월이 헤쳐간 길

대도시에서 사람을 해치고 물건을 갈취하는 자들이 왕왕 있습니다. 선사(先師, 최제우)의 예언이 오늘날 증명이 되었으므로 우리는 절치부심(切齒腐心)하고 있습니다. 우리가 성심으로 수도할 때 아침저녁으로 하늘에 기도하는 것은 오직 보국안민(輔國安民)과 천하에 포덕하고자 하는 큰 바람뿐입니다."

동학 교도들은 교조의 억울함을 호소하였는데, 그들의 관심은 오직 보국안민과 포교 사업이라고 주장하였다. 하지만 감사 이헌직은 동학 교도의 주장을 일축하였다.

이에 교도는 더욱 화가 치밀어 그달 7일에 다시 한 번 청원서를 올렸다. 자신들이 최제우에게 배운 것은 임금에게 충성하고 어버이에 효도하고 지성으로 하늘을 섬기는 것이며, 유불선(儒佛仙)의 도를 합하여 성경신(誠敬信)의 과목을 실천하는 것뿐이라고 했다. 이후에 교도는 물러나지 않고 전주부에 머물렀다.

이틀이 지난 초 9일에 감사 이헌직은 <관문(關文, 공문서)>을 여러 고을에 보냈는데, 부디 동학 교도의 재물을 빼앗거나 사람을 다치게 하지 말라고 부탁하였다. 이러한 관문을 읽고 삼례 도회소는 최시형에게 법헌(法軒)이라는 호를 바치고, 앞으로는 법헌의 지휘를 따르라는 취지가 담긴 <통문>을 각도의 교도에게 보낸 다음 집회를 해산했다.

그해 12월 초6일에 최시형은 교조 최제우를 신원하는 일이 시급하다고 판단하여 상소문을 작성하여 고종에게 올리기로 결심하였다.

그는 보은 장내(帳內)에 임시 사무실을 열어 사무를 주관하게 하였다. 마침내 각지 교도의 뜻을 헤아려 의정부에 올릴 장문의 상소문이 완성되었다. 글에는 동학의 종지(宗旨)를 다음처럼 서술하였다.

"몸에 구속된 것을 벗어버리고 우리가 하늘로 돌아간다면 사람이 곧 하늘이요 하늘이 곧 사람이니, 이것이 천인합일(天人合一)의 종지(宗旨)입니다. 또 유불선이 각각 문호를 세워서 서로 배척하고 있지만, 그 근원을 캐 보면 또한 모두 하늘에 뿌리를 박아서 도를 삼고 있습니다. ... 유문(儒門)의 인륜대강(人倫大綱)과 도가의 청정자수(淸淨自守)와 부처의 보제중생(普濟衆生)이 모두 우리 도의 세 과목의 안에 갖추어져 있습니다. 또한 우리 도는 수심정기(守心正氣)로 다시 문호를 정하고 포덕광제(布德廣濟)로 스스로 목적을 삼았습니다."

이어서 동학에 대한 탄압이 사리에 맞지 않음을 지적하고 교조의 신원을 간곡히 요청했다. 그러나 교도들이 기대한 성과가 없었으므로, 계사년(1893년) 2월에 각지의 동학 대표가 모여 복합(伏閤) 상소의 필요성을 주장하였다. 최시형은 그 일이 뜻대로 되지 못할 줄 알았지만 대중의 뜻을 물리칠 수 없었다. 이에 수만 명의 교도가 상경하여 그달 11일에 광화문(光化門) 앞에 나아가 엎드려 상소를 올렸다. 소수(疏首, 상소자 대표)는 박광호(朴光浩)이며 제소(製疏, 상소문 집필 책임자)는 손천민(孫天民), 사소(寫疏, 상소문 작성 책임자)는 남홍원(南弘源)이었다. 그 가운데는 다음과 같은 내용도 있었다.

"지난 경신년(1860년) 4월 5일에 상천(上天)이 하민(下民)을 몰래 도
우셔서 경주 고(故) 학생 신(臣) 최제우(崔濟愚)가 천제의 말씀을 받
들어 사람을 가르쳐 포덕을 하니 세상에서 나지 못할 참된 선비요,
처음으로 연 종교의 학이라 할 만합니다. 최제우는 곧 병자호란 때의
공신 정무공(貞武公) 최진립(崔震立)의 6세손이며 영남의 큰선비 최
옥(崔鋈)의 아들로, 도를 행하며 포교하였습니다. 그러나 3년이 지나
지 않아 서학으로 지목되고 무고의 화를 입어 경상감영에서 생을 마쳤
습니다. … 신들은 모두 최제우의 연원(淵源) 사숙(私淑)입니다. 뼈를
쑤시는 고통과 가슴이 막히는 한이 어떠하겠습니까.

신들이 들은 바 그가 말하기를, '인의예지(仁義禮智)는 옛 성인의 가르
침이며, 수심정기(守心正氣)는 오직 내가 다시 정한 것이다'라고 했습
니다. … 지금 그가 지은《동경대전》의 몇 편을 살펴보면, 하늘과 사람
이 서로 함께하는 근원을 반복했고 성품과 몸이 함께 나가는 공부를
치밀하게 하여 참 지혜와 오묘한 풀이가 홀로 밝게 비추니 천지의
사이에 헤아림이 있는 문자라고 말할 만합니다. … 그가 이르기를,
'동학이라고 말하는 것은 그 까닭이 있으니, 도는 비록 하늘에서 나왔
지만 동방으로부터 만들어져서 동쪽 사람이 배웠기 때문이다'라고 했
습니다. 또 우리 스승의 뜻에 근본해서 말하면, 서교(西敎)의 형세가
차츰 만연하므로 동학이라고 이름을 붙여 그 실제의 이치가 같지 않음
을 구분한 것입니다. … 그러므로 동학을 지목하여 서교라고 공격하고,

동포를 몰아서 이단으로 거절하는 것은 분명 옳지 못한 일입니다. ... 어찌 동학을 편벽된 이름이라고 하여 서인(西人)들의 사교로 지목할 수 있습니까? 동학은 과연 만세에 폐단이 없고 천하에 다함이 없는 큰 도입니다. ... 삼가 원하옵건대 천지 부모는 이 길러주어야 할 적자를 불쌍히 여기사 선사의 지극한 원통을 풀어주시며 신들의 목숨을 구제해 주소서."

그달 13일에 고종이 전교(傳敎, 하교)를 내려, 너희들이 각자 집으로 돌아가 생업에 종사한다면 소원대로 베풀어 줄 것이라고 하였다. 이 분부를 듣고 교도들은 물러나 자기들의 고향으로 돌아갔다. 그러나 관리들이 교도를 핍박하고 약탈하는 것이 날이 갈수록 더욱 심하였다. 그러므로 그달 20일에 최시형은 다시 <경통문>을 각지에 보내 그들을 위로하였다.

그때 무뢰배가 교도라고 핑계 대고 동학에 들어와서 백성을 혼란에 빠뜨리는 폐단도 있었고, 본래 종도(宗徒)라고는 해도 도를 닦는 데 정성스럽지 못한 이도 있었다. 최시형은 글로써 문도를 일깨우고 신앙심을 배양하기에 더욱 힘썼다.

여담이지만 복합상소를 할 때 서병학(徐丙鶴) 등은 아예 무력을 동원해 왕조를 전복시키자고 주장하였다고 한다. 1898년 5월에 최시형은 관헌에 체포되어 조사받을 때 복합상소 때의 일에 관하여 말하기를, 제자 중 한 사람이 우리가 군인으로 변장하고 먼저 민영준(閔泳

駿)의 집을 공격하자고 제안하였으나 그 제안은 받아들이지 않았다고 하였다.[4] 최시형 등 주요 간부는 일부에서 제기한 모험주의를 반대하여 집회를 평화롭게 마감하였던 것이다.

그런데 복합상소를 계기로 동학 교도는 한양의 정세를 정확히 알게 되었다. 도성 한복판에 서양 및 일본 공사관이 설치되어 외국인의 활동이 눈에 띄었고, 서양식 천주교 교회당을 세우고 서양 선교사들이 자유롭게 포교하는 것을 목격하였다. 이러한 사정을 눈으로 확인한 동학 교도는 일본과 서양의 침략을 막는 것이 얼마나 시급한 과제인지를 깨달았다. 이제 동학을 이끄는 평민지식인들은 보국안민과 함께 척양척왜(斥洋斥倭)의 필요를 절감하였다.

보은집회

1893년 3월에 최시형은 충청도 청산군(靑山郡)으로 가서 향례를 베풀었다. 손병희(孫秉熙)·박용호(朴龍浩)·이관영(李觀永)·권재조(權在朝)·임정준(任貞準)·이원팔(李元八) 등이 참여했는데, 그들은 최시형에게 교도

---

4 *The Korean Repository*, vol. 5(June 1898), pp. 234-235. 훗날 이돈화는, "도소(都所)에 모여 상의(相議)할 때에 서인주(徐仁周)와 서병학(徐丙鶴)은 상소(上疏)하여 진정(陳情)할 뜻이 없고 교도(敎徒)로 하여금 병복(兵服)을 환착(換着)케 하고 병대(兵隊)와 협동(協同)하야 정부간당(政府奸黨)을 소탕(掃蕩)하고 크게 조정(朝廷)을 개혁(改革)하기로 결정(決定)하였는지라"라고 하였다. (《천도교 창건사(天道敎創建史)》;《동학사상자료집(東學思想資料集)》, 2, 143쪽) 그에 따르면, 서인주와 서병학이 함께 쿠데타를 주장하였다는 것이다.

를 보호할 방법을 알려달라고 요청하였다. 이에 최시형은 각지의 교도를 보은의 장내마을에 집합시키라고 하였다.

장내리는 충청도와 경상도의 경계에 있는 교통의 요지로 마을의 규모가 5백 호나 되는 부유한 곳이었다. 또, 이 마을의 앞에는 내(川)가 흐르고 있어 벌판도 널찍하여 집회하기에 안성맞춤이었다.

그달 11일에 최시형은 장내마을로 돌아갔는데, 그곳에 모인 교도가 수만 명이었다. 그들은 저마다 포내(包內)에 장대를 세워 표시하고 돌을 쌓아 보루를 만들었다. 교도들이 서로 인사하는 절차도 질서가 있어서 볼만 했다. 그 소문이 고종의 귀에 들어갔다.

고종은 대신 어윤중(魚允中)을 선무사(宣撫使)로 삼아 장내로 보냈다. 어윤중은 보은군에 이르렀는데, 교도의 기세에 눌려 감히 도회소에 들어오지 못하였다. 그는 사람을 보내 사정을 탐지하였다. 그러고는 4월 2일에 보은군수 이규백(李圭白)을 대동하여 도회소를 찾아와 왕의 뜻을 전하고 교도를 타일러 귀향을 종용하였다. "벼슬아치들의 탐학과 백성을 죽이고 재물을 빼앗는 행위는 반드시 엄하게 징벌하겠다." 고종의 뜻이 간곡하였으므로, 교도들은 곧 해산했다.

그런데 3월의 보은집회는 척왜양(斥倭洋, 일본과 서양의 침략을 반대함)이란 문제에도 비중을 두었다. "지금 왜양이 나라의 심복(중심)에 들어와 오늘의 한양은 그들의 소굴이 되었다 … 우리들은 죽음을 맹세하고 힘을 합쳐 왜양을 쳐부수고 대의를 따르려는 것이다." 실제로 병자년(1876)에 일본과 수호조약을 맺은 이후로 물가가 턱없이 올랐고, 정국을 외세가 좌우하였다. 게다가 외국에서 수입하는 신무기의 대가와 외국에게 지불하는 배상금 등으로 농민의 조세부담이 무거워졌다. 그에 대한 백성의 반감은 날로 커졌다. 그러므로 동학 농민은 외세의 침략에 저항하는 민족주의적 노선을 선택하게 되었다.

보은집회를 선도한 것은 수령(首領) 최시형(崔時亨)을 비롯하여 차좌(次座) 서병학, 이국빈(李國彬, 또는 李觀永), 손병희, 손사문(孫士文), 경강(京江)·충경접장(忠慶接長) 황하일(黃河一)·서일해(徐一海), 그리고 전라도(全羅道) 접장(接長)으로 이름은 알 수 없는 운량도감(運粮都監) 전도사(全都事) 등이었다고 한다. 짐작하건대 전도사는 곧 전봉준을 가리키는 표현일 것이다.

보은집회에 모인 교도의 수는 2만여 명에 이르렀다고 하는데, 김윤식(金允植)은 처음에 모인 이가 2만 7천여 명, 나중에는 7만여 명이나 되었다고 추정하였다.5 어윤중도 2만여 명 또는 만여 명으로 추산하였다.

보은집회가 끝나기 직전에 최시형은 조용히 장내리를 벗어나 경상도 인동(仁同)으로 갔다. 다시 김산(金山, 김천)으로 이동해 편겸(片謙)

---

5 김윤식(金允植), 《속음청사(續陰晴史)》, 상, 261, 263쪽. 그런데 《시천교종역사(侍天敎宗繹史)》《동학농민혁명자료총서》(이하 《총서》로 약칭), 29권, 100쪽)에서는 수십만 명으로 추정하였다. 또 충청도 유생 이단석(李丹石)은 6만 7천명이 모였다고 기술하였다. (이단석, <시문기(時聞記)>; 《총서》, 2권, 176쪽.)

을 찾아갔다. 제자 손병희·김연국 두 사람이 그를 수행하였다. 그때 서병학이 다시 찾아와 교조를 신원하자고 주장하였다.[6] 이관영(李觀永)과 이해관(李海觀) 등도 전적으로 찬동하며 최시형에게 언사가 불손했다. 그러나 최시형은 대꾸하지 않았다고 한다.

10월이 되자 최시형은 황간(黃磵)을 경유해 상주로 돌아왔다. 그때 조재벽(趙在璧)이 이사를 주선해 최시형의 가족은 청산(靑山) 문암리(文巖里)에 있는 김성원(金聖元)의 집으로 이사했다. 그 무렵 최시형은 관헌의 탄압을 받아 날마다 동쪽으로 서쪽으로 떠돌아다녀 지내기가 불안하였다.

요컨대 고종 원년(1864) 3월에 교조 최제우는 혹세무민(惑世誣民)하였다는 죄로 처형되었고 정부는 동학을 서학(가톨릭)과 같은 무리라며 박해하였다. 그러한 위험을 무릅쓰고 해월 최시형은 태백산의 깊은 산골을 오가며 비밀리에 포교 사업에 종사하였다.

그는 어린 나이에 고아가 되어 입에 풀칠하기조차 어려운 소년기를 보냈으나, 정직하고 부지런한 청년으로 장성하였다. 동학에 입교한 후에는 교주 최제우의 두터운 신임을 얻어 북접대도주(北接大道主)에 임명되었으며, 교조가 처형된 뒤에는 관헌의 눈길을 피하려고 여러 곳을 헤매었다.

---

6 《천도교회사 초고(天道敎會史草稿)》; 《동학사상자료집(東學思想資料集)》, 1, 454쪽.

그런 가운데서도 헌신적으로 포교에 힘썼고, 교단 조직에 천부적인 재능을 발휘해 교세가 점차 전국 각 지방으로 확산되었다. 동학의 가르침은 농민의 마음을 사로잡았기 때문이다. 그들은 기도할 때 청수 한 그릇만 있으면 그만이었다. 이는 가난한 농민의 처지에 가장 적합한 종교의식이었다.

피신 중에도 최시형은 동학의 경전을 편각하여 교세의 팽창에 결정적인 역할을 하였다. 19세기 말 조선의 현실은 실로 암담하였으나, 억압과 박해가 심할수록 동학이 간직한 평등과 혁명의 씨앗은 더욱더 빠른 속도로 자라났다.

돌이켜 보면 1883년은 동학이 충청도에서 세력을 키우게 된 결정적인 해였다. 충주를 비롯하여 청풍, 괴산, 연풍, 목천, 진천, 청주, 공주, 연기의 뛰어난 인사가 최시형의 문하에 몰려들었으니, 손천민(孫天民), 안교선(安敎善), 윤상오(尹相五) 등이 동학에 입도하여 포교에 힘쓴 결과이다.

1880년대 중반까지 최시형은 인제, 정선, 단양, 보은, 상주 등 강원도, 충청도, 경상도의 몇몇 지역에서 활약하였다. 관헌은 그를 체포하려고 혈안이 되어 있었는데, 신변의 안전을 위해 이곳저곳으로 피신하는 과정에서 최시형을 따르는 평민지식인과 농민의 숫자는 더더욱 늘어났다.

더구나 그 시절에는 괴질이 유행하여 민간의 피해가 극심하였다.

그런데 최시형은 교도에게 위생에 주의하도록 당부하였고, 성심성의껏 수도하면 질병에 걸리지 않는다고 가르쳤다. 다행히도 동학 교도 중에는 전염병으로 죽은 이가 거의 없어 동학의 인기는 더욱더 높아졌다.

동학의 세력이 팽창하자 교조 신원운동이 활발해졌다. 수차에 걸친 대규모 집회를 통해 동학 교도들은 조정과 줄다리기를 하였고, 그러는 사이에 "보국안민"에 못지않게 일본과 서양의 외침에 대비하자는 각성도 일어났다. "척왜양창의"가 동학의 또 다른 활동목표로 등장한 것은 의미심장한 일이었다.

3. 갑오년 동학농민혁명기의 활동

갑오년(고종 31, 1894) 봄에 이르러 최시형의 제자 전봉준(全奉準)과 손화중(孫化中) 등이 전라도 고부(古阜, 현 전북 정읍군)에서 많은 백성과 함께 봉기하였다. 그들은 여러 고을을 휩쓸어 마침내는 호남과 호서 두 지방이 동학농민의 수중에 들어갔다고 해도 과언이 아니었다. 이른바 제1차 동학농민혁명이었다. 최시형이 직접 지시한 것은 아니었으나, 혁명이 일어난 배경에는 동학의 사상과 조직이 자리하고 있었다. 더구나 그해 가을에 일어난 제2차 동학농민혁명에는 최시형이 지휘하는 이른바 북접의 동학농민군도 합세하였다. 그러므로 동학농민혁명은 최시형과 떼려야 뗄 수 없는 일대 사건이었다. 동학농민혁명에 관하여는 아래의 제4장과 제5장에서 깊이 있게 분석할 예정이다. 그러므로 여기서는 사건의 줄거리를 간략히 언급하는 데 그친다.

제1차 동학농민혁명

19세기 후반에는 각지에서 민란이 끊이지 않았다. 조정이 부패한 것도 하나의 원인이었으나, 평민지식인을 중심으로 백성들이 끈질기게 저항하였다는 점을 간과할 수 없다. 민란의 지도부가 상당한 지적 수준을 갖추고 있었으므로 조정에서는 민란을 뿌리 뽑지 못하였다.

관헌(官憲)과의 잦은 충돌로 투쟁의 전략을 최적화한 평민지식인들은 드디어 엄청난 사건을 실천에 옮겼으니, 그것이 바로 1894년에 일어난 동학농민혁명이었다. 마침 한 해 전인 1893년에는 전국에 흉작이 잇따라 백성의 생활이 극도로 어려워졌으므로, 관리의 주구(誅求, 토색질)에 대한 반감이 극심하였다.

1894년 2월 하순에 전라도 고부의 백성은 군수(郡守) 조병갑(趙秉甲)의 학정(虐政)을 이유로 민란을 일으켰다. 조정에서는 장흥부사(長興府使) 이용태(李容泰)를 안핵사(按覈使)로 임명하여 백성을 위로하게 하였다. 그러나 이용태는 자신의 역할을 제대로 하지 못하고 백성의 재물을 약탈하고 민란에 참여한 동학 농민을 학대하였다. 그러므로 민심이 무마되기는커녕 대규모 민란이 일어나고 말았다.

그때 고부의 동학 접주인 평민지식인 전봉준은 결연히 일어나 "제폭구민(除暴救民, 포악한 관리를 없애고 백성을 구제함)"의 기치 아래 탐관오리에 대한 항전을 선포하였다. 이에 최경선(崔景善)과 손화중(孫和仲) 등 동학의 여러 접주도 호응하여 수천 명의 동학농민군이 쉽게 고부군의 관아를 점령하였다. 그 이튿날에는 부안 백산(白山)에 진을 치고 전주에서 파견된 관군(官軍)과 싸워 500명을 살상하였다. 동학농민군의 기세가 올라갔고 그에 호응하는 교도와 농민이 헤아릴 수 없이 많았다. 멀리는 충청도 공주(公州)요, 가까이는 김제(金堤), 태인(泰仁), 정읍(井邑), 고창(高敞) 및 만경(萬頃)에 이르기까지 여러 고을에서 달려와 동학농민군 대열에 함께 하는 이가 수만 명이었다고 한다.

그때 동학농민군의 지휘부를 구성한 전봉준(全琫準), 김개남(金開南) 및 손화중 등은 <격문>을 사방으로 보내어 병력을 더욱더 충원하고 군자금을 조달하였다. 동학농민의 기세에 눌린 관군은 동학농민군이 진격해온다는 소문만 듣고도 달아나기에 바빴다. 조선왕조의 운명은 바람 앞에 선 등불과도 같았다.

집권세력은 혼비백산하여 청나라에 구원병을 요청하기에 급급하였고, 그러자 한반도 지배를 꿈꾸던 일본군도 군대를 파견하여 결국에는 청일전쟁이 일어나게 되었다. 동학농민군은 청일전쟁의 발생을 피하려고 관군과 전주에서 화의(和議)를 맺기까지 하였으나, 일본은 처음부터 침략 야욕을 가지고 조선으로 출병하였던 만큼 드디어는 청나라 군대와 무력 충돌을 일으켰다.

동학 지도부의 갈등

처음에 동학농민운동이 본격적으로 일어나자 1894년 4월에 최시형은 충청도 청산(靑山)에 교도들을 모이게 하였다. 상당한 세력을 유지하면서 장차 어떻게 하는 것이 동학에 유리할지를 궁리하였다. 이러한 최시형의 태도를 기회주의적이라고 비판하는 시각이 있다.

그때 최시형은 불분명한 태도를 보였다고 볼 수 있다. 그는 전봉준 등의 무력혁명에 대하여 방관적인 자세를 취하기도 하였고, 때로는 전봉준 등이 현실 정치에 지나치게 개입하였다는 이유로 동학농민군의 식량과 군자금의 조달을 비난하였다. 심지어 동학 교도는 전봉준 등이 지휘하는 혁명에 동조하지 말라고 명령하기도 했다.

최시형은 측근인 손병희(孫秉熙), 손천민(孫天民) 그리고 김연국(金演局) 등과 함께 동학은 아무런 정치적 야심이 없다고 선언했다. 세상이 최시형 등을 폭도(暴徒)의 괴수라고 지목하지 못하게 하려는 것이었다. 그러나 최시형 등의 만류에도 불구하고 전봉준과 김개남 등은 확고한 의지를 세워 동학농민혁명을 부단히 밀고 나갔다.

최시형은 자신의 직접적 영향권 아래 있는 교도들에게 혁명군에 참가하지 못하게 금지령을 내렸고, 또 손병희를 통해 전봉준을 타이르기도 했다. 교주 최시형의 뜻에 따르지 않는 것은 교도로서 본령(本領)을 벗어난 과실(過失)이라는 점을 지적한 것이다. 이처럼 최시형은 정치와 종교가 뒤섞이는 일이 없게 하려고 노력하였다. 그러나 19세기 후반의 사회 현실은 종교와 정치의 엄격한 분리를 매우 어렵게 만들었다.

혹자는 최시형의 초연한 입장을 혹독하게 비판할 것이다. 최시형이 전봉준을 도와 처음부터 동학농민혁명을 적극적으로 추진했더라면 파죽(破竹)의 기세로 일어난 혁명이 훌륭한 결실을 이루었을 터이고, 그랬다면 훗날 무고한 동학농민이 수만 명이나 학살당하는 비극은 없었을 것이라는 주장도 이론적으로는 가능하다. 그러나 그런 추정은 지나치게 편향된 것이다.

동학의 제2대 교조로서 최시형이 얼마나 험난한 길을 걸었는지 우리는 잘 알고 있다. 그는 초인적인 신념으로 험로(險路)를 뚫고 동학의 운명을 개척한 지도자였다. 따라서 아무리 농민의 처지가 열악하다 한들, 동학이 국가에 항거하는 물리적 충돌을 일으켜 스스로 패망의 길에 들어서게 방관할 수 없다고 판단했다. 최시형의 충정을 헤아린다면 고뇌에 찬 그의 결정을 함부로 비난할 수 없다.

제2차 동학농민혁명

그해(1894) 9월에 전봉준은 다시 동학농민군을 일으켰다. 그는 두어 달 전에 경복궁을 습격한 일본군의 만행을 규탄하며 "척왜양창의(斥倭洋倡義)", 즉 일본과 서양 제국주의의 침략 야욕을 꺾고자 했다. 일찍이 동학의 교조 최제우는 일본과 서양 세력의 침략 위협을 경고하였다. 또, 교조를 신원하자는 운동을 벌이는 과정에서 동학 교도는 제국주의 세력이 조선에 진출한 사실을 확인하기도 했다. 그러므로 전봉준 등이 제2차 혁명을 일으켜 외세의 침탈을 저지하려고 나선 것은 그 명분이 확고하였다. 물론 제1차 혁명도 뚜렷한 명분이 있었다. 탐관오리를 쫓아내고 백성들이 억울함을 당하지 않게 함으로써 "보국안민(輔國安民, 나라를 바로 세우고 백성을 편안하게 함)"의 길을 열었기 때문이다.

최시형의 참여

1894년 9월 18일에 최시형은 동학 교주로서 결단을 내려 전봉준 등이 일으킨 동학농민혁명의 대열에 합세하였다. 최시형(崔時亨)은 청산에서 여러 접주를 모아놓고, 교도를 동원하여 전봉준과 협력하라고 지시했다.7 이 기회를 빌려 "선사(先師, 최제우)의 숙원(宿冤)을 쾌신(快伸, 속히 씻어냄)하고 종국(宗國, 동학과 나라)의 급난(急難)에 동부(同赴, 함께 나섬)"하자고 요청하였다.8 마침내는 전봉준의 요구를 최시형이 받아들인 셈이었다.

이에 최시형의 직접적인 통제 아래 있던 이른바 "북접(北接)"도법소(法所)와 도소(都所)를 창의소(倡義所)라고 이름을 바꾸었다. 창의소는 <통문>을 작성해, "우리들 접주는 힘을 합쳐 왜적(倭賊)을 칠 것이다"9라는 내용을 널리 알리고 항일 투쟁을 시작하였다. 이어서 북접에 속한 여러 지역의 접주는 기포(起包)하라는 명령도 내리고 군사의 운영에 필요한 규칙, 즉 <군중절목(軍中節目)>을 마련하였다.10

남북조화(南北調和)

최시형이 전봉준 등과 어깨를 나란히 해 항일 투쟁을 벌이게 된데는 숨은 이야기가 있다. 오지영(吳知泳)이 저술한 《동학사(東學史)》에 그 내막이 자세히 서술되어 있다. 알다시피 오지영은 전봉준의 측근으로서 일찍부터 남접과 북접을 오가며 이견을 좁히려고 노력하였다. 아래에서 필자는 오지영이 기술한 <남북조화>, 즉 전봉준의 남접이 북접과 협동하게 된 사정을 약술한다.

---

7 《천도교 창건사(天道敎創建史)》; 《동학사상 자료집(東學思想資料集)》, 2, 155쪽.
8 《천도교회사 초고(天道敎會史草稿)》; 《동학사상 자료집》, 1, 461쪽.
9 《주일 공사관 기록(駐韓日本公使館記錄)》, 1, 173쪽.
10 <오사카 아사히 신문(大阪朝日新聞)>; 《총서》, 23, 150~151쪽.

본래 동학의 가르침은 조선 후기의 각종 악습을 제거하고 원만하고 광대한 새 세상을 만드는 데 목적을 두었다. 그러나 위에서도 언급한 것처럼 동학 내부에도 상당한 견해 차이가 있었다. 호남의 접주들은 조선 사회의 모순을 무력으로 해결하려고 하였는데, 충청도의 접주들은 동의하지 않았다. 그들은 종교적인 힘을 길러 자연히 문제가 해소되기를 바랐다.

이렇게 양측의 견해가 엇갈리자 충청도의 동학은 호남의 동학을 "남접"이라고 부르며 거리를 두었다. 그때 충청도의 동학은 스스로 "북접"이라고 칭했다. 이후에 호남의 동학 교도들이 제1차 동학농민혁명을 일으키자 충청도의 동학 교도는 남접을 심하게 비난하였다. 혁명에 적극적으로 참여한 호남의 동학 교도 역시 북접을 원수처럼 여겼다.

그러나 호남에도 북접에 속한 이가 적지 않았는데, 금구와 김제 이북이 그러했다. 그들은 동학농민혁명에 참여하기를 거부했다. 그래서 전라도 익산에서 여러 접주가 모여 남접과 북접이 단결할 방안을 궁리하였다. 그들은 오지영에게 남접과 북접의 협상을 추진하라고 부탁했다. 오지영은 익산 출신으로 북접에 속하면서도 남접의 최고 지도자 손화중 및 전봉준과 깊은 인연이 있었다.

오지영은 손화중의 지도로 동학에 입문하였고 나중에는 손화중의 부탁으로 금구의 접주 김방서(金邦瑞)와 가까이 지냈다. 그런데 동학농민혁명이 일어나자 김방서는 북접이 되어 손화중과 사이가 매우 멀어졌다. 양측의 관계를 개선하려면 오지영이 적임자로 손꼽혔다.

오지영이 남접과 북접의 화합을 위해 노력할 때 전봉준은 이미 전주를 점령하고 있었다. 그는 북접의 참여를 독촉하였으나 성과가 없었다. 그때 오지영이 전주로 가서 전봉준을 만나 남접과 북접의 단결이 필요하다는 점을 역설하였다. 전봉준은 적극적으로 찬동하고 오지영에게 부디 좋은 성과를 내달라고 부탁하였다. 이에 오지영은 보은의 법소(法所)를 방문하여 최시형을 만나 이 문제를 해결하겠다고 약속하였다. 전봉준과 김개남을 뛸 듯이 기뻐했다.

오지영은 최시형을 찾아가 사정을 그대로 말하였고, 대도소(大都所) 즉 중앙 간부 회의에도 자신이 찾아온 목적을 설명하였다. 김연국을 필두로 손천민, 손병희, 서병학 등 10명이 대도소의 임원이었다. 장시간 토론 끝에 대도소는 "척왜양"의 깃발 아래 장차 남접과 북접이 운명을 함께 하기로 하였다.

이에 최시형은 오지영을 불러 양호도찰(兩湖都察)의 임무를 부여하고, 충청도와 전라도의 동학이 서로 협력하여 동학의 미래를 열라고 당부했다. 그런 부탁을 받았으므로 오지영은 익산에서 여러 접주를 모아놓고 남접이니 북접이니 하는 편협한 논의를 중지하고 일심협력하라는 최시형의 명령을 전달하였다. 또, 전봉준에게 이미 남접과 북접의 화해가 이뤄진 사실을 알렸다. 이로써 두 진영의 싸움은 그때 이미 종식된 것이다. 아직은 제2차 동학농민혁명이 일어나기 3~4개월 전이었다. 요컨대 1894년 여름에 최시형의 결단으로 남접과 북접의 대립은 해소된 것이다.

남접과 북접의 연대

그해 9월 그믐쯤 제2차 동학농민혁명군이 다시 모였다. 김방서는 금구에서 군사를 일으켰고 오지영은 함열에서 일어났다. 오경도(吳景道)는 익산에서, 장경화(張景化)는 옥구에서, 진관삼(陳寛三)은 임피에서 제각각 동학농민을 이끌고 혁명의 대열에 참가했다. 김석윤(金錫允)과 김낙철(金洛喆)은 부안에서, 김공선(金功善)은 만경, 최난선(崔鸞善)은 여산, 박치경(朴致京)은 고산, 이응백(李應白)은 무주, 이병춘(李炳春)은 임실, 서영도(徐永道)와 허내원(許乃元)은 전주에서 군사를 일으켰다. 그 총수는 수만 명이었다.

충청도 이북에서도 많은 동학농민이 참전하였다. 손천민(孫天民)과 이용구(李容九)는 청주에서 일어났고, 정경수(鄭璟洙)와 임명준(任命準)은 경기도 안성, 고재당(高在棠)은 경기도 양지, 임학선(任學善)과 홍병기(洪秉箕)는 경기도 여주, 김규석(金奎錫)은 경기도 이천에서 군사를 모았다. 신(辛) 아무개 접주는 경기도 양근, 김태열(金泰悅)은 경기도 저평, 그리고 이화경(李和卿)은 강원도 원주에서 일어났다. 윤면호(尹冕

鎬)는 강원도 횡성, 심상현(沈相賢)은 강원도 홍천, 박인호(朴寅浩)는 충청도 서산에서 군사를 모았다. 김경삼(金敬三)은 충청도 신창, 김명배(金莫培)는 충청도 덕산, 박용대(朴瑢台)와 김현구(金顯玖)는 전라도 강진에서 궐기하였다.

김동두(金東斗)는 충청도 태안, 김두열(金斗悅)은 충청도 홍주, 박희인(朴熙寅)은 충청도 면천, 주병도(朱炳道)는 충청도 태안반도의 안면도, 추용성(秋鏞聲)은 충청도 남포, 김지택(金知擇)과 배성천(裵成天)은 충청도 공주, 황하일(黃河一), 김연국(金演局), 권병덕(權秉悳) 등은 충청도 보은, 김복용(金福用)과 이희인(李熙人)은 충청도 목천, 정원준(鄭元俊)과 강채서(姜彩西)는 충청도 옥천에서 일어났다. 그 숫자가 10만 명에 이르렀다. 이 많은 동학농민군이 모두 청주에 모였는데, 최시형의 수제자 손병희가 그들을 이끌고 남쪽으로 내려왔다.

이처럼 전라도, 충청도, 경기도 및 강원도의 동학농민군이 모두 집결하자 공주와 노성, 연산, 은진, 부여, 석성, 여산, 익산, 용안 및 함열은 동학농민군으로 가득하였다.

동학농민군은 대본영을 충청도 은진의 논산포(論山浦)에 두었다. 전봉준과 손병희가 그곳에서 만나 서로의 손을 잡았다. 서로 형제의 맹세를 하고 죽음을 함께 하기로 다짐하였다. 전봉준은 형이 되고 손병희는 아우가 되었다. 그때부터 그들은 같은 상에서 밥을 먹고 같은 장막에서 잠을 자며 모든 행동거지를 서로 존중하며 공경하는 가운데 조화롭게 하였다.

최시형의 은둔

숫자로만 승부를 낸다고 하면 동학농민군이 백 번 싸워 백 번을 이길 일이었다. 그러나 현대적 무기를 고루 갖춘 일본군이 동학농민군을 진압하려고 끼어들었다. 정신력이 압도적인 무기의 열세를 만회할 수 없어, 동학농민군은 큰 좌절을 겪었다.

공주 우금치의 결전에서 동학농민군은 눈물을 머금고 물러서지 않을 도리가 없었다. 많은 사상자를 낸 끝에 동학농민군은 혁명을 완수하지 못하고 적군의 추격을 피해 사방으로 흩어졌다. 그해 겨울은 참으로 잔인하였다. 전봉준과 손화중 및 김개남 등은 사로잡혀 곤욕을 치른 뒤에 모두 세상을 떠났다.

최시형은 다시 위기를 벗어나 피신하는 몸이 되었다. 여러 곳을 전전하다가 그해 12월 27일이 되자 최시형은 강원도 홍천 등 깊은 산속으로 몸을 숨겼다. 그의 곁에는 손병희·김연국·손병흠(孫秉欽)·손천민·임학선 등이 머물렀다.

해가 바뀌어 을미년(1895년)이 되자 동학에 대한 관헌의 탄압은 더욱 거세졌다. 그해 정월 초하루에 최시형은 강원도 인제군으로 이주해 잠시 최영서(崔永瑞)의 집에 머물렀다. 포졸이 사방에서 몰려들어 그를 체포하려고 하였으므로 곁에 있던 제자들까지도 뿔뿔이 헤어져 피신하였다.

그 와중에 최시형이 이미 사망했다는 오보(誤報)가 퍼졌다. 이는 다름 아니라 1895년 1월 30일에 일본군에 사로잡힌 동학농민군 포로 임재수(林載洙, 당시 60여세, 1만 명을 거느린 대접주)가 자백한 바였다. 즉, "우리의 총통령 최법헌(崔法軒, 최시형)은 지난 한력(韓曆, 음력) 1월 6일(양력 1월 31일)에 경상도 송백산(松柏山)의 원곡(原谷)에서 불운하게도 일본군 때문에 살해당하였다. ..."11라고 하였다. 임재수와 함께 체포된 2명의 동학 교도 역시 최시형이 사망한 사실을 확인하였다고 한다.

그러나 한양에 있던 일본의 외교관들은 신문 보도보다 훨씬 정확한 정보를 가지고 있었다. 1895년 1월 30일(양력)에 작성한 문서에서 백작(伯爵) 이노우에 가오루(井上馨)는 최시형이 경상도를 무사히 벗어나 강원도로 이동한 사실을 기록했다. <최시형(崔時亨)의 향동(向東, 동쪽으로 감)에 따른 방비(防備) 요청>이란 문서에 다음과 같이 서술되어 있다.

"급히 아룁니다. (경상도) 가흥(可興) 병참사령부(兵站司令部)에서 보내온 전보를 받아보니, 최(崔, 최시형) 괴수(魁首)가 동쪽으로 향했다

---

11 <오사카 아사히 신문(大阪朝日新聞)>, 1895년 2월 24일.

고 들었으니 동북지역 지방관들에게 엄히 방비하도록 속히 명령하고, 아울러 경무청(警務廳)에 명하여 대궐을 잘 지키도록 하라는 등의 말이 있어서, 귀하의 아문(衙門)에 이를 급히 알리오니 칙명을 내려 시행함이 가할 줄로 알고 이상 말씀드립니다. 날로 복되시기를 빕니다."

이노우에는 경상도 가흥에 설치된 일본군 병참사령부의 보고를 토대로 최시형이 강원도로 피신하였으므로 속히 체포하라고 명령하였다. 이 보고서는 이미 꼭두각시나 다름없던 조선 정부가 수신하였다. 그때 최시형은 일본과 조선 조정의 공적(公敵)이었다.

해월은 큰 스승

갑오년(1894)은 동학이 조선의 역사를 뒤흔든 한 해였다. 그때 일어난 청일전쟁으로 말미암아 청나라는 동아시아의 패권을 일본에 빼앗겼으니 동아시아의 운명이 결정된 한 해이기도 했다. 전봉준을 비롯하여 수만을 헤아리는 동학농민의 영웅이 분연히 일어섰다가 무참히 좌절한 해라고 볼 수도 있다. 교조 최제우가 억울하게 목숨을 잃은 1864년부터 최시형은 30년 동안 권토중래(捲土重來, 회복)를 꿈꾸었으나 동학농민혁명이 실패함으로써 엄청난 타격을 받았다.

그러나 최시형은 무너지지 않았다. 한 가지 일화를 소개한다. 1895년 5월에 두어 명의 교도가 최시형의 은신처로 찾아왔다. 그동안 최시형을 곁에서 모시고 고난을 함께 해온 제자 김연국은 그들 방문객 앞에서 그동안 참고 있던 화를 터뜨렸다. 그 광경을 지켜보고 있던 최시형은 다음과 같이 위로하며 타일렀다.

"군자는 환란에 처하면 환란의 도를 행하고, 곤궁하게 되면 곤궁의 도를 행하는 것이다. 우리는 마땅히 하늘의 이치를 따를 뿐이다. 다른 사람이 하는 짓과 마음 씀씀이가 나에게 매우 서운하더라도, 스스로 돌이켜 반성하라. 그러면 사소한 객기는 자연히 없어질 것이다."[12]

이와 같은 최시형의 가르침을 받고 김연국은 평정심을 다시 회복하였다. 짧은 에피소드이지만 문면(文面)에 흐르는 해월 최시형의 인격이 빛난다. 그는 진정한 의미에서 한 시대를 이끌만한 큰 스승이었다.

4. 동학농민혁명 이후 최후까지

1894년 겨울에 혁명은 일단 끝났다. 최시형은 다시 관헌에 쫓기는 몸이 되어 각지로 떠도는 신세가 되었다. 그때의 일은 《본교역사》의

---

12 《본교역사(本教歷史)》, 제2편 해월신사(海月神師).

제2편, 즉 <해월 최시형>이란 글에 상세히 기술되어 있다. 그 글을 바탕으로 최시형의 말년을 살펴보려고 한다.

조직의 재정비

혁명 직후 최시형은 충청도에서 전라도를 기쳐 경상도로 내려갔다. 그 이듬해에는 다시 강원도로 옮겼다가 다시 충청도로 내려갔다. 그 이듬해 병신년(1896년)에 최시형은 경기도 음죽(현 이천)을 거쳐 충청도 충주로 갔다. 그해 2월에 손병희는 만일의 사태에 대비하여 최시형의 가족을 충주(忠州) 외서촌(外西村)으로 옮겼다.

그런 뒤에 최시형은 손병희에게 의암(義菴)이란 도호(道號)를 주고 손천민에게는 송암(松菴)이란 도호를 주었다. 아울러 각지의 접주에게 임첩(任帖)을 작성해 보내주었는데, 문서마다 해월(海月)이라 적힌 최시형의 인장을 찍었다. 피난 중에도 최시형은 동학의 조직을 재정비한 것이다.

그해 4월에 최시형은 가족을 동반해 충청도 음성(陰城)의 창곡(倉谷)으로 이주했다. 두 달 후(6월)에는 다시 청주의 산골짝으로 옮겼다. 체포당할 우려가 있어서였다. 교인 신재섭(辛在燮)이 최시형 일가를 부양하였다. 그런데 7월에는 다시 경상도 상주의 고지대로 이주해 이자성(李子成)의 집에 살았다. 제자 김연국이 그를 수행하였다.

향아설위(向我設位)

그해(1896) 4월 5일은 교조 최제우가 득도한 날(得道日)이었다. 그날을 기념하는 제사를 올릴 때 최시형은 "사람마다 각각 한 자리를 마련하여 자기 자신을 향해 제물을 진설하여 정성껏 올리는 것이 좋겠다"라고 하였다. 그래서 그날 저녁에는 모두가 자신을 향해 제수(祭需)를 진설하였다. 이를 "향아설위(向我設位)", 즉 제례에 참여하는 사람들이 저마다 자신의 앞에 제물을 차리는 독특한 방식이었다.

그때 손병희는 최시형의 집과는 개울 하나를 사이에 두고 살았다. 그는 볼일이 있어서 강원도 원주(原州)에 나가게 되어 제례에 참여하지 못하였다. 그날 저녁 손병희는 전거리(田巨里)[13]에 사는 도인 임순호(林淳顥)의 집에 들렀다. 임순호는 제물을 갖추어 득도일을 기념하려고 하였다.

그때 손병희가 임순호에게 말했다. 오늘 저녁 향례(享禮, 큰 제사)는 전례를 무시하고 각자 진설하고, 벽을 향해서 진설하지 말고 각자 자신을 향하여 차리자는 것이었다. 나중에 손병희가 집에 돌아와서 들으니, 스승 최시형도 그날 향아설위를 한 사실이 확인되었다.

그날 최시형과 손병희는 서로 90리나 멀리 떨어진 곳에 있었고,

---

13 "전거리"는 "전거론"이라고도 하며 조금 글자를 다르게 쓰기도 한다. 이 책에서는 인용하는 문헌에 표기된 대로 혼용하였다. 현재의 경기도 여주군 강천면 도전리에 있는 마을이다.

사전에 제사 방식을 바꾸기로 상의한 적도 없었다. 그런데도 똑같이 향아설위를 하였으니, 듣는 이마다 신기한 일로 여겼다.(보다 상세한 설명은 이 책의 6장을 참고할 것)

도통의 전수

1896년 8월에 최시형은 전거리로 이사했다. 9월 10일에 손병희·김연국·손병흠·김낙철·신현경(申賢敬) 등 여러 제자가 전거리로 와서 함께 그해 겨울을 지냈다. 해가 저물어 가던 12월 24일에 최시형은 특별한 명령을 내렸다.

자신의 후임을 의암 손병희로 삼는다는 것이었다. 최시형은 손천민과 김연국에게 특별히 아래와 같이 부탁하였다.

> "너희 세 사람은 그동안 나를 따라 여러 해 동안 도를 배우고 재난과 경사를 함께 했다. 그 공으로 말하면 한 몸이라 말할 만하다. 그러나 도의 발전과 일의 종리(綜理, 빈틈이 없고 조리가 정연함)는 이끄는 사람이 있어야 하는 법이다. 이제부터는 너희는 의암을 북접대도주(北接大道主)로 삼아라."

교조 최제우가 생전에 최시형을 후계자로 삼은 것처럼 최시형도 세상을 작별하기 전에 손병희를 제3대 교주로 임명하였다. 그렇게 교단의 미래가 정해진 가운데 정유년(1897)이 비교적 조용히 지나갔다.

최시형의 체포

해가 바뀌어 무술년(1898년)이 되었다. 정월에 북접대도주 손병희
는 최시형을 모시고 더욱더 깊은 산 속으로 들어갔다. 일행은 경기도
지평(砥平)의 갈현(葛峴)에 있는 이강수(李康洙) 집에서 며칠을 지냈다.

그 뒤에는 강원도 홍천(洪川)에 있는 오창섭(吳昌燮)의 집으로 옮겨
한 달가량 있다가 2월 말이 되자 원주(原州) 송동(松洞)에 있는 원진여
(元鎭汝)의 집으로 이사하였다. 임학선(林學善)이 그 일을 주선했다. 그
해 4월 2일에 최시형은 충청도 보은에서 교도를 모아 회의하고 원주
로 되돌아왔다.

그보다 사흘이 지난 4월 5일은 교조 최제우의 득도일이었다. 그날
따라 최시형은 북접대도주와 임순호(林淳顥)·김연국 등에게 명하여
각자의 집으로 돌아가 따로따로 향례를 베풀라고 지시하였다. 아마
도 자신에게 운명의 시간이 다가온 것을 예감하였던 것 같다.

그 이튿날인 4월 6일 새벽에 전(前) 주사(主事) 송경인(宋敬仁)이 군
졸을 거느리고 최시형의 거처를 습격해 최시형은 체포되고 말았다.
그러나 손병희와 김연국 등은 그 현장에 없었으므로 붙잡히지 않았
다. 송경인은 의기양양하며 일행을 거느리고 즉시 한양으로 올라갔

다. 최시형이 한양에 도착한 것은 1898년 5월 25일이었다.

1898년 5월 31일에 <독립신문>에는 최시형의 체포를 알리는 다음과 같은 기사가 실렸다.

"대한 전국에서 처음으로 동학을 하던 괴수 중에서도 제일 큰 괴수 최 법헌을 충청남도 회덕군에 사는 전(前) 주사 송경인 씨가 충주 지방대의 병정과 여주군 별순교(別巡校)를 데리고 강원도 원주군 땅에 가서 잡아 5월 28일에 경무청으로 올려 왔다더라."14

위 기사에서 새롭게 드러난 사실은, 송경인이 두 곳의 군인과 경찰을 동원했다는 점이다. 즉, 그는 충청도 충주에 주둔하는 군졸과 여주의 특별기동대를 이끌고 원주 송동으로 쳐들어왔다.

송경인 일당

최시형을 체포한 송경인 등에 관하여 우리는 당시의 신문기사를 통해 좀 더 자세히 알 수 있다. 역시 <독립신문>을 통해서이다.15 그 내용을 정리하면 다음과 같다.

---

14 <독립신문>, 광무(光武) 2년(1898) 5월 31일.
15 <독립신문>, 광무(光武) 2년(1898) 6월 11일.

그해 윤(閏) 3월 4일에 경무청 순검(巡檢) 송경인은 자신의 상관인 경무청 총순 박윤수와 권림, 그리고 동료인 순검 이성근과 김효원 등과 함께 한양을 떠났다. 그들은 한 달 동안 충청도와 강원도 일대를 헤매고 돌아다니며 최시형의 거처를 알아냈다.

마침내 4월 6일에 그들은 동학의 제2대 교주 최시형을 체포했는데, 그 장소는 당시 지명으로 강원도 원주군 호매곡면 송곡이었다. 현장에 있던 최시형의 제자 송일희와 황만기도 붙들렸다. 최시형 등은 모두 경무청으로 압송되었다. 조정에서는 동학농민혁명 당시 최고 지도자인 최시형을 체포했으므로 크게 기뻐하는 분위기였다.

최시형의 최후

불의의 소식을 접한 박인호(朴寅浩)는 김명배(金萁培)를 충청도 내포(內浦)의 교도들에게 보내어 얼마간 돈을 마련하게 하였다. 충청도 홍주의 동학 교도인 김주열(金周烈)은 나락이 한창 푸르게 자라는 10두락의 논을 팔아 최시형의 옥바라지를 도왔다. 또, 교인 이종훈(李鍾勳)은 최시형이 갇힌 감옥의 아전 김준식(金俊植)과 형제를 맺어 최시형과 연락을 주고받았다. 이종훈은 최시형이 옥중에서 병으로 신음하자 인삼과 녹용 탕제를 올리고, 새 옷도 감옥으로 들여보냈다.

그러나 최시형은 중죄인의 신세를 벗어날 수 없었다. 1898년 양력

6월 29일에 최시형은 평리원(平理院, 고등재판소)에서 1차 심문을 받았다. 그에 앞서 경무청은 최시형과 황만기 및 송일회를 원주에서 체포해 심문한 결과를 보고했다. 그 내용은 <독립신문>에 자세히 실려 있는데, 정리하면 다음과 같다.[16]

경상도 영천 출신 최시형(72세)은 동학을 계승하여 갑오년(1894)에 동학농민혁명을 일으켰다. 그는 요사한 비결을 지어 어리석은 백성을 속이고 난리를 일으켰으므로 용서할 수 없다. 그리고 여주 출신 황만기(39세)와 영동 출신 송일회(33세)는 최시형에게 도를 배우려고 따라다닌 죄가 크다. 또, 옥천 출신 박윤대(54세)는 최시형이 옥에 갇혀 있을 때 음식을 차입한 죄가 있다.

특히 심문 과정에서 최시형이 서술한 인생 역정 가운데 우선 동학에 입문하여 교주가 된 과정은 다음과 같았다.

"... 우연히 강원도에 사는 필묵(筆墨) 장사 박춘서(朴春緖, 최시형의 제자 중에는 朴春瑞가 있으므로 주의할 것)를 만나 염주(念珠) 하기를 배웠다. 시천주조화정 영세불망 만사지(侍天主 造化定 永世不忘萬事知)라는 13글자였다. 또, 강신(降神)하는 주문도 배웠는데, 지기금지 원위대강(至氣今至願爲大降)이라고 했다. 이 주문을 외우자 5~6일만에 몸이 갑자기 떨려 나의 병이 모두 나은 것은 아니라도 조금 좋아

16 <독립신문>, 광무(光武) 2년(1898) 6월 23일.

졌다. (동학이란) 도에 들어 나의 병이 나았으므로 점차 여러 사람에게
전파하였다. 그러자 사람들이 나로 스승을 삼았고 호를 법헌이라고
하였다."17

위의 진술에서 최시형은 자신과 교조 최제우의 직접적인 사승(師
承) 관계를 애써 회피하였다. 필묵 장사 박춘서가 입도에 도움을 주었
다는 사실은 언급하였으나, 교조 최제우에게서 도를 전해 받았다는
사실만은 숨겼다.

이어서 최시형은 1890년대 초에 전개된 교조신원운동에 관해서
설명하였다. 그 가운데 대궐 앞에서 올린 복합상소 때의 일을 다음과
같이 말했다.

"상소의 우두머리 아무개 등 몇천 명이 계사년(1893) 2월에 한양에
올라가서 상소하였다. ... 그때 아무개가 주장하기를, 미리 병정의 옷을
갖추어 교도들에게 입히고 먼저 아무개의 집을 때려 부수는 것이 좋다
는 것이었다. 그러나 여러 교도가 그 말을 듣지 않고 헤어져 스스로
돌아갔다.
나중에 들었더니 한양에서 군대를 보내 (교도를) 체포한다고 하였다.
그래서 교도가 척왜기(斥倭旗)를 세우고 보은군 장내에 모였다. 거기
서 바로 아무 곳으로 달려가 거사를 하자고 하는 이는 불과 십여 인이

---

17 <독립신문>, 광무(光武) 2년(1898) 6월 23일.

제1장 _ 해월이 헤쳐간 길

었다. 그 외에 모든 사람은 불가하다고 하여 사람들의 의논이 같지 아니하였다."18

위의 서술에서 주목할 점은 두 가지이다. 첫째, 복합상소를 마치고 동학 교도가 모두 귀향하였는데 조정에서 교도를 탄압하려고 했으므로 보은군 장내리에서 대규모 집회를 하였다는 설명이다. 둘째, 보은집회 때 이미 소수 강경파는 혁명을 주장하였으나 다수파의 반대에 직면하였다는 주장이다. 돌이켜 보면, 1893년 2월에 있었던 복합상소 때부터 혁명의 열기는 조성되기 시작해 보은집회를 거치는 동안 더욱더 무르익어 갔다고 판단해도 좋겠다.

끝으로, 최시형은 자신이 동학농민혁명의 최종 책임자란 사실을 순순히 인정하였다. 그의 말을 인용하면 아래와 같다.

"고부군의 난리는 맨 처음 민요(民擾, 민란)로 일어난 것이다. 전봉준이 전라도 동학의 우두머리로 그 형세를 빌려 난리를 일으켰다. 그 세력이 창궐하여 충청도로 침범하자 충청도 동학 교도로서 응하지 아니한 이가 없었다. 최 법헌이 동학의 가장 큰 우두머리라는 것을 어찌 감히 모른다고 하겠는가."19

---

18 <독립신문>, 광무(光武) 2년(1898) 6월 23일.
19 <독립신문>, 광무(光武) 2년(1898) 6월 23일.

그러므로 고등재판소는 최시형을 사형하기로 결정하였다. 법부대신(法部大臣) 조병직(趙秉稷)은 고종에게 다음과 같이 아뢰었다.

"방금 고등재판소(高等裁判所)의 문의서를 보니 다음과 같습니다. '... 피고 최시형은《대명률(大明律)》의 제사편(祭祀編)에 있는 금지사무사술조(禁止師巫邪術條, 무당과 사악한 술책을 금함)에서 말한 것에 해당합니다. 즉, 좌도(左道, 이단)로 바른 도를 어지럽히는 술책을 쓰거나 도상(圖像, 인형 따위)을 숨겨놓고 향을 피워 사람들을 모으고 밤에 모였다가 새벽에 흩어지며 거짓으로 착한 일을 한다는 명목으로 백성들을 현혹시킨 우두머리에 해당합니다. 이런 자는 형률에 따라 교형(絞刑, 교수형)에 처하는 것이 마땅합니다.' 그러므로 범인 최시형을 그대로 처단하는 것이 어떻겠습니까?"[20]

고종은 법부대신의 건의를 받아들였다.[21] 따라서 최시형은 그해 6월 2일에 교수형을 받고 세상을 떠났으니, 양력으로는 1898년 7월 20일 오후 2시였다.[22] 그리고 최시형에 대한 사형을 집행하는 데 든 총비용은 81원(元) 91전이었다. 조정은 예비비에서 이를 충당하였는

---

20 《고종실록(高宗實錄)》, 광무 2년(1898) 양력 7월 18일.
21 재판에 참석한 고등재판소(高等裁判所) 검사(檢事)는 윤성보(尹性普)와 태명식(太明軾), 검사 시보(檢事試補)는 김낙헌(金洛憲)이었다. 재판장은 조병직(趙秉稷), 판사는 주석면(朱錫冕)과 조병갑(趙秉甲), 예비판사는 권재운(權在運)과 김택(金澤)이었다. 알다시피 판사 조병갑은 고부군수로 악명을 떨친 바로 그 사람이었다.
22 《고종실록(高宗實錄)》, 광무 2년(1898) 양력 7월 22일.

제1장 _ 해월이 헤쳐간 길

데 그 내역은 다음과 같다.[23]

첫째, 최시형의 사진 200장의 비용이 30원이었다. 조정에서는 최시형의 마지막 모습을 사진으로 찍어 무려 200장을 인화해 각 지역에 내려 보냈다. 둘째, 최시형의 재판 과정에서 사용한 종이(烟窓紙)가 5권 10장으로 그 비용은 5원 94전이었다. 셋째, 최시형의 사형선고 서류를 인쇄하는 데 쓴 비용이 6원이었고, 넷째, 최시형의 사진 촬영 비용과 각도에 사진을 발송할 때 발생한 우편요금이 40원이었다.

이처럼 구질구질한 행정사무를 짐작도 하지 못한 채 한 시대를 빛낸 위대한 평민지식인 최시형은 70 평생에 온갖 고초를 겪은 끝에 형장에서 일생을 마감하였다.

유해의 수습

그런데 최시형은 유해마저 온전하지 못하였다. 충청도 직산군 이북면에 거주하던 이윤철 때문이었다. 그는 동학농민혁명 때 경리영(經理營)의 참모관으로 충청도의 동학농민군과 싸워 이긴 적이 여러 번이었다. 이로 인하여 승진을 거듭하였는데, 혁명이 끝난 후에는 충청감사 박제순의 명령에 따라 동학농민을 괴롭히다가 청산군의 용산장터

---

23 아래의 내용은 광무 2년(1898) 8월 16일에 의정부 찬정 탁지부대신(議政府贊政度支部大臣) 민영기(閔泳綺)가 의정부 참정(議政府參政) 이호준(李鎬俊)에게 올린 문서 번호 주(奏) 186번에 실려 있다.

에서 최시형에게 잡혀 죽었다. 이윤철의 아들 이문재 등 3형제는 아버지의 원수를 갚으려고 벼르던 중 최시형이 교수형을 당하자 찾아와서 그 두개골을 깨뜨리고 시신까지 난도질하였다.

이에 순검이 이문재를 붙잡아 포승으로 손을 묶어 고등재판소로 압송하였다. 그러자 재판소에서는 그를 감옥에 가두었다. 혹자는 독립신문사에 이런 사정을 기록하여 알렸다고 한다.[24]

그처럼 참담한 소식이 들려오자 최시형의 제자 이종훈은 감옥의 관리인 김준식의 도움을 받아 최시형의 시신을 수습하였다. 이종훈은 스승의 유해를 운구하여 경기도 광주(廣州)의 교인 이상하(李相夏)의 집으로 모셨고, 북접대도주 손병희와 김연국 등이 함께 모여 일차로 장례를 거행하였다. 그들은 최시형을 이상하의 선산에 장사 지냈다가 2년이 지난 1900년 3월 12일에 여주군 금사면 주록리 원적산 천덕봉 아래 소시랑봉 산중턱으로 이장했다. 이 묘소는 1986년 4월 10일에 경기도 향토유적 제8호로 지정되었다. 묘소 가까이에는 그의 세 번째 부인 손시화의 묘소를 비롯하여 아들 최동희와 며느리 홍순영, 손자 최익환과 그 부인 홍창업의 묘소도 있다.

---

24 <독립신문>, 광무(光武) 2년(1898) 양력 7월 26일.

제1장 _ 해월이 헤쳐간 길

여담

송경인이 해월 최시형을 체포하려고 혈안이 된 것은 무슨 원한이 있어서가 아니라, 순전히 벼슬이 탐나서였다. 그는 철종(哲宗) 6년(1855)에 17세의 나이로 생원이 되었으나 40년이 넘게 이렇다 할 관운이 따르지 않았다. 그렇다면 최시형을 체포한 다음에는 순조롭게 벼슬길에 나갈 수 있었을까.

1898년 가을에는 내부대신 자리가 공석이라, 심상훈(沈相薰)이 서리(署理, 직무대리)로 있었다. 원래 최시형을 체포하면 돈 1만 냥을 상금으로 지급하고 벼슬도 내려 주기로 되어있었다. 송경인은 벼슬에 잔뜩 눈독을 들이고 있었으나, 내부대신 서리 심상훈은 어떠한 벼슬도 송경인에게 주지 않았다.[25]

송경인은 억울함을 참지 못해 심상훈을 찾아가 항의하였다. 하지만 들려오는 대답은 공론을 따르다 보니 그렇게 되고 말았다고 했다. 그것이 한낱 핑계임을 알고 있었던지라 송경인은 아래와 같이 거세게 항의하였다고 한다.

"과연 공론이 있어서 대감은 남대문 안에 사는 쌀 장사에게 벼슬을 주셨고, 국밥 장사에게도 벼슬을 주셨습니까. 무당의 남편도 이번에

---

25 〈독립신문〉, 광무(光武) 2년(1898) 양력 9월 7일.

벼슬하였고 전라도의 광대도 관직을 얻었으며, 대감댁 청지기도 관직을 얻었다는 말씀입니까?"[26]

어처구니없는 말처럼 들렸으나 조금도 틀림없는 사실이었다. 심상훈은 할 말을 잃었다고 한다. 끝내 송경인이 어떠한 벼슬을 얻었는지는 필자가 알지 못하나, 설사 자리를 하나 얻었다고 하더라도 그것은 미관말직에 지나지 않았을 것이다. 그가 높은 벼슬에 나가지 못한 것은 누구나 아는 사실이다. 최시형과 같은 위인을 해치고 그 대가로 관직을 얻고자 하였으니, 지각이 있는 사람이면 상상도 하지 못할 끔찍한 일이었다.

---

26 <독립신문>, 광무(光武) 2년(1898) 양력 9월 7일.

제1장 _ 해월이 헤쳐간 길

제2장

해월의 깨침, 해월의 가르침

　최시형의 동학사상이 현대의 생태주의와 서로 통한다는 결론을 얻었다. 그의 사상은 생태 페미니즘이나 생태 아나키즘과도 유사한 성격을 가졌는데, 이 장에서 우리는 다음의 세 가지 주제를 가지고 그의 사상적 특징을 탐색하였다.

　첫째, 최시형이 남긴 삶의 궤적을 추적하여 그의 법설이 어떠한 구체적인 상황에서 탄생하였는지를 분석하였다. 고난 속에서도 사색을 멈추지 않는 평민지식인의 모습이 발견되었다. 둘째, 최시형의 법설(法說)은 그 범위도 넓고 범위도 광대하다. 이 장에서는 그의 사상적 지형도를 정리해 보았다. 셋째, 최시형에게서 발견되는 사상적 독특함, 특히 생태주의적인 면모를 탐구하였다.

알다시피 해월 최시형은 동학의 교조인 수운 최제우가 직접 선택한 후계자였다. 최제우는 겨우 수년 동안 포교에 힘썼으나 문하에는 탁월한 제자가 여럿이었다. 그중에는 문필이 탁월한 이도 적지 않았으나, 가정 형편이 빈곤하여 글공부도 제대로 하지 못한 최시형에게 최제우는 도를 전해주었다. 스승은 제자의 뛰어난 종교적 영성과 유난히 성실한 태도에 깊은 감명을 받았던 것으로 보인다.

　짐작하건대 최제우에게는 네 명의 고제(高弟)가 있었던 것 같다. 《동경대전》에도 기록되어 있듯, 천도(天道, 하늘의 도리)는 원형이정(元亨利貞)의 조화로움 속에 표현된다고 하였다. 원(元)은 크다는 뜻이고, 형(亨)은 형통하다는 것이며, 이(利)는 이롭다, 그리고 정(貞)은 바르다는 뜻이다. 최제우는 가장 탁월한 제자들에게 원형이정이란 네 글자를 빌려 이름을 새로 지어준 것으로 보인다. 가령 글에 능통한 제자로 강시원(姜時元)이 있고, 후계자로 선정된 최시형(崔時亨)이 있는데, 《동경대전》의 편찬을 도운 이로 심시정(沈時貞)도 보인다. 아직 밝혀지지는 않았으나 아마 시리(時利)라고 불린 제자도 있었을 것이다. 그 네 명의 제자가 서로 도와서 장차 개벽의 시대를 열 것으로 기대한 것 같은데, 그 가운데서도 손꼽힌 인물이 해월 최시형이었다.[1]

　동학의 역사를 살펴보면 해월 최시형은 정말 탁월한 지도자였다.

그가 동학의 발전에 특히 크게 이바지한 것은 다음의 두 가지였다. 첫째, 최시형은 천주(한울님)를 사람뿐만 아니라 사물의 영역으로 확장하였다는 점이다. 일체의 만물이 하나로 연결되어 있다고 주장한 점에서 최시형의 동학은 현대의 생태주의사상과도 일맥상통한다. 둘째, 최시형은 포접제(包接制)라고 하는 동학의 교단조직을 만들어 동학 교도들에게 활력을 불어넣었다. 그는 평생 관헌의 감시를 피해 전국을 유랑하는 "최보따리"였으나, 끊임없는 도피의 생활 중에서도 교단을 결속하고 확장하는 데 성공하였다. 누구도 흉내낼 수 없는 종교 지도자의 역할을 발휘한 것이다.

아래에서 우리는 세 가지 주제를 다루려고 한다. 첫째, 최시형은 언제 어디서 어떠한 내용의 가르침을 선포하였을까. 구체적인 사례를 통해 최시형은 어떠한 고난 속에서도 종교적 성찰을 멈추지 않은 위대한 평민지식인이었다는 점을 새롭게 발견할 것이다. 둘째, 그는 30년 넘게 동학 교단을 이끌었는데, 그때 여러 가지 중요한 법설(法說)을 내놓았다. 그 대강을 정리할 필요도 있겠다. 셋째, 최시형이 특별히 강조한 교설(教說)이 있다면 그것은 무엇일까. 그의 사상에서 발견되는 독특한 면모에 관해서도 알아보아야겠다. 따로 전거(典據)를 밝히

---

1 동학의 기록에 따르면, 최시형이 자신을 포함하여 여러 제자의 이름을 고쳤다고 한다. 그 점은 앞에서 서술한 바와 같다. 그런데 여기서는 그보다 훨씬 앞서 최제우가 탁월한 네 명의 제자에게 사명(賜名, 이름을 내려줌)하였을 가능성도 있을 것으로 추측해 보았다.

지 않은 까닭은 아래에 기술한 여러 사항이 《천도교서(天道敎書)》(제2편, 해월신사)에 언급되어 있어서다.

아래에서 필자는 해월의 종교적 깨침, 그리고 그의 가르침을 알기 쉽게 설명하고자 한다. 그의 깨침을 종교적이라고 정의하였으나, 그것은 정치 사회적인 범주에 해당하기도 한다. 최시형의 시대에는 정치, 사회 또는 종교를 엄격히 구별하는 것이 무의미하였다.

이 장에서 필자는 최시형의 동학사상이 현대의 생태주의와 접점을 가지고 있다는 점을 강조할 것이다. 현대의 생태주의는 여러 가지로 분화되어 에코페미니즘도 있고, 생태 아나키즘 같은 것도 있으며, 생태적 사회주의도 있다. 해월 최시형의 동학사상은 여성과 어린이를 존중한 점에서는 생태 페미니즘과 연결되는 부분이 있다. 그리고 봉건적 구질서를 타파하고 자급자족적 경제공동체를 지향하였다는 점으로 보면 생태 아나키즘과도 통하는 면이 있다고 본다.

그러나 아래에서는 굳이 현대 생태주의의 다양한 성격과 최시형의 사상을 직접적으로 비교하는 작업을 시도하지 않는다. 그런 작업은 다른 기회에 천착하는 것이 옳을 것 같다. 여기서는 최시형의 독특한 사상적 면모를 소개하는 데 그치기로 한다.

1. 언제 어디서 무슨 가르침을 주었을까

최시형은 일정한 거처가 없이 동분서주하였으나 그런 중에도 지도자로서 큰 역할을 해냈다. 첫째, 최시형은 스승 최제우의 가르침을 되새기며 거기서 늘 용기와 희망을 찾았다. 그런 덕분에 최시형은 남다른 예지력을 갖게 되었다고 볼 수 있다.

둘째, 그는 피신 중이었고 교단의 재정도 극히 어려웠다. 그런 사정에도 아랑곳하지 않고 최시형은 《동경대전》과 《용담유사》 등 동학의 경전을 편집 발간하였다. 실로 기적적인 일이었다.

셋째, 경전이 세상에 널리 퍼지자 교세가 확장되었다. 이에 최시형은 여러 기회를 빌려 다양한 주제를 깊이 있게 다룬 가르침을 베풀었다. 그 가운데는 여성과 어린이의 권리를 강조하는 등 혁신적인 내용도 많았다.

최제우의 가르침

최시형은 남다른 예지력의 소유자였다. 평소 그는 오랜 시간 기도하였고 자신과 세상을 성찰하는 시간도 많았다. 그리하여 꿈속에서 스승 최제우를 만나 계시를 받기도 하고, 어느 순간이 되면 자신도 모르는 사이에 앞일을 예견하기도 했다.

제2장 _ 해월의 깨침, 해월의 가르침

꿈속에서 스승을 뵙다

기묘년(1879) 3월 하순에 최시형은 강원도 영월의 거석(巨石)에 있었다. 강시원과 김용진이 그를 수행하였는데, 하루는 꿈속에서 스승 최제우를 만났다. 최제우는 검은 관모를 쓰고 푸른 옷을 걸쳤는데 3층짜리 누대(臺) 위에 앉아 있었다. 4, 5명의 동자가 최제우의 시중을 들었으며 가사(袈裟)를 걸친 채 지팡이를 든 노승도 그 옆에 있었다.

최시형이 최제우에게 인사를 올리자 최제우는 최시형에게 누대에 오르라고 하였다. 그때 십여 명의 제자들도 최시형과 함께 최제우를 알현하였다. 최제우는 최시형의 복장이 남루한 사실을 가엾게 여겨 사람들에게 그를 도와주라고 지시하였다.

꿈속에서 최제우는 주위를 둘러보며 천지의 변화와 인간의 운명에 관해 구체적으로 예언하였다. 이야기를 마치고 누대에서 내려오자 네 개의 대문이 활짝 열렸는데, 상대(上臺)로 들어오는 이가 20여 명, 중대(中臺)로 들어오는 이가 백여 명 그리고 하대(下臺)로 들어오는 이는 헤아릴 수 없이 많았다. 최제우가 북문에 이르러 문 위에 '천문개탁자방문(天門開坼子方門: 하늘 문은 자방의 문을 연다)'이라고 크고 세 번 입으로 읊고, 북문을 세 번 치자 그 소리가 우레와 같았다.

그런데 최시형이 따라하자 아무 소리도 나지 않았다. 최제우는 설명하기를, "훗날에 반드시 소리가 있으리라"고 한 다음에, 상제와 함께 의논할 일이 있어 빨리 돌아가노라."하고 말했다.

작별에 앞서 최제우는 최시형에게 온한포(溫寒飽)라는 세 글자를 써주며 말하기를, "추우면 온(溫) 자를 사용하고 더우면 한(寒) 자를 사용하라. 배고프면 포(飽) 자를 사용하라." 라고 하였다. 이 밖에도 신기한 일이 여럿이었다.

꿈에서 깨어난 최시형이 강시원과 김용진에게 꿈에서 스승을 만난 이야기를 상세히 하였다. 그러자 강시원은 이것이 매우 좋은 꿈이라며, 장차 동학이 크게 빛날 것이라고 해석하였다.

이런 꿈을 꾼 다음에 최시형은 크게 고무되었다. 그래 4월에 최시형은 교도를 모아놓고 크게 설법을 행하고자 하였다. 그러나 강시원과 이 문제를 논의하는 가운데 스스로 깨달은 바가 있어 아직은 거창한 이야기를 할 때가 아니라고 판단해 우선은 작은 설법을 베풀기로 하였다. 그러고는 유시헌, 홍시래, 최시경 등의 집에 찾아가 정해진 방식대로 집회를 거행하였다.

이렇듯 최시형은 꿈속에서도 최제우의 암시와 가르침을 받았고, 거기서 큰 힘을 얻었다. 그는 자신의 생각을 숨김없이 교단의 원로 앞에 털어놓고 격의없이 상의하였다. 또, 현지 교도들의 제반 여건을 감안하여 그 시점에서 가장 적절한 지도 방법이 무엇인지를 찾기 위해 노심초사하였다.

제2장 _ 해월의 깨침, 해월의 가르침

스승의 가르침을 되새겨

1879년 11월 중순에 최시형은 조시철(趙時哲)과 홍석범(洪錫範)의 집에서 치성을 드렸다. 그러고는 강시원 및 유시헌에게 다음과 같이 말했다.

"예전에 스승님(최제우)이 포덕에 뜻을 기울이셨는데, 우리에게 말씀하기를 '천도(天道)의 운이 북방에 있노라. 만약 남접과 북접 가운데서 하나를 선택한다면 나는 반드시 북접(北接)을 고르겠다'고 하셨다. 또, 말씀하기를, '이 도의 발전은 옹치위후(雍齒爲候, 미워하는 사람을 제후로 삼음) 격이니 너희들은 기억하라'고 하셨다. 그리고 시험 삼아 '도래삼칠자 강진세간마(圖來三七字 降盡世間魔, 21자 주문을 그리자 세상의 마귀가 모두 항복하네)'라고 10자를 쓰셨다. 그러므로 우리는 항상 스승의 가르침을 마음 깊이 새겨 간직해야 한다."

최시형은 스승 최제우의 가르침을 되새기며, 그 가운데서 동학의 미래를 열어나갈 힘을 얻었다. 이를 위해서는 경상도 북쪽으로 교세를 확장하고, 교단의 지도에 저항하는 반대파를 눈여겨 관찰해야 하며, 21자 대주문의 힘을 추호도 의심하지 말라는 것이었다.

임오군란의 예언

임오년(壬午年, 1882) 3월 10일은 교조 최제우가 재난을 당한지 19주년이 되는 날이었다. 이를 기념하여 집회를 열자 많은 교도가 참석하였다. 사람들이 그해의 시운(時運)이 과연 어떠할지 궁금히 여기자 최시형은 곧 다음과 같이 예언하였다.

"얼마 지나지 않아 내부에서 나라가 무너지는 기미가 있을 것이다. 여러분은 정성스러운 마음으로 도를 닦아 하늘의 명을 공경하고, 하늘의 이치를 따라 망령되이 행동하지 마라."

과연 그해에 한양에서 군란이 크게 일어났고, 몇 달이 지나자 차츰 평안해졌다. 최시형은 날마다 관헌의 눈을 피해 잠자리를 바꿔야 했는데도 마음이 늘 평정하였고, 시국의 추이를 날카롭게 포착해 난리를 예견하였다.

동경대전과 용담유사의 간행

경진년(1880) 5월에 최시형은 중요한 결단을 내렸다. 그는 강원도 인제군 갑둔리(甲遁里)의 교인 김현수(金顯洙)의 집에 경전 간행소를 차렸다. 지난 갑자년(1864)에 교조 최제우가 대구감영에서 참변을 겪는

제2장 _ 해월의 깨침, 해월의 가르침

바람에 경전이 모두 불타버리고, 참고할 문헌이라고는 아무것도 없었다. 이에 최시형은 경전 편찬이란 대사업을 벌였다.

전설에 따르면 그는 한문을 제대로 알지 못해 스스로 경전을 기록할 수가 없었다. 그러므로 하늘에 있는 스승에게 고하여 강화(降話, 말씀을 내림)를 청하였다. 마침내 최제우에게 가르침이 내려 그가 경전을 입으로 읊으면 한문을 아는 이가 대신 기술하여 경전이 편찬되었다. 5월에 편찬 간행사업을 시작하여 그해 6월 15일에 모든 작업을 마쳤다고 한다.

동학 교단의 역사에 이러한 사실이 적혀 있는 것으로 보아, 지금의 《동경대전》이란 최제우가 직접 쓴 것은 아니다. 스승의 가르침을 최시형이 우선 우리말로 정리하고 한문에 능숙한 교도가 그것을 번역 편집하였다고 하므로, 최제우의 사상이 최시형을 거치면서 다듬어지고 더욱더 세련된 것이다.

그 이듬해 신사년(辛巳年, 1881) 6월에는 최제우가 지은 우리말 가사(歌詞), 즉 《용담유사》를 발간하였다. 책을 간행한 곳은 충청도 단양군 남면(南面) 천동(泉洞)에 있는 교인 여규덕(呂圭德)의 집이었다. 편집 방식은 《동경대전》과 대동소이하지 않았을까 추정된다.

그로부터 2년 뒤, 즉 계미년(癸未年, 1883) 2월에 최시형은 다시 간행소를 충청도 목천군(木川郡) 구내리(區內里) 김은경(金殷卿)의 집에 정하고 《동경대전(東經大全)》 1천 부가량을 찍어 여러 포(包)에 나누어주었다. 물론 경진년과 신사년에 찍은 경전도 교도에게 반포하였다. 책을 찍은 지 불과 4년 만에 다시 1천 부의 《동경대전》을 다시 제작하였으니, 동학의 인기가 얼마나 대단하였는지 짐작할 만하다.

최시형의 법설

각지에 동학의 포(包)와 접(接)이 새로 편성되었다. 국가에서는 동학을 엄하게 금지하였으나 소용없는 일이었다. 《동경대전》과 《용담유사》에 기술된 최제우의 가르침은 가뭄에 찾아온 단비처럼 새 세상이 밝아오기를 바라는 사람들의 가슴을 적셨다. 그들에게는 경전뿐만 아니라 최시형이란 종교 천재가 날이면 날마다 활화산처럼 쏟아내는 법설(法說)이 있었다. 그는 시간과 장소에 따라 너무나도 잘 어울리는 종교 강연으로 사람들의 마음을 사로잡았다.

육식의 허용

계미년(1883년) 10월에 최시형은 강원도 정선군 무은담에 있는 유시헌의 집에서 고천식(告天式)을 행하였다. 식을 마치자 최시형은 뜻밖에도 다음과 같이 교시하였다.

"우리 도인은 어육주초(魚肉酒草)를 금한지가 일곱 해가 되었다. 우리는 하늘이 주신 가르침을 받들어서 그렇게 한 것이나, 지금은 사람들이 우리를 의심하는 상황이 계속되고 있다. 그러므로 지금부터는 일체를 해금하노라."

지난 을해년(1875년)에 하늘의 뜻을 받들어, 최시형은 동학 교도에게 술과 고기와 생선을 먹지 말고 담배도 피우지 말라고 지시하였다. 현대적으로 풀이하면, 그것은 건강에도 좋고 경제생활에도 유익한 일이었다. 그런데 관헌에서는 동학 교도의 그러한 특징을 알고 있었으므로, 누가 동학을 믿는지를 알아내기가 쉬웠다. 이에 교도의 신변 안전을 위해 최시형은 자신이 내린 금지령을 철회하였다.

포유문(布喩文) 11조(條) - 너무도 유교적인 가르침

임오년(1882년) 3월에는 교조 최제우의 순도를 기념하는 행사가 성대하게 열렸다. 그때 손병희(孫秉熙)를 비롯하여 손천민(孫天民), 박인호(朴寅浩), 황하일(黃河一), 서인주(徐仁周), 안교선(安敎善), 여규덕(呂圭德), 김은경, 유경순, 이성모(李聖模), 이일원(李一元), 여규신(呂圭信), 김영식(金榮植), 김상호(金相浩), 안익명(安益明), 윤상오(尹相五) 등이 최시형을 찾아 왔다.

성대한 기념식 자리에서 최시형은 다음과 같이 설법하였다. 첫째,

동학의 운이 지금 매우 융성하여 청구팔역(靑丘八域, 전국)에만 널리 퍼지고 있다. 장차 동서양에 전파될 날도 올 것이다. 여러분은 성경신(誠敬信)에 힘써 덕을 기르라.

둘째, 동학에 입도한 이는 많아도 도를 아는 이가 적어 한탄스럽다. 그러나 어찌 도를 미리 알고 동학에 들어오겠는가. 내가 비록 부족한 점이 많으나 하늘의 명을 받고 스승의 가르침을 받아들인 이래 여러 곤경을 치르고 오늘에 이르렀으니 이 또한 다행이다.

셋째, 내가 도를 배우느라 부지런히 노력할 때는 큰비가 쏟아져도 내 옷과 탕건이 젖지 아니하였고, 90리 바깥에 있는 사람도 보았으며, 사악한 기운을 멈추게 하는 등 이적이 많았다. 그러나 깨달은 뒤로 이러한 신통력을 중단하였다. 신통력이란 작은 일이므로, 스승 최제우도 조화를 부리지 아니하였다.

넷째, 도는 고원한 곳에 있지 않다. 일상생활이 곧 도가 아님이 없으므로, 지극한 정성이 있으면 하늘도 감동하는 법이다. 여러분은 사람들이 나를 알아주지 못하는 것을 걱정하지 말고 배움에 이르지 못한 것을 염려하라.

그러고는 포유문(布喩文) 11조(條)를 지어 포마다 알게 하였다. 그 중심에는 다음과 같은 내용이 있었다.

"임금에게 충성하며, 부모에게 효도하며, 스승을 높이고, 형제가 화목하고, 부부가 구별이 있고, 친구를 믿으며, 이웃과 마을을 구하고, 제 몸을 바르게 닦고, 집안을 바로 다스리라. 사람을 상대할 때나 사물에 접할 때 항상 힘써 노력하라."

포유문을 살펴보면 조선의 국시(國是), 즉 국가이념인 성리학의 가르침과 아무런 차이도 보이지 않는다. 이른바 삼강오륜을 적극적으로 실천하라는 주문이다. 여기서도 확인되듯 최시형은 성리학의 도덕적 가치를 그대로 수용하였다. 그러면서도 성리학적 사회가 빚은 모순과 폐단을 적극적으로 배격하였다. 그렇다면 동학을 곧 성리학이라고 간주해도 좋을까, 하는 물음이 생긴다. 그 점은 최시형의 또 다른 법설을 통해 판단하는 것이 좋겠다.

상주 전성촌의 대법설

을사년(1885) 11월에 최시형은 경상도 상주군(尙州郡) 화령면(化寧面) 전성촌(前城村)에 있었다. 날씨는 추운데 그의 의복이 남루하므로 이치흥(李致興)과 박치경(朴致京)이 무명(白木) 7필(疋)을 바쳤다. 그들에에 최시형은 다음과 같이 법설을 하였다. 그 내용이 길고 복잡하지만 동학의 핵심 교리를 모두 담고 있으므로 아래에 소개한다. 몇 개의 단락으로 나누어 그 뜻을 간단히 설명하겠다.

이천식천(以天食天)과 이천상천(以天傷天)

"일찍이 충청도 청주에 사는 서택순(徐垞淳, 오순(虞淳))의 집을 지나다가 그 며느리가 베 짜는 소리를 들었다. 서군에게 묻기를, 그대의 며느리가 베를 짜느냐 한울님이 베를 짜느냐 하였다. 서군이 그 말을 알아듣지 못하였는데, 어찌 그만 그렇겠는가. 사람들이 모두 그와 마찬가지다.

대개 하늘과 땅은 귀신이며 귀신은 조화라고 한다. 그러나 귀신이라든가 조화라는 말은 한 가지 기운이 부린 것이다. 어찌 꼭 사람만이 홀로 한울님을 모셨겠는가? 천지만물이 시천주(侍天主) 아님이 없다.

그러므로 하늘이 하늘을 먹는 것(以天食天)은 불변의 이치이다. 그러나 여러분은 생명을 이유없이 해치기도 하는데, 그것은 한울님이 한울님을 손상하는 것이다. 대자대비(大慈大悲)하여 만물순응(萬物順應)의 도에 통한 다음이라야 진정한 앎에 이를 것이다.

도가(道家, 동학하는 집)의 부인이 어린아이를 때린다면 이것도 한울님의 뜻을 손상하는 것이므로 경계할 일이다. 또, 도가에 사람이 찾아오면 손님이 왔다고 하지 말고 한울님이 인간세계에 내려오셨다고 일컬어라. 사람이 하늘이며 하늘이 사람이다. 사람 외에 따로 하늘이 없고, 하늘 외에 따로 사람이 없다. 마음은 어느 곳에 있느냐? 그것은 하늘에 있는데, 하늘은 또 어느 곳에 있느냐. 그것은 마음에 있으니, 마음이 하늘이며 하늘은 마음이다. 마음 외에 따로 하늘이 없고 하늘 외에 따로 마음이 없다. 이런 이치를 통하면 도에 가까울 것이다."

사람과 사물은 별개의 존재로 취급하기 쉽다. 그러나 본질적으로는 한 가지 기운으로 연결된 것이므로 서로 살리기에 힘써야 한다는 뜻이다. 바로 이러한 깨침에서 인간과 우주에 관한 인식의 전환이 일어났다.

하늘은 곧 마음

"유념하라. 아이가 태어날 때 누구인들 큰사람이 아니며, 누구인들 성인(聖人)이 아니랴. 그러나 사람들이 어리석어 마음에 뜻을 잃은 이가 많다. 큰사람은 밝고 밝아 본래의 성정을 잃지 않고 그 마음, 그 덕, 그 됨됨이가 모두 하늘과 더불어 성장한다. 따라서 하늘이 만드는 바를 성인도 만드는 것이다.

예컨대 여기에 병든 사람이 있다고 하면 마음에 스스로 경계하여, 이렇게 말하거라. '하늘이 병을 생기게 하는 이치가 있으니, 어찌 병을 낫게 하는 이치가 없으랴?' 이처럼 큰 결심으로 마음을 합치고 기를 합치면 신령이 느끼고 변하게 하여 모든 병은 약이 없어도 스스로 나을 수 있다. 우리 동학의 영부(靈符)는 마음을 합치고 기가 합쳐짐을 표상한 것이다. 하늘을 믿는다고 함은 자기가 자기의 마음을 믿는 것이니라."

하늘이란 것이 마음 외에 따로 있는 것이 아니므로, 마음과 기운을 합치면 안 될 일이 없다는 뜻이다. 여기서 기운이라고 한 것은 움직임을 가리킨 것이고 마음이란 사람이 타고난 본래의 착한 성정이다.

마음과 기운의 관계

"또 생각건대 사람의 행동이 마음일까, 기(氣)일까. 마음이 기를 부릴까, 기가 마음을 부릴까. 또, 마음이 기에서 나오는가, 기가 마음에서 나오는가. 마음이 합치지 못하면 기가 그 법도를 어그러뜨리고, 기가 바르지 못하면 마음이 그 길에서 벗어난다.

그러므로 뿌리를 궁리하면 귀신이라고도 하며 심성(心性)이라고도 하며 조화라고도 하는 것이 모두 하나의 기가 부리는 것이다. 움직임은 기(氣)이며, 움직이고자 함은 마음이다. 능히 구부리고 능히 펼치고 능히 변하고 능히 되는 것은 귀신이며, 일상이란 것은 이런 조화이다. 모든 것이 여러 가지로 다름은 한 가지 이치이며, 한 가지 이치 또한 여러 가지와 다르지 않다. 사람이 모두 푸른 하늘을 우러르고 이를 하늘이라고 하지만, 그야말로 하늘이 있는 줄만 알고 하늘이 하늘 된 까닭을 알지 못하는 것이다."

사물의 움직임은 기운이 없으면 불가하고, 마음이란 사물을 움직이고자 하는 의지라고 하였다. 이 두 가지가 순조롭게 합치면 이루지 못할 일이 없다고 보았다.

사람과 하늘의 도(道)는 같아

내가 보고 듣고 말하고 쓰는 것이며, 내가 굽히고 펴는 동작은 어느 것이든 귀신이 아닌 것이 없고 조화가 아닌 것이 없다. 결국에

제2장 _ 해월의 깨침, 해월의 가르침

사람은 하늘의 영(靈)이자 정기(精)이며, 하늘은 만물의 정기이다. 따라서 사람의 도는 즉 하늘의 도요, 하늘의 도는 사람의 도이다.

사람이 곧 하늘이라는 점을 종교적으로 설명한 것이다. 사람은 하늘의 영이자 정기이며, 하늘은 만물의 정기라고 하였다. 천인합일(天人合一)의 원리를 말한 것이다.

관계의 질적 전환

"남편이 화평하고 아내가 따름은 우리 도의 첫걸음이다. 도가 통하고 통하지 않음은 안팎이 합치고 합치지 못함에 모두 달려있다. 안팎이 합치지 못하고 어찌 한 가정을 합치며, 한 가정을 합치지 못하고 어찌 남을 합치리오.

아내가 혹시 남편의 말을 따르지 않거든 남편은 정성을 다하여 절하라. 따뜻한 말로 따르겠다고 말하며 한 번 절하고 두 번 절하면 비록 도척(盜跖)처럼 악한 이라도 반드시 감화가 되는 법이다. 아내는 한 가정의 주인이라. 아내가 (남편과) 합하지 못하면 비록 날마다 삼생(三牲, 세 가지 희생)을 가지고 한울님을 공양할지라도 감응할 바 없느니라.

우리 도는 큰 운이라. 장차 몸으로, 가정으로, 나라로, 천하에 그 변화가 미칠 것이다. 우리 도 안에는 요순과 같은 성인도 많을 것이오, 공맹과 같은 덕인도 많을 것이다. 천하에 각자 마음속에 있는 수많은 조짐이 우리 도를 통해서 한 몸이 되면 이것이 바로 도덕 문명의 세계이다."

동학이란 일상에서 마음과 기운을 조화롭게 운용하는 실천이라고 하였다. 그 첫머리에 남편과 아내, 즉 부부의 화합이 있다고, 최시형은 말하였다. 부부화합을 이루기 위해 남편이 아내를 지극한 마음으로 존중하라고 강조한 점이 획기적이다. 도덕적 문명을 이룩하기 위한 첫 단계를 부부의 행복이라고 한 점에서 최시형의 사상은 현대적이다.

동학은 무극대도

"우리 스승이 무극대도(無極大道)를 처음 만드셨으니, 무극대도는 유(儒)가 아니며 불(佛)이 아니며 선(仙)이 아니다. 천지우주의 절대 원기와 절대 영성(靈性)을 가지고 귀신과 기운이 조화하는 근본을 처음 만들어 밝히신 것이다. 내가 잠들어 있는 때인들 어찌 선생의 남긴 가르침을 잊으리오. 선생이 말씀하신 사람은 곧 하늘이라는 뜻을 설명하기를, 사람을 섬김을 하늘과 같이 하라고 하셨다. 그러므로 우리는 비록 부인과 어린아이라도 역시 하늘의 말로 알고, 이를 배울 것은 배우며 스승으로 삼을 것은 스승으로 삼아야 한다."

동학은 유교도 불교도 도교도 아니며, 그 이상의 무극대도라고 했다. 그 중심에 사람이 하늘이라고 하는 가르침이 있다. 여기서 말한 하늘은 신분과 젠더와 연령을 초월한 것이므로, 동학 교도는 여성과 어린이도 하늘처럼 섬겨야 한다고 했다. 이것은 최시형의 특별한 깨침이자 큰 가르침이다.

제자들에게 경고함

"지금 여러분을 보건대 스스로 높이는 이가 많다. 윗사람이 미덥지 못하면 아랫사람이 의심하고, 윗사람이 공경하듯이 행동하면 아랫사람은 반드시 뽐내며 건방지게 된다. 이는 선사(최제우)께서 경계하신 바이다.

위에 있는 이가 어찌 반드시 위에만 있으며, 아래에 있는 이가 어찌 반드시 아래에만 있으랴. 두목의 휘하에도 반드시 싸움에서 모두 이기는 큰 두목의 바탕이 있나니, 여러분은 삼가라."

현실사회에서 사람은 누구나 위계적인 질서에 속해 있다. 동학은 위아래가 없는 세상을 만들고자 하지만, 엄연히 존재하는 위계질서에 시달리다가 길을 잃어서는 안 된다. 이것이 최시형이 제자들에게 내려 준 생활지침이다.

2. 최시형의 주요 법설

최시형은 늘 쫓기는 몸이었으나 마음만은 평정해 큰 깨침을 얻을 때가 많았다. 그의 깨침은 회중(會中) 앞에 서면 새로운 가르침이 되곤 하였다. 《천도교서(天道敎書)》(제2편, 해월신사)를 중심으로 그의 법설 가운데 여섯 가지 분야를 필자가 임의로 선택하여 간단히 소개할 계획이다. 다른 분야는 그만두더라도 아래의 법설은 최시형의 사상을 이해하는 데 필수적이라고 생각하였기 때문이다.

첫째는 천지가 사람의 부모라는 견해이며, 둘째는 동학의 사상적 정체성을 밝힌 도결(道訣)이다. 셋째는 천지인의 관계를 검토한 독창적인 존재론이다. 넷째는 도를 실천할 때 지켜야 하는 여러 가지 사항, 즉 대인접물(待人接物)이며, 다섯째는 동학 특유의 이론으로 여성의 수련법에 관한 것이다. 마지막으로 여섯째는 동학의 포덕(布德), 즉 선교와 교단의 미래에 관한 전망이다. 이 모두가 동학의 제2대 교주 최시형의 핵심적인 사상을 알려주는 단서이므로 주의해서 읽을 필요가 있다.

천지부모(天地父母) - 천지만물은 친부모와 다름없다

"천지는 부모요, 부모는 천지이므로 천지부모는 일체니라. 부모의 포태(胞胎)가 곧 천지의 포태이다. 지금 사람들은 겨우 부모 포태의 이치만 알고 천지 포태의 이치와 기운을 알지 못하느니라."

사람과 우주만물이 하나로 이어져 있다는 점, 즉 인간은 생태적인 존재임을 강조한 것이다.

"한울과 땅이 덮고 실었으니 덕이 아니고 무엇인가. 해와 달이 비치었
으니 은혜가 아니고 무엇인가. 만물이 조화 속에서 태어나니 천지와
이기(理氣)의 조화가 아니고 무엇인가."

우리의 삶은 자연의 이치를 떠나 따로 존재할 수 없으므로, 사람
은 우주자연을 부모와도 같이 여기고 감사하는 마음을 가지라는 것이
다.

"천지는 만물의 아버지요 어머니이다. 그러므로 경전에 말하기를, '(천
지를) 님이라고 존칭하는 것은 이를 부모와 더불어 같이 섬기는 것이
라'고 하였다. 또, 말하시기를, '과거와 현재를 살핌은 사람이 할 바이
다'라고 하였다. '(만물을) 존경하여 부모와 똑같이 섬긴다'라는 것은
옛 성인이 밝히지 못한 일이나, 수운선생께서 비로소 밝히신 큰 도이다.
지극한 덕이 아니면 누가 이런 진리를 알 수 있겠는가. 천지가 그 부모
라는 이치를 알지 못한 것은 오만 년이 지나도록 오래된 일이다. 그런
데 천지가 부모임을 알지 못하면 억조창생 가운데 누가 부모에게 효도
하고 봉양하는 도를 가지고 공경을 다하여 천지를 받들 것인가."

천인합일(天人合一)의 사상적 기원은 이미 유교에 있는 것이다. 그
러나 성리학자들이 천지를 부모라고 부르지는 아니하였다. 오직 동

학에 이르러 천지는 부모와 똑같은 것으로 자래매김되었다. 최시형은 바로 그런 차이를 강조하고, 거기서 동학의 정체성을 발견하였다.

"천지라는 부모를 길이 모셔 영원히 잊지 않는 것을 깊은 물가에 이르 듯이 조심스럽게 하며 엷은 얼음을 밟는 듯이 하라. 지성으로 효도를 다하고 극진히 공경을 다하는 것은 사람이 자식된 도리이다. 그 아들 과 딸된 이가 부모를 공경하지 아니하면, 부모가 크게 노하여 가장 사랑하는 아들딸에게 벌을 내리는 법이다. 이를 경계하고 삼가라."

육신의 부모를 섬기는 것과 같이 지극한 태도로, 천지를 자신의 친부모처럼 섬기라고 하였다. 천지란 곧 우주만물이므로, 최시형에 이르러 동학은 새로운 차원의 종교적 태도를 낳았다고 하겠다. 이는 자연을 인간의 이익을 위해 착취하고 약탈하는 산업주의적 사고방식 에 정면으로 반대되는 것이다.

"내가 부모 섬기는 이치를 어찌 다른 사람의 말을 듣고서 억지로 실천 할 것인가. 도무지 이렇게 된 것은 큰 운이 밝아지지 못해서 그렇게 된 것이요, 사람이 부지런히 힘써 착한데 이르지 못한 까닭이었다. 참 으로 개탄할 일이로다."

사람이 자신의 부모에게도 불효하였고, 우주만물에게도 자식의 도리를 다하지 못한 현실을 개탄하는 말이다. 최시형은 모든 사람이 착한 본성을 회복해야만 친부모와 천지부모에게 효성을 다할 수 있다고 보았다. 효도의 실천은 착한 본성의 회복을 전제로 한 것이라는 주장이 새롭다.

> "사람은 오행 가운데서도 빼어난 기운이요, 곡식은 오행의 으뜸가는 기운이다. 비유하면 젖이란 사람의 몸에서 나는 곡식이요, 곡식이란 것은 천지의 젖이니라."

우주만물 가운데서도 곡식이 얼마나 소중한 것인지를 깨우친 말이다.

> "부모의 포태가 곧 천지의 포태이다. 사람이 어렸을 때 어머니의 젖을 빠는 것은 곧 천지의 젖이며, 자라서 오곡을 먹는 것은 또한 천지의 젖이다. 어려서 먹는 것은 어머님 젖 외에 무엇이 있을까. 또, 자라서 먹는 것은 천지의 곡식이 아니고 따로 무엇이 있을까. 젖과 곡식은 모두 천지의 선물이니라."

사람은 어려서 어머님의 젖을 먹고 자라며, 커서는 곡식에 의지하여 삶을 이어간다. 그러므로 젖을 주시는 친부모님과 천자만물에 감사하는 태도를 가지라는 당부이다.

"사람이 만약 곡식이 천지가 주신 선물인 줄 안다면 반드시 식고(食告, 식사 때 드리는 감사)하는 이치를 알 것이다. 어머님의 젖으로 자란 줄 알면 반드시 효도로 봉양할 마음이 생길 것이다. 식고는 효도의 이치요 은덕을 갚는 도리이다. 그러므로 음식을 먹을 때면 반드시 천지에 고하여 그 은덕을 잊지 않는 것이 근본이다."

최시형은 제자들에게 식사 전에 반드시 감사의 기도를 올리라고 당부했다. 그것이 곧 하늘에 대한 효도의 실천이었다.

"어찌 홀로 사람만이 입고 사람만이 먹겠는가. 해도 역시 입고, 달도 역시 먹느니라."

우주만물이 의식주를 취하는 이치는 하나이며, 굳이 사람에 국한된 것은 아니라고 하였다. 만물이 하나의 유기적인 질서에 포함되어 있다는 뜻이므로, 생태주의적인 사고방식이다.

"사람은 한울을 떠날 수 없고 한울은 사람을 떠날 수 없다. 그러므로 사람의 한 호흡, 한 동정, 한 의식도 서로 조화하는 기틀이 된다."

결론적으로, 인간과 하늘은 유기적 존재라는 점을 잊지 말아야한다는 뜻이다.

제2장 _ 해월의 깨침, 해월의 가르침

"한울은 사람에 의지하고 사람은 먹는데 의지하는 법이다. 만사를 안다는 것은 밥 한 그릇을 먹는 이치를 아는 데 있느니라."

즉, 사람이 배워야 할 가장 중요한 이치는, 우주만물을 존중하고 공존공생의 원리를 따르는 것이 마땅하다는 것이다.

"사람은 밥에 의지하여 그 생성을 돕고, 한울은 사람에 의지하여 그 조화를 나타내는 것이다. 사람의 호흡과 동정과 동작과 의식은 다 한울님이 조화하는 힘이다. 그러므로 한울님과 사람이 서로 조화하는 기틀은 서로 떨어질 수가 없다."

천지와 사람의 관계가 불가분이라는 점을 되풀이해서 강조하였다.

도결(道訣) - 동학의 사상적 정체성

"한울님은 음양오행으로써 만민을 태어나게 하고 오곡을 기른, 즉 사람은 오행의 가장 빼어난 기운이요, 곡식도 또한 오행의 으뜸가는 기운이다. 오행의 원기로 오행의 빼어난 기운을 기르도다. 변화해서 나고 자라고 이루는 것은 한울님이 아니라면 누구이며 은혜라고 말하리오. 그러므로 우리 스승(최제우)께서 오만 년 무극대운을 받아 덕을 천하에 펴고, 사람들이 이 도를 행하며 이 덕을 알게 하였다. 오직 이 한 가지 진리가 중요하다."

최시형은 동학의 핵심적 가르침으로, 하늘과 사람이 친부모와 자식의 관계라고 설명한 것이다. 이 가르침을 하나의 상징적인 이론으로서가 아니라 실제라고 인식한 점이 큰 특징이다.

"우리 스승님의 대도종지는 첫째는 천지 섬기기를 부모 섬기는 것과 같이 하는 도요, 둘째 식고는 살아계신 부모를 효양하는 이치와 같은 것이니 내(여성)수도를 가히 힘쓰지 않겠는가. 식고의 이치를 잘 알면 도통이 그 가운데 있다는 것이 이것이니라."

그러므로 천지만물을 어버이처럼 섬기는 방법으로 '식고(食告)'라고 하는 감사의 기도를 창안한 것이다.

"지금은 그렇지 아니하여 스승님의 도를 배반하고 한울님의 마음을 어기고 한울님의 이치를 업신여기면서 말로만 도를 닦는다고 주장하니, 천우신조는 오히려 말할 것도 없고 한울님이 내리는 꾸지람을 받을 것이 명약관화하다. 이제 우리 도유(道儒, 동학 교도)는 이미 천지부모를 길이 모시는 도를 받았노라. 그러나 처음에 부모의 도로 효경하다가 나중에는 길가는 사람처럼 대접한다면 부모의 마음이 어찌 편안할 수 있는가. 자식이 어버이를 배반하고 또, 어버이를 잊어버리고 나면 어디로 가겠는가."

최시형은 하늘, 즉 천지만물을 섬기는 마음가짐이 조금이라도 해

이해지면 사람의 도리에서 어긋난다는 점을 강조했다.

"한울님이 돌보지 않으면 (생명이란) 고요한 한 물건 덩어리이다. 이것을 죽었다고 하는 것이다. 한울님이 항상 돌보면 지혜로운 한 영물이니 이것을 살았다고 말하는 것이라. 사람의 일동일정(一動一靜)이 어찌 한울님의 시키는 바가 아니겠는가. 부지런하고 부지런하여 힘써 행하면 한울님이 감동하고 땅이 응하여 통하게 되는 것이다. 한울님이 아니고 무엇이 그와 같으리오. 잘 생각하고 자세히 살필지어다. 부부는 곧 천지라. 천지가 화하지 못하면 이는 한울님이 싫어하나니, 싫어하면 화를 주고 기뻐하면 복을 내릴 것이니 집안이 화순한 곳이 되도록 더욱 힘쓰는 것이 어떠하리오. 말을 지어 이에 미치니 크게 두렵고 크게 두렵도다. 경계하고 삼가서 함께 대운의 터전을 이루도록 축복하고 축복하노라. 나의 말은 노망든 이의 빈말이 아니라 오직 성인의 가르침이다. 여러분은 평생 잊지 않음이 어떠할까."

최시형은 천지만물이 인간과 부모-자식인 것과 마찬가지로 가정에서는 부모와 자식이 그와 같은 구조라는 점에 주목하였다. 그래서 그는 천지만물에 해당하는 남편과 아내가 서로 화합하기를 강조하였다. 부모-자식의 효도와 친함을 가장 강조한 것은 유교였으나, 그들은 부부의 화목이 중요하다는 사실을 최시형처럼 깊이 통찰하지는 못하였다.

천지인(天地人) - 동학의 존재론

"사람이 바로 한울이요 한울이 바로 사람이니, 사람밖에 한울이 없고 한울밖에 사람이 없느니라."

이러한 말씀에서 하늘이 곧 사람이라는 "인내천(人乃天)" 세 글자의 표현이 나오게 되었다.

"마음은 어느 곳에 있는가 하면 한울에 있고, 한울은 어느 곳에 있는가 하면 마음에 있느니라. 그러므로 마음이 곧 한울이요 한울이 곧 마음이다. 마음밖에 한울이 없고 한울밖에 마음이 없느니라. 한울과 마음은 본래 둘이 아닌 것이므로, 마음과 한울이 서로 화합해야 바로 시정지(侍定知)라 이를 수 있다. 마음과 한울이 서로 어기면 모든 사람이 시천주라고 말하더라도 나는 그것을 시천주라고 인정하지 않으리라."

최시형은 사람됨의 요체는 착한 마음(心)이라고 이해하였다. 그는 사람과 하늘의 합일을 강조하면서 "시정지(侍定知)"의 상태를 이루라고 당부했다. 시(侍)란 한울님을 모시는 것이요, 정(定)은 한울과 사람이 하나 되는 것이며, 지(知)는 한울님의 지혜를 받는 것이라고 한다.

"천지는 한 기운으로 만든 울타리니라. 기운은 혼원(混元, 우주)이요 마음은 허령(虛靈)이니, 그 조화가 무궁하다."

하나의 큰 기운이 움직여 우주만물의 실상을 만들었는데, 사람은 오직 마음 하나로 우주만물을 움직여 도덕의 문명을 이룩한다는 뜻 이다.

"사람의 마음이란 비유하면 한울에 해가 있는 것과 같다. 해가 밝으면 만국을 비추고 마음이 밝으면 일만 가지 이치를 환히 꿰뚫는다."

마음이 얼마나 중요한지를 강조하였다. 마음이 착하고 어질어야 세상의 잘못된 제도와 풍습을 바로잡아, 조화로운 인간세상을 만들 수 있다는 뜻이다.

"둥글고 밝은 달은 능히 천 개 강에 흐르는 물을 비추고, 한 봄의 따뜻한 기운은 만물의 정기를 낳느니라."

사람의 마음이 곧 세상을 바꾸는 유일한 힘이라고 가르친 것이다.

대인접물(待人接物) - 도의 실천

"사람이 바로 한울이니 사람 섬기기를 한울같이 하라. 내 제군들을 보니 스스로 잘난 체하는 자가 많으니 한심한 일이다. 도에서 이탈하 는 사람도 그리하여 생겨나니 슬픈 일이다. 나에게도 또 이런 마음이 있느니라. 이런 마음이 생기는 것은 있을 수 있는 일이나, 이런 마음을 감히 내지 않는다. 한울님을 내 마음에 기르지 못할까 두려워서 그런 것이다."

한울님을 내 마음에 기른다, 즉 양천주(養天主)에 힘쓰면 감히 거만하게 자신을 내세우지도 않을 것이며, 동학에서 멀어질 이유가 없다고 보았다. 여기서 보듯 최시형은 양천주야말로 최고의 수도(修道)라고 확신하였다.

"다만 교만하고 사치한 마음을 길러 끝내 무엇을 하리오. 내가 본 사람이 많으나 (진정으로) 배움을 좋아하는 사람을 아직 만나지 못했노라. 겉으로 꾸미는 사람은 도에서 멀다. 진실한 사람이 도에 가까우니, 사람을 대하여 거리낌이 없는 이라야 도에 가깝다고 말할 수 있다."

어떠한 도덕과 종교를 막론하고 공통된 것이리라 본다. 거짓없는 마음으로 이웃을 대하기가 그만큼 어렵다는 뜻이다.

"그러함을 아는 사람과 그러함을 믿는 사람과 그러한 마음을 기쁘게 느끼는 사람은 그렇지 못한 사람과 거리가 멀다. 마음이 흐뭇하고 유쾌한 느낌이 있어야만 천지의 큰일을 할 수 있느니라."

제2장 _ 해월의 깨침, 해월의 가르침

양천주의 마음가짐으로 자신을 존중하고 그와 똑같이 타인을 사랑하고 존중하는 것이 얼마나 중요한지를 설명한 것이다. 그런 사람은 시기심도 없고 열등감도 없고 불필요한 우월감이나 두려움도 없어 스스로 항상 흐뭇하고 유쾌한 상태를 유지할 수 있다고 했다. 여기서 우리는 최시형이 곧 그러한 경지에 오른 사람이었다는 점을 알 수 있다.

"내가 청주를 지나다가 서택순의 집에서 그 며느리의 베 짜는 소리를 듣고 서군에게 묻기를, '저것은 누가 베를 짜는 소리인가'하였다. 서군이 대답하기를, '제 며느리가 베를 짭니다'라고 하였다. 내가 또 묻기를, '그대의 며느리가 베 짜는 것은 진정으로 그대의 며느리가 베 짜는 것인가'하였다. 그러자 서군이 나의 말뜻을 알아차리지 못하더라. 어찌 서군뿐이랴. 도인(교인)의 집에 사람이 찾아오거든 어떤 사람이 왔다고 말하지 말고, 한울님이 강림하셨다고 하여라."

최시형은 말만 앞세우고 실천에 힘쓰지 않으면 아무 소용이 없다는 뜻으로 이런 가르침을 편 것이다. 하늘이 곧 사람이라고 말하면서도, 며느리는 한갓 며느리요, 손님은 어쩌다 나를 찾아온 일개 손님일 뿐이라고 소홀히 생각하지 말라는 부탁이다. 하찮아 보이는 사람 또는 나와 깊은 인연이 없는 사람이라도 천지부모를 대하는 진중함으로 대접하라는 것이다.

"도가의 부인은 경솔히 아이를 때리지 말라. 아이를 때리는 것은 곧 한울님을 때리는 것이니 한울님이 싫어하고 기운이 상하느니라. 도인의 집에서 한울님이 싫어하고 기운이 상함을 두려워하지 아니하고, 부인이 경솔하게 아이를 때린다면 그 아이가 반드시 죽을 것이다. 그러므로 아이를 절대 때리지 말라."

최시형은 사람이 곧 하늘이라는 명제를 철저히 파고들었다. 그러한 종교적 성찰을 통해 그는 연령에 따른 사회적 차별까지도 넘어섰다. 그 시대에는 미성년의 아이를 온전한 사람으로 취급하지 않고 함부로 대하는 악습이 있었다. 그러나 최시형은 미성년의 청소년도 완전한 인격체, 즉 하늘처럼 존중하라고 하였다.

"악한 사람이라도 선하게 대접하는 것이 옳다. 나의 도가 바르면 저 사람이 반드시 스스로 바르게 될 것이다. 어느 겨를에 그의 잘잘못을 가리고 장단점을 비교하겠는가. 겸양은 덕을 세우는 근본이요, 어진 것에도 대인의 어진 것과 소인의 어진 것이 따로 있다. 먼저는 나를 바르게 세우고 이어서 다른 사람과 융화하는 것이 대인의 어진 마음이다."

최시형은 도덕 문명을 이룩하고자 하였으므로 어진 마음과 태도를 매우 중시했다. 그런데 어짊에도 대인과 소인의 차이가 있다고 했다. 대인의 어짊이란 첫째가 겸손하고 양보하는 마음으로 자신의 몸과 마음을 바르게 세우는 것이요, 둘째는 그런 자세로 모든 사람을 선하게 대접하는 것이라고 했다.

"거짓으로써 사람을 사귀는 사람은 도를 어지럽게 하고 도를 사납게 하는 이요, 이치를 거역하는 사람이니라."

어질지 못한 이의 약점은 무엇일까. 최시형은 그것을 거짓됨에서 찾았다.

"사람을 대접하고 사물을 상대할 때 악을 숨기고 선을 찬양하는 것을 위주로 삼아야 한다. 저 사람이 포악함으로 나를 상대하더라도 나는 어질고 용서하는 마음으로 대하라. 저 사람이 교활하고 거짓으로 말을 꾸미더라도 나는 정직하고 순순히 받아들인다면 자연히 (그가 선함으로) 돌아와 화합하리라. 이 말은 쉬우나 실제로 행하기는 지극히 어렵다. 그러므로 이렇게 실천해야 도의 힘을 볼 수 있느니라. 혹 도의 힘이 부족하면 경솔하고 마음이 급해 인내하지 못하고 경솔하여 다른 사람과 부딪치기 쉽다. 이런 경우에는 마음을 쓰고 힘을 쓸 때 내 마음을 그대로 따라 처신하면 쉬우나, 내 마음을 거슬러서 처신하면 어렵다. 그러므로 사람을 상대할 때 욕하지 말고 참고 너그럽게 용서하라. 스스로 자신의 잘못을 꾸짖으면서 자신을 살피는 것을 위주로 하고, 다른 사람의 잘못을 그대로 말하지 말라."

참으로 실천하기 어려운 인간관계를 논한 것이다. 상대방의 약점과 결점에 관심을 두지 말고, 어디까지나 내 자신의 부족함을 인정하고 자신의 내면을 성찰하는 데 집중하라고 하였다.

"(남이란) 내 핏덩어리가 아니므로 어찌 시비하는 마음이 없겠는가. 그러나 만일 혈기를 돋우면 도를 상하게 되므로 내가 그렇게 하지 아니한다. 나도 오장이 있으므로 어찌 탐욕하는 마음이 없겠는가. 그러나 내가 이렇게 하지 않는 것은 (내 안에) 한울님을 기르는 까닭이다."

여기서도 드러나듯, 최시형은 자기 수양의 근본이 "양천주"라고 보았다. 내 안에 도덕을 주장하는 천주를 모시고 있으므로, 노여움도 탐욕도 제어할 수 있다는 뜻이다.

"이는 모두 대선생님(교조 최제우)께서 밝게 가르쳐 주신 바를 잊지 아니한 것이다. 그러므로 내가 이와 같이 하노라."

최시형은 자신의 모든 깨침과 가르침을 스승 최제우의 공으로 돌렸다.

"맑고 밝음이 있으면 그가 아는 것이 신과 같을 것이다. 맑고 밝음은 내 몸에 있는 근본 마음이며, 이는 도를 지극히 실천하는 것이다. 일상의 행위도 도가 아닌 것은 없다. 한 사람이 착해지면 천하가 착해지고, 한 사람이 화평하면 한 집안이 화목하고, 한 집안이 화목하면 한 나라가 평화롭고, 한 나라가 평화로우면 천하가 그와 같이 평화로울 것이다. 비가 내리듯 (자연히) 그러한 것을 누가 막을 수 있는가."

신(神)이란 만능의 존재인데, 그 핵심을 맑고 밝음이라고 보았다. 이기심이 없으므로 맑고도 밝은 것이다. 이러한 성정을 제대로 발휘하면 개인으로부터 가정과 국가 및 천하가 차례로 평화를 얻을 수 있다고 보았다. 마치 유교에서 수기치인(修己治人)의 도리를 주장한 것과도 같다.

"무릇 때와 일에는 우(愚, 어리석은 체함), 묵(黙, 침착함), 눌(訥, 말조심)의 세 글자를 가지고 하라. 만약 경솔하여 말을 듣고 함부로 말한다면 반드시 나쁜 사람의 속임수에 빠지게 된다. (우묵눌을) 실천한다면 공은 반드시 닦는 데로 이뤄지고 일은 반드시 올바르게 될 것이다. 또, 사람을 상대할 때는 언제나 어린아이처럼 하라. 항상 꽃이 핀 듯 환한 얼굴로 상대하면 남과 융화도 하고 덕도 이루게 되리라."

대인관계에서 주의할 점을 말한 것이다. 오직 언행을 조심하고 삼가기를 부탁하였다.

"누가 나에게 어른이 아니며 누가 나에게 스승이 아니겠는가. 나는 비록 부인과 어린아이의 말이라도 배울만한 것이 있으면 배우고, 스승으로 모실만한 것은 스승으로 모시노라."

다시 젠더와 연령의 차이를 넘어 상대방의 신분과 처지에 구애받지 않고, 오직 지혜로운 언행을 본받으려 힘쓴다고 했다.

"일이 있으면 사리에 맞게 일을 처리하고, 일이 없으면 조용히 앉아 마음공부를 하라. 말을 많이 하고 생각을 많이 하는 것은 마음을 기르는데 가장 해로우니라."

일상생활을 할 때 틈만 나면 마음공부에 시간을 할애하라고 했다. 그것이 곧 최시형이 위에서 말한 "양천주"이다.

"남을 훼방하고 배척하여 삶을 상하게 하는 것을 일컬어, 군자는 불효라고 하였다. 사람의 장단점을 평가하는 것은 도덕에 크게 해롭다. 훌륭한 장인은 구부러진 재목도 사양하지 아니하며, 훌륭한 의사는 병든 사람을 거절하지 아니한다. 성인의 도를 배우는 자리에서는 어리석은 사람을 거절하는 법이 없다."

사람이 많이 모인 곳에는 뛰어난 이도 있고 남보다 못한 이도 있다. 남의 장단점을 논하는 데 시간과 정력을 허비하지 말고 자신의 공부에 힘쓰라는 당부의 말씀이다.

"말은 행할 것을 돌아보고 행동은 말한 것을 돌아보아, 말과 행동이 한결같아야 한다. 말과 행동이 서로 어긋나면 마음과 한울이 서로 떨어지고, 마음과 한울이 서로 떨어지면 비록 해가 사라지고 세상이 없어질 때가 되어도 성현의 지위에 들어갈 수 없다."

언행일치의 중요성을 강조한 것이다. 말이 사람의 마음에서 나온 것이라면 행동은 우주만물이 운행하는 것이다. 사람의 마음이 우주만물과 조화를 이뤄야만 천인합일이 가능하다는 점은 위에서 최시형이 강조한 바이다. 사소한 말 한마디라도 반드시 행동으로 뒷받침될 때 사람이 곧 하늘이라는 동학의 명제가 의미를 갖는다는 것이다.

"만물은 시천주가 아님이 없다. 이러한 이치를 알면 살생을 금하지 아니해도 자연히 금해진다. 제비가 알을 깨지 아니한 뒤에 봉황이 와서 거동하고, 초목의 싹을 꺾지 말아야 산림이 무성하게 된다. 내가 손수 꽃가지를 꺾으면 그 열매는 따지 못할 것이다. 물건을 함부로 버린다면 부자가 될 수 없도다. 날짐승이 삼천이라도 각각 종류가 있기 마련이고, 털벌레가 삼천이라도 그 목숨은 각각 있기 마련이다. 사물을 공경하면 그 덕이 만방에 미치리라."

모든 것은 순리대로 되기 마련이다. 사물과 사람은 하나로 이어져 있으므로, 그러한 생태계의 질서를 존중하여 공생을 도모하라고 당부했다. 그렇게 할 때 비로소 사람의 삶도 여유롭고 평안할 것이다.

부인수도(婦人修道) - 여성을 위한 가르침

"누군가 묻기를, '우리 도 안에서 부인 수도를 장려하는 것은 무슨 연고입니까.'라고 하자, 최시형이 대답하였다. '부인은 한 집안의 주인이다. 음식을 만들고, 의복을 짓고, 아이를 기르고, 손님을 대접하고, 제사를 받드는 일을 부인이 감당하니, 주부가 만일 정성없이 음식을 갖추면 한울이 반드시 감응치 아니하는 것이요, 정성없이 아이를 기르면 아이가 반드시 충실치 못하게 된다. 그러므로 부인의 수도는 우리 도의 근본이다. 이제로부터 부인 가운데 도통한 이가 많이 나오리라. 이것은 일남구녀에 비견되는 운수이다. 지난 시절에는 부인을 압박하였으나 지금의 이 운에는 부인이 도통하여 사람을 살리는 이가 많을 것이다. 이것은 사람이 다 어머니의 포태 속에서 나서 자라는 것과 같으니라.'"

동학에서 처음으로 발견되는 매우 독특한 가르침이다. 인용문에서 보듯 최시형은 과거 세상, 즉 선천(先天)의 운이 다하고 새로운 세계인 후천(後天)이 열림을 예고하였다. 여성을 차별하던 시대가 지나고, 앞으로는 여성 중에서도 도통한 인물이 많이 나와 세계를 이끄는 주역이 된다고 과감히 선포하였다. 또, 최시형은 이치로 보아도 세상을 구성하는 기본 단위가 가정이고, 그 중심에 주부(主婦)인 여성이 자리한다는 점을 간과하지 않는다. 이러한 가르침은 유교, 불교 및 도교와 같은 고전적인 종교사상에서는 찾아볼 수 없다는 점에서, 매우 특별하다.

포덕(布德) - 동학의 전파와 미래 전망

"이 운은 동방에서 먼저 시작한 것이니 동방은 목운(木運)이라, 그러므로 서로 부딪치면 불이 날 것이니라."

중국의 동쪽에 있는 한국을 나무(木)에 비유한 전통은 깊다. 고려시대의 비기(秘記, 예언서)에도 그렇게 나온다. 최시형은 선천과 후천이 교대하는 가운데 난리가 일어나는 것은 피할 수 없는 이치라고 보았다.

"이 세상의 운수는 개벽의 운수라. 천지도 편안치 못하고, 산천초목도 편안치 못하고, 강물의 고기도 편안치 못하고, 나는 새와 기는 짐승도 다 편안치 못하다. 유독 사람만 따스하게 입고 배부르게 먹으며 편안하게 도를 구하겠는가. 선천과 후천의 운이 서로 엇갈리어 이치와 기운이 서로 싸우는지라, 만물이 다 싸우니 어찌 사람의 싸움이 없겠는가."

이렇듯 후천 개벽(開闢)이 일어나는 중에 큰 병란(兵亂) 또는 전쟁이 일어나 인간은 물론이고 자연 생태계가 크게 훼손될 것으로 예측하였다. 과연 병인양요(1866년)와 신미양요(1871년), 임오군란(1882년), 갑신정변(1884년) 등을 거쳐 갑오년(1894년)의 동학농민혁명에 이르기까지 내외의 환란이 적지 않았다.

"천지일월은 예나 이제나 변함이 없으나 운수는 크게 변한다. 새것과 낡은 것은 똑같지 아니 한지라 새것과 낡은 것이 서로 바뀌는 때이므로, 낡은 정치는 이미 물러가고 새 정치는 아직 펴지 못하여 이치와 기운이 고르지 못하므로 천하가 혼란하리라. 이때는 윤리와 도덕이 자연히 무너지고 사람은 모두 금수의 무리에 가깝다. 그러므로 어찌 난리가 아니겠는가."

최시형은 19세기 후반을 일대 전환기로 인식하였다. 낡은 질서와 새로운 세계관이 충돌하여 혼란이 초래되는 것은 유감이나, 그는 장차 새 세상이 밝아올 것으로 보았다.

"우리 도(동학)는 삼절운(三絶運)에 창립되었으므로 나라와 백성이 삼절운을 면하지 못하리라. 우리 도는 우리나라에서 일어나서 장차 우리나라 운수를 좋게 할 것이라. 우리 도의 운수로 말미암아 우리나라 안에서 영웅호걸이 많이 나타날 것이다. 세계 각국에 그들을 파송하여 활동하게 되면 그들은 형상을 가진 한울님이요, 사람을 구하는 부처라는 칭송을 받으리라."

삼절운이란 말은《정감록(鄭鑑錄)》과 같은 정치적 예언서에 자주 등장하는 표현이다. 나라의 명이 끊어지는 세 번의 위기를 말한다. 동학에서도 세 번의 위기가 있었다고 하는데 첫째는 수운 최제우가 참형된 고종 원년 갑자년(1864년)이요, 둘째는 이필제가 난을 일으켜 실패한 고종 8년 신미년(1871년)이었다. 세 번째는 고종 31년 갑오년(1894년)의 동학혁명이었다. 최시형은 예언하기를, 동학은 장차 세 차례의 위기를 무난히 넘기고 크게 융성하여 온 세상에 전파될 것으로 내다보았다.

"우리 도인은 오늘날 보리밥에 거친 옷을 몸에 걸치고 도를 닦으나, 다음에는 높고 큰 집에 살면서 쌀밥을 먹고 비단옷을 입고 좋은 자리에 앉아 도를 닦으리라."

최시형은 동학의 미래를 낙관하였다. 19세기 말기에는 교도가 고난 속에서 수도에 정진하고 있으나, 장차 부유함을 누리며 좋은 여건 속에서 수도하는 날이 온다고 했다.

"오늘날 입도하는 교인은 백지 한 권으로 예물을 드리나 훗날에는 비단으로 예물을 드릴 것이요, 지금은 도를 권하면 모든 사람이 믿지 아니하나 나중에는 사람들마다 손바닥에 시천주의 주문을 써 달라고 부탁할 것이니라. 그때 포덕사를 세계 각국에 파송하면 모든 나라가 자연히 천국이 되리라."

최시형은 고난 속에서 동학의 가르침을 실천하는 교우를 격려하며, 미래에는 동학의 인기가 높아져 많은 사람이 밀려올 것이라고 예언하였다.

"우리나라의 영웅호걸은 인류의 종자(種子)이니 모두들 만국에 포덕사로 나간다. 그러면 가장 못난 이가 본국에 남게 될 것이다. 그러므로 지혜가 부족한 이가 상재(上才)요 도통한 사람이다."

민족 우월감을 조장하는 듯한 발언이다. 본래의 뜻은 한국인의 대다수가 동학을 해외에 포교하러 나갈 것이요. 본국에 남을 사람은 수도 적고 평범하겠으나, 그들이 결국 해외 선교의 모체라는 점이다.

"우리 도는 중국에 가서 포덕(布德)할 때가 되어야 포덕천하를 달성하리라."

중국에 동학을 전교하는 날, 동학은 전성기를 누리게 된다는 것이다. 여기서도 재차 확인되듯 최시형이 꿈꾼 동학의 미래는 민족종교에 국한되지 않고 세계종교에 있었다.

"누가 묻기를, '언제가 되면 도가 유명해지겠습니까.' 최시형이 대답하기를, '산이 모두 검게 변하고 길에 비단을 펼 때요, 만국과 교역할 때이니라.'"

고난 속에서 동학 교도는, 언제나 동학이 세상에서 각광을 받게 될지를 궁금해 하였다. 최시형은 숲이 우거지고, 도로가 평평해지며, 한국이 여러 나라와 무역에 종사할 때라고 하였다. 19세기 말에는 상상하기도 어려운 조건이었다.

"묻기를, '어느 때 이같이 되겠습니까.'라고 하자 최시형이 대답하였다. '때는 그때가 있으니 마음을 급히 먹지 말라. 기다리지 아니하여도 자연히 온다. 만국의 병마가 우리나라 땅에 왔다가 후퇴하는 때이니라.'"

사람들은 그때가 언제일지 궁금하였다. 그러나 최시형은 태연히 대답하기를, 온 세상의 군대가 한국에 들어왔다가 빠져나갈 때이며, 그날은 반드시 온다고 했다. 과연 그의 말대로 이뤄질지 우리도 궁금해진다. 어찌 되었든 한 가지는 틀림없어 보인다. 최시형은 고난 속에서도 실망하거나 좌절하지 않았고, 동학의 밝은 미래가 저절로 찾아올 것으로 확신하였다.

3. 최시형의 사상적 특징

이상에서 살핀 것처럼 최시형은 여러모로 독특한 세계관을 갖고 있었다. 현대적인 용어를 빌리면 그는 생태주의자였고, 젠더의 해방을 선도하였으며, 어린이의 인권도 존중하였다. 한마디로 최시형은 관계의 질적 전환을 촉구하였다는 점에 특징이 있었다. 이러한 그의 사상적 독창성은 다음의 세 가지 사례에서 잘 나타난다. 하나는 21자 주문(呪文)을 강조한 점이요, 또 하나는 신분 평등에 관한 법설이다. 그 밖에 그가 힘주어 강조한 개벽(開闢)에 관한 가르침에서도 최시형의 독특한 사상을 엿볼 수 있다.

21자 주문

해월 최시형은 제자들에게 21자 주문을 열심히 외우라고 당부했다. 이 주문은 《동경대전》의 <논학문(論學問)>에 소개된 것인데, "지기금지 원위대강, 시천주 조화정, 영세불망 만사지(至氣今至 願爲大降, 侍天主 造化定, 永世不忘 萬事知)"라고 하였다. 그 뜻을 대강 옮기면, "지극한 기운이 지금 오시는데 크게 내리기를 바라나이다. 한울님(천주)을 모시면 조화가 정해질 것이오며 무궁한 세월 동안 이를 잊지 아니하면 온갖 일을 자연히 알게 되겠나이다."라는 것이다. 사람마다 글귀를 조금 다르게 번역할 수 있겠으나 대강은 그런 뜻이다. 요컨대 사람과 우주만물에 천주(天主, 한울님)가 계시므로 이를 잘 모시자는 것, 그리하면 후천개벽의 '조화(造化, 큰 변화)'가 완성된다는 것, 이러한 진리를 잊지 않고 수도에 힘쓰면 모든 일에 통달하게 된다는 다짐이다.

틈이 날 때마다 이런 대주문을 반복해서 외우면 천인합일의 기운이 내면에서 크게 자라난다고 했다. 교도 중에는 그와 같은 변화를 체험한 이가 적지 않았다. 21자 주문을 만든 것도 교조 최제우요, 그것을 제자들에게 처음으로 준 이도 최제우였다. 하지만 그의 제자들 중에서 이 주문의 위력을 몸소 체험하고, 널리 전파한 이는 최시형이었다.

평등설

한 가지 예화를 들어 설명하는 것이 좋겠다. 제2대 교주 최시형에게 전라도의 교인 김낙삼이 항의한 적이 있었다. 그에 따르면 전라도에는 동학에 관심을 가진 백성이 많았다. 그런데 양반도 아닌 익산 출신의 교인 남계천(南啓天)을 최시형이 소중한 인재로 여겨 편의장(便義長)이라고 하는 높은 지위에 임명하였다. 이에 양반 출신 교인의 실망이 적지 않았다. 그래서 김낙삼은 양반 교인을 대표하여 남계천의 자리를 바꿔달라고 요청한 것이다. 오지영이 쓴 《동학사》에 나오는 실화이다.

김낙삼의 항의에 직면한 최시형은 다음과 같이 대답하였다. "양반과 상놈이란 구별은 사람이 정한 바요, 우리 도의 직책은 한울님이 명하신 바이다. 사람이 어찌 한울님께서 이미 정하신 직책을 도로 바꿀 수 있겠는가. 한울님은 양반과 상놈을 구별하지 않고 각자에게 기운과 복을 주신다. 우리 도는 새 운수에 따른 것으로, 사람을 새롭게 만들고 다시 새로운 제도로 차이를 두는 것이다. 이제부터 우리 도 안에서는 절대로 양반과 상놈의 구별을 하지 말라. 우리나라에는 두 가지 몹쓸 폐단이 있으니, 하나는 본처의 아들과 첩의 아들을 구별하는 것이요, 또 하나는 양반이니 상놈이니 하여 구별하는 것이다. 적자(嫡子)와 서자(庶子)를 나누는 것은 집안을 망치는 근본이요, 양반이니 상놈이니 따지는 것은 나라를 망치는 근본이다. 이것이 우리나라의 고질병이다. 우리 도는 두목 아래라도 반드시 그보다 백배 나은 큰 두목이 있도다. 그대들은 삼가고, 서로 공경을 위주로 하고, 층층으로 구별하지 말라. 이 세상 사람은 모두 한울님이 낳은 것이다. 한울님의 백성으로 서로 공경하여야 태평한 세상이 올 것이다."

이보다 통렬하게 조선사회의 낡은 관습을 한마디로 배척한 이가 과연 누구였던가. 최시형은 모두가 한울님의 자녀이므로, 집안에서든 사회에서든 신분에 차이를 두면 하늘의 뜻에 어긋나는 것으로 보았다. 그리고 세속적으로 보면 남계천은 문지(門地)가 낮을지라도, 후천개벽을 기다리는 동학의 관점에서 보면 훌륭한 일꾼이라고 하였다.

제2장 _ 해월의 깨침, 해월의 가르침

그러므로 김낙삼을 비롯하여 이른바 양반 출신의 교도들이 감히 불만을 가져서는 안 된다고 못박았다. 이 얼마나 통쾌한 처사인가.

개벽

송나라 때 이름난 성리학자인 주돈이(周敦頤)는 <태극도설(太極圖說)>을 지어 우주의 생성원리를 설명하였다. 그에 따르면 우주의 시초에 태극(太極)이 존재하였다고 한다. 그런데 동학에서는 생명의 시원은 무극(無極)이라고 한다. 장차 선천(先天)과 후천(後天)이 서로 교대하게 되는데 그러려면 개벽(開闢)이 일어나야 한다.

최제우가 선천과 후천의 구별을 명시적으로 한 적이 없다고 주장하는 이도 있으나, 그것은 피상적인 관찰이다. 이미 "개벽"의 운수를 말하였으므로, 새로운 운이 열리는 시대가 바로 후천이라는 점은 굳이 거론할 가치도 없다. 최시형은 스승 최제우의 가르침을 따라 5만 년 만에 다시 맞은 새 운수를 이야기하였다. 이것이 바로 후천운(後天運)을 가리킨 것이다.

그러면 개벽의 본질은 무엇일까. 최시형은 결코 허황한 부귀공명을 제자들에게 약속하지 않았다. 그는 개개인이 도덕을 실천함으로써 새로운 세계를 만들 수 있다고 하였다. 신인간(新人間)이 땀 흘려 이룩하는 세상이 개벽한 세상이요, 이것은 예부터 한국인이 기다려온 미륵이 내려온 뒤의 새로운 세상이었다. 즉, 온전한 도덕군자가 많아 짐으로써 이 땅에 천지가 하나 되는 도덕의 문명을 이루고자 하였다.

제3장

해월을 따른 사람들

　최시형을 곁에서 보좌하고 한결같이 따랐던 5명의 제자를 면밀히 관찰하였다. 후계자로 선정된 의암 손병희와 신실한 수행비서 구암 김연국이 있고, 문필로 스승을 보좌한 송암 손천민과 전라도 부안접주로서 호남에서 북접을 이끈 용암 김낙철도 있었다. 그에 더하여 언제나 최시형의 살림살이를 염려한 정암 이종훈이 바로 우리가 주목한 최시형의 제자들이었다.

해월 최시형은 피상적 수준에서 변화가 일어나기를 바란 것은
아니었다. 정치도 바뀌어야겠으나 보다 근본적 의미로 삶이 달라지기
를 바랐다. 그는 지배와 종속으로 얼룩진 인간과 인간의 관계 그리고
인간과 사물의 관계를 바로잡으려 했다. 그러므로 필자는, 최시형의
소망이 '관계의 질적 전환'에 있었다고 말하는 것이다.

그러한 사상은 고단한 인생 역정에서 최시형이 얻은 고귀한 결실
이었다. 그는 머슴살이까지도 감내하였고, 소작농으로 살기도 했다.
동학의 제2대 교주가 된 다음에도 최시형은 손을 놀리지 않았다.
"한울님이 쉬지 않는데 사람이 한울님이 주는 밥을 먹으면서 손이
놀고 있으면 한울님이 노하신다." 최시형은 자급자족에 바탕을 둔
소규모 경제공동체를 이상으로 여겨, 지배도 소유도 없는 평등한 인
간관계의 구현을 소망했다.

관헌의 체포를 피해 항상 피신하는 삶이었지만 그는 늘 평화로운
성자의 모습을 잃지 않았다. 피난길에 심신이 위축되기는커녕 도리어
세월과 더불어 그의 사상은 완숙미를 더했다. 예컨대 천주의 내재성
에 대한 최시형의 신념은 갈수록 확고해져 '이천식천(以天食天)'의 새
경지를 열기도 하였다. 이것은 자신만큼이나 존귀한 만물의 도움으로
인간이 살아가고 있다는 고백이었다. 그는 만물이 평등하며 모두가

평화롭게 공존해야 한다는 신념을 가지고 우주 만물의 관계를 재정립하고자 하였다.

그의 머릿속에는 도시화와 산업화 같은 것은 존재하지 않았다. 또, 근대 유럽의 시민사회가 지향한 인간 중심이란 사상도 그의 가슴속에는 파고들 여지가 없었다. 필자는 최시형의 사상을 만물평등주의라고 부르고 싶다. 날로 어두워 가는 19세기 말 조선의 가난한 평민지식인 가운데서 최시형과 같이 우뚝한 사상가가 나왔다는 사실은 경이로운 일이다.

최시형에게는 많은 제자가 있었는데, 아래에서는 그 가운데서도 대표적인 5명을 간단히 소개하겠다. 그가 후계자로 뽑은 손병희를 비롯하여 항상 곁에 머물며 성실한 집사의 역할을 맡았던 김연국, 문서 작성을 전담한 손천민, 호남지방에서 해월의 대리자 역할을 한 김낙철, 언제나 최시형의 살림살이를 염려한 이종훈이 바로 그들이다.

1. 최시형의 후계자 의암 손병희

손병희(孫秉熙, 1861~1922)는 해월 최시형의 뒤를 이어 동학의 제3대 교주가 되었다. 그는 1919년에 3·1 독립 만세 운동을 일으킨 33명의 민족대표를 대표하는 큰 인물이었다. 본관 밀양(密陽), 자(字)는 응구

(應九) 그리고 도호(道號)는 의암(義菴)이었다. 사적으로는 해월 최시형의 처남이기도 하였다. 손병희의 아버지는 손의조(孫懿祖)요, 어머니는 최씨(崔氏) 부인이었다. 아버지는 충청도 청주목(현 충청북도 청주시)의 조세 징수를 담당한 향리였는데, 손병희는 그의 서자로 태어났다. 충청도 청주목 청원군 대주리(大周里)가 고향이었다.

약력

손병희는 16세가 되던 병자년(丙子, 1876)에 곽씨(郭氏) 문중의 따님을 배우자로 맞았다. 그로부터 6년 뒤인 임오년(1882)에 조카 손천민(孫天民)의 인도로 동학에 입도하였다. 모든 사람이 평등하다는 동학의 교리에 매료되었기 때문이다. 이후에 그는 해월 최시형을 직접 찾아가 제자가 되었는데, 스승은 유독 어려운 문제를 손병희에게 주었다고 한다. 갑오년(1894) 9월에 제2차 동학농민혁명이 일어났을 때 최시형의 명령으로 북접의 총사령관이 되어 남접의 영수 전봉준과 함께 동학농민군을 지휘하였다.

우금치에서 관군 및 일본군과 싸웠으나 이기지 못하고 그들의 추격을 피해 함경도 원산을 거쳐 관서지방까지 피신하였다. 그때도 그는 동학의 포교에 힘써 큰 성과를 냈다. 최시형은 그의 인품과 능력을 호평해 정유년(1897)에 동학의 제3대 교주로 지명하였다. 그 이듬해에 스승 최시형은 관헌에 체포되어 처형당했다.

이후에 손병희는 근대적 지도자로 거듭나 개화파 출신의 관료들까지도 동학에 입교하게 되었다. 그는 중국을 거쳐 일본에 망명하기도 했다.(1901년) 일본에서 손병희는 메이지 유신(1867년)의 효과를 피부로 절감하고, 인재를 양성하는 일이 중요함을 깨달았다. 그리하여 24명의 청년을 선발하고 일본에 유학하게 하였다.(1903년 이후)

1905년에는 동학의 명칭을 천도교로 바꾸었고, 그 이듬해에 일본에서 조국으로 돌아왔다. 그때 대한제국은 외세의 간섭으로 무기력하였고, 천도교 내부에서도 분란이 일어났다. 친일파들이 일진회를 조직해 망국적 행위를 일삼았으므로, 손병희는 일진회의 우두머리인 송병준과 이용구 등을 천도교에서 쫓아냈다.

손병희는 박인호에게 천도교 교단을 맡기고 자신은 교육사업과 출판사업에 힘썼다. 그러다가 1919년에는 민족대표 33인을 이끌고 3·1 독립 만세 운동을 주도했다. 이 사건으로 그는 일경에 체포되어 징역 3년형을 선고받고 옥에 갇혔다. 그런데 병이 깊어 보석으로 출옥하였고, 1922년 5월 19일에 별세하였다. 사후 40년이 지난 1962년에 정부는 손병희에게 건국훈장 대한민국장을 추서하였다.

손병희의 생애와 업적은 일반에 널리 알려져 있으며, 《천도교서》(제3편, 의암성사(義菴聖師))에 자세히 기술되어 있다. 아래에서는 그 책을 바탕으로 삼아 손병희의 특징을 알아보고, 스승 최시형과의 특별한 관계를 좀 더 자세히 살펴본다.

의로운 성품

최시형은 손병희에게 의암(義菴)이란 도호를 주었는데, 그것은 우연한 일이 아니었다. 손병희는 고금의 역사에 드문 의인(義人)이었다. 그의 의로움을 보여주는 예화가 무척 많은데, 그중 6가지를 아래에 간단히 소개한다.

첫째, 정축년(1877)에 손병희가 어떤 일로 충청도 괴산군(槐山郡) 삼가리(三街里)에 갔다. 그때 마침 수신사(修信使, 御史)를 만났는데, 그의 말꼬리에 역인(驛人, 역졸)이 매달려 유혈이 낭자하였다. 손병희는 꾸짖기를, "어찌하여 사람이 사람을 학대하는 것이 이와 같은가?"라고 하고는 나무 몽둥이로 어사의 마부를 때리고는 매달린 사람을 풀어주었다. 아울러 수신사가 지닌 유서통(諭書桶, 명령서가 들어있는 통)을 빼앗아 연못 속에 던져버렸다. 그때 손병희의 나이는 17살이었다.

손병희는 청주 아전의 서자에 불과하였고, 상대는 조정에서 파견한 어사였으니 신분의 차이가 현격하였다. 그러나 어사가 백성을 심하게 학대하였으므로 손병희는 크게 분개하여 궁지에 빠진 백성을 살리고, 어사를 모욕한 것이다. 여간한 의협심의 소유자가 아니고서는 감행할 수 없는 일이었다.

둘째, 그보다 3년 뒤인 경진년(1880)에 청주(淸州)의 약 시장(藥市)을 지나가다가 어떤 보따리가 눈앞에 있어 주웠는데, 돈 300량이 들어있었다. 손병희는 보따리를 잃은 사람을 찾아다니다가 포목상 한 사람이 매우 근심하는 모양을 보고 그 연유를 물었다. 그가 바로 300량을 잃어버린 사람이었다. 이에 보따리를 그에게 돌려주었다.

300량이면 논을 30마지기나 매입할 수 있는 거금이었다. 스무 살 청년 손병희는 거금에 마음을 빼앗기기는커녕 보따리를 잃은 주인을 기어이 찾아내고 거금을 돌려주었다. 평범한 사람은 할 수 없는 일이었다.

셋째, 일찍이 손병희가 이웃 마을을 지나가는데, 마을 사람들이 둘러앉아 수군거리고 있었다. 그가 연유를 물어보았더니, 어느 집에 식구 4~5명이 전염병에 걸려 몰사하였으나, 5~6일이 지나도록 장례를 지내지 못하고 있다는 것이었다.

손병희는 그 집안의 딱한 사정을 외면하지 않고, "사람이 남의 죽음을 구하지 아니하면 어떻게 인(忍)이라고 하겠는가?"라고 말하고는 그 모든 시신을 손수 염습(斂襲)하고 매장하였다.

조선은 유교 사회였고, 상장례(喪葬禮)를 몹시 중히 여겼다. 그러나 남의 집안의 일인 만큼 사람들이 모여서 걱정은 함께 하더라도 손수 장례까지 치르지 못하는 것이 보통이었다. 하지만 손병희는 길손에 불과하였음에도 그런 일조차 마다하지 않았다.

제3장 _ 해월을 따르는 사람들

넷째, 기축년(1889)에는 조카 손천민(孫天民)이 무슨 사건으로 관헌에 쫓겨 피신하고 집에 없었다. 그러자 교졸(校卒, 포졸)이 들이닥쳐 손천민의 아내를 체포하였다.

손병희가 포졸에게 항의하기를, "그의 아내를 체포하는 것보다는 차라리 삼촌을 체포하는 것이 어떠한가. 내가 손천민의 삼촌이다."라고 하였다. 그 말을 듣고 교졸이 손천민의 아내를 풀어주고 손병희를 체포하였다.

그 일행이 청주군 주성점(酒城店)에 이르렀을 때 손병희는 8잔의 술을 사서 마시고 이렇게 말하였다. "내가 몹시 취하여 걸어가지 못하겠다. 너희는 나를 업고 가라." 그래서 교졸은 손병희를 교대로 업어서 청주진영(淸州鎭營)에 도착했다.

영장(營將, 감영의 장수)이 그를 신문하며, 해월 최시형이 있는 곳을 캐물었다. 그러자 손병희가 대답하기를, "내가 이미 자수하여 체포되었는데, 비록 사형을 받는다 한들 어찌 최시형이 어디 계신지를 말하겠는가?"라고 하였다. 그 말에 의리가 있었으므로, 영장(營將)이 손병희의 의로움을 높이 평가해 곧 석방하였다.

여기서도 알 수 있듯 손병희는 한갓 자신의 안위만 돌보는 위인이 아니었다. 그가 중요하게 여기는 것은 사람으로서 정당한 의리를 지키는 것이었다.

다섯째, 임진년(1892)에 권용철(權用哲)이란 양반이 동학 교인 한영석(韓榮錫)에게서 3,000량의 거금을 빼앗고 소 1마리까지 탈취하였다. 이 소식을 들은 손병희는 권용철을 찾아가, 병사(兵使)까지 지낸 양반이 이러한 불의(不義)를 저질렀다며 심하게 꾸짖었다. 권용철은 부끄러워하며 자신이 빼앗은 재물을 한영석에게 돌려주었다.

이처럼 손병희는 지위 고하를 막론하고 불의를 자행하는 이를 보면 의분을 참지 못하였다. 죽고 사는 것이 그에게는 도리어 작은 일이었다.

여섯째, 대장까지 지낸 신정희(申正熙)의 큰아들 신일균(申逸均)이라고 하는 양반이 있었는데, 그는 동학 교인의 재산을 함부로 빼앗아 악명이 높았다. 그러한 사실을 알게 된 손병희는 수수방관하지 않았다. 그는 신일균을 찾아가 다음과 같이 힐난하였다. "그대는 유학자이고 양반으로 자처하는 사람이 아닌가. 그런데 어찌하여 유학자답게 살지 아니하고 남의 재산을 빼앗아 자신을 살찌우려고 하는가. 유학자의 소행에 위반되는 것이 너무도 심하다." 그러고는 그가 빼앗은 재물을 모두 되찾아서 교인에게 돌려주었다.

이상에서 살핀 것처럼 손병희는 청년 시절부터 의협심이 남달리 강했다. 상대가 누구이든지 불의를 저지른 사람을 응징하였으며, 힘이 없고 가난하며 억울한 사람을 동정하여 자신의 안위를 염려하지 않았다. 최시형은 제자 손병희의 그러한 성정을 누구보다 잘 알고 있었다. 그러므로 동학이 당면한 위기의 시대를 헤쳐 나갈 최고의 인재로 손병희를 손꼽은 것으로 보인다.

입도와 수행

손병희가 입도한 것은 임오년(1882)이었다. 그에게 도를 전하는
사람이 삼재팔난(三災八難, 큰 액운)을 피하려면 동학을 믿으라고 권하
자 손병희가 별로 달가워하지 않았다. 그러나 동학의 포덕천하(布德天
下, 덕을 세상에 펼쳐) 광제창생(廣濟蒼生, 어려운 백성을 건짐)을 설명하자 바로
동학에 입도(入道)하였다.

그 이듬해에 손병희는 해월 최시형이 자신의 집 근처에 왔다는
소식을 듣고도 찾아뵙기를 원하지 않았다. "거칠고 방자한 내 마음을
반드시 고친 뒤에야 최시형 선생을 찾아뵙겠다."라고 말하여 듣는
사람을 놀라게 하였다. 그러고는 이듬해 갑신년(1884)이 되자 손병희
는 드디어 최시형을 찾아가 예를 올렸다. 그는 최시형을 따라 공주(公
州) 가섭사(迦葉寺)로 가서 치성제(致誠祭)를 올렸다.

그때부터 6년이 지나자 경인년(1890)이 되었다. 손병희는 충청도
진천군(鎭川郡) 방동(房洞)에 살았는데, 37일을 1기(期)로 하여 주문(呪
文)을 백만 번이나 암송하였다. 눕지도 않고 잠을 자지도 않고 공부하
였다. 이 해에만 무려 3기를 그렇게 맹렬히 공부하였다.

그해에 손병희는 날마다 짚신을 두 켤레씩 삼았다. 한 켤레에

15문을 받고 팔았는데, 늘 가격이 일정하였다. 손병희는 삿갓(竹笠)을 쓰고 시장에 나갈 때 스스로 짚신을 짊어졌다. 사람들이 그를 학자라고 하였다.

손병희의 신통력

열심히 수도에 힘쓴 결과 손병희의 도력(道力)은 눈에 띄게 높아졌다. 어느 날 교인 한영석의 어머니가 죽은 어린아이를 안고 찾아와 손병희에게 폭언하였다. "도(道)를 믿으면 좋은 일이 있어야 하는데 도리어 어린아이가 죽었다. 그런데 무당의 주술도 못 하게 한다." "이 아이를 제발 환생시켜 달라."

그 말이 끝나자 손병희가 말하기를, "어린아이는 그렇다 하더라도 큰아들 한영석이 지금 또 죽었으니 서둘러 귀가하시라." 그 말을 듣고 한영석의 어머니가 귀가하였는데, 과연 아들 한영석이 죽어 있었다.

그러자 그 어머니가 다시 손병희를 찾아와서 부탁하기를, "바라건대 선생은 한영석을 살려주소서!"라고 하였다. 손병희는 한참 동안 묵념하고는 말하기를, "한영석은 반드시 회생할 것이니, 근심하지 마시라"고 하였다. 한영석의 어머니가 집에 돌아가 보니, 그 말대로 죽은 아들이 되살아났다.

제3장 _ 해월을 따르는 사람들

좀체 믿기 어려운 말이지만, 이런 예화가 여럿이다. 손병희는 수년 간 수도에 정진하였고, 그러는 사이에 믿기 어려운 이적(異蹟)이 여러 번 일어났다는 것이다.

최시형의 아주 특별한 제자

최시형은 손병희의 아우 손병흠(孫秉欽)에게 비서(祕書, 비밀 편지)를 주어 손병희에게 전하였다. "내가 여기에 오래 살 수 없으므로 반드시 그대와 함께 살고 싶다"고 하였다. 이 편지를 받고 손병희는 아우 손병흠과 함께 최시형을 가마에 태워 청주군 외서촌(外西村) 보평리(洑坪里)로 이주하게 하였다.(1890년) 그 이듬해 최시형은 진천군 방동으로 이주하였고, 손병희가 그를 곁에서 모셨다. 그때부터 햇수로 8년 동 안 손병희는 최시형의 곁을 떠날 때가 거의 없었다. 최시형은 여러 제자를 두루 아끼고 신뢰하였으나, 유독 손병희에게 거는 기대가 컸 다. 그리하여 마침내 손병희를 자신의 후계자로 지명하였다.(1897년) 그 이듬해 봄에 최시형은 관헌에 붙들리는 몸이 되어 불과 수개월 뒤에는 순도(殉道)하고 말았다. 다행히 손병희는 체포를 피하였고, 옥 에 갇힌 스승을 여러 동지와 함께 뒷바라지하였다.

이용구와의 불화

앞에서도 언급하였듯 최시형에게는 3명의 수제자(首弟子)가 있었다. 손병희(孫秉熙), 김연국(金演局) 및 손천민(孫天民)이었다. 그런데 최시형이 순도하자 동학의 도통(道統)을 둘러싸고 이른바 "정통(正統) 다툼" 또는 세력다툼이 나타났다. 그 문제로 천도교와 시천교(侍天敎)가 병립하는 일까지 일어났다. 광무 10년(1906) 9월 이후의 일이다.

문제의 발단은 1904년에 일어난 러일전쟁이었다. 이용구는 친일(親日)에 앞장섰고, 손병희는 그런 이용구를 의심하였다.1 이용구의 진보회(進步會)는 친일파 송병준(宋秉畯)의 일진회(一進會)와 세력을 통합하였는데, 1906년 4월이었다. 이용구는 일진회 회장으로서 일본의 조선 침략에 적극적으로 협력해 경의선(京義線) 부설에 필요한 인부(人夫)를 공급하였다.

손병희는 이를 교조(敎祖)가 가르친 취지에 어긋난 것으로 판단해, 이용구(李容九) 이하 50여 명을 천도교에서 제명(除名)하였다. 그러자 김연국(金演局)과 이용구(李容九)는 자신들이 통솔하는 교도를 데리고 시천교를 창립하였다.(1906년 9월)

이용구 일파는 일본이 조선을 강점할 때 그에 협력하였고, 손병희

---

1 남철(南哲), <문제(問題) 중에 잇[있]는 천도교(天道敎)의 해부(解剖)와 전망(展望). 그 출현(出現)과 생장(生長)>, 《동광》, 제33호(1932년 05월).

는 교조(敎祖) 최제우의 가르침을 따라 친일적인 태도를 보이지 않았다. 겉으로까지 배일(排日)을 노골적으로 표명하지는 못하였으나 반일적인 자세를 가지고 독립을 추구한 것은 엄연한 사실이다. 그러므로 1919년에 3.1 독립 만세 운동을 일으킨 것이다. 당시에 사람들은 손병희의 사생활이 너무 호방하다는 비난을 하기도 하였으나2, 그가 애국적인 인물이라는 점은 의심할 여지가 없다.

2. 구암 김연국 – 해월 최시형의 집사

김연국(金演局, 1857~1944)은 최시형의 제자로 나중에는 시천교 또는 상제교를 세웠다. 그의 자는 치구(致九), 도호는 구암(龜菴)이며 강릉 김씨이다. 어릴 때 이름은 용진(龍振)이다. 강원도 인제에서 출생해 어린 시절부터 스승 최시형을 그림자처럼 수행하였다.

약력

그는 손병희, 손천민과 더불어 해월 최시형의 3대 제자로 손꼽힌다. 임신년(1872) 3월에 동학에 입도한 김계원의 조카이다. 계사년

---

2 위와 같음.

(1893) 2월에 동학교도가 광화문에서 복합 상소를 하였을 때 강시원, 손천민, 손병희 등과 함께 교조의 신원에 앞장섰다. 또, 그해 3월에 충청도 보은에서 일어난 교조신원운동 때는 보은포의 대접주로 큰 역할을 했다. 그 이듬해 9월에 제2차 동학농민혁명이 일어나자 황하일, 권병덕 등과 함께 보은에서 군사를 일으켰다. 공주 우금치전투에 참전하였고, 이어서 전봉준, 손병희 등과 함께 전라도 태인전투에도 참전하였다.

동학농민군이 해산하자 손병희와 함께 전라도 임실에서 피신 중인 해월 최시형을 모시고 강원도로 갔다. 그는 스승 최시형이 관헌에 체포될 때도 최측근에서 보좌하였다. 병신년(1896) 1월에 최시형으로부터 구암(龜菴)이라고 하는 도호를 받고 동학의 최고위 지도자 가운데 1인이 되었다.

이태 뒤에 해월 최시형의 순도하자 김연국은 손천민과 함께 스승의 뒤를 따라 순도하기를 바랐다. 그러나 손병희는 교단을 재건하여 스승의 뜻을 널리 펴는 것이 도리라고 확신했다.

1901년에 손병희는 함께 망명하기를 권하였으나 김연국은 국내에 남아있기로 결심하였다. 그해 6월에 그는 공주 무성산에서 공주 진위대에 체포되어, 3년 7개월 동안 옥고를 치렀다.

1905년에 손병희는 동학의 명칭을 천도교로 바꾸고 교단을 근대화하였다. 1907년 8월에는 천도교의 대도주에 김연국을 임명하고,

제3장 _ 해월을 따르는 사람들

다시 성도사로 삼아 교단의 제2인자가 되게 하였다. 그러나 김연국은 이용구가 창설한 시천교에 들어가 최고 직책인 대례사를 맡았다.(1908년) 하지만 이용구의 친일 행각에 반발했고, 이용구가 사망하자 시천교를 탈퇴하였다.

1913년에 김연국은 서울의 가회동에 시천교(일명 제세교)를 다시 세웠다가 1926년에는 계룡산 신도안으로 이전하여 상제교로 교명을 바꾸었다. 이후 황무지를 개간해 원예사업에 힘쓰는 한편, 신도유신학교(현, 신도초등학교)를 설립했다. 그는 교육과 자선사업에 힘쓰다가 1944년 8월에 향년 88세로 사망했다.

해월 최시형의 그림자

김연국의 생애가 어떠했는지는 증손 김명기의 증언에 비교적 자세히 나타나 있다.3 1871년에 최시형은 이필제의 난(李弼濟亂)을 겪고 경상도와 강원도의 산골로 숨었다. 산간지대를 돌아다니며 그는 포교에 힘썼다. 그 당시 김연국은 일찍이 부모를 여의고 숙부 밑에서 자랐는데, 숙부는 누구보다 먼저 동학에 입도하였다. 김연국은 숙부 김계원의 영향으로 입도했는데, 16~17세쯤 되었다. 그때부터 김연국

---

3 배항섭이 김명기의 증언을 정리하였는데 동학농민혁명기념재단의 사료 아카이브에서 확인할 수 있다. https://e-donghak.or.kr/archive/?menu=135&mode=view&no=54&keyword=%EA%B9%80%EC%97%B0%EA%B5%AD (2025년 2월 5일 19시 검색)

은 해월 최시형을 평생 동안 모시고 다녔다고 한다.

영월 방면을 찾아온 최시형이 숙부의 집에 들리자 김연국이 찾아
가 뵙고, 최시형이 떠나자 10리 먼 길을 따라갔다. 그러자 해월이
왜 따라오느냐고 물었다. 김연국은 말하기를, "제가 오늘부터는 선생
님을 모시겠습니다"라고 하였다. 미성년자는 부모님의 허락이 필요
하므로, 최시형은 다시 10리 길을 되돌아 구암의 숙부를 찾아가, "용
진(김연국의 아명)을 데리고 다니겠노라"고 하였다. 그날부터 김연국은
그림자처럼 스승을 모시고 어디든 따라다녔다.

교조신원운동의 중심

김연국이 최시형의 측근 가운데서도 비중 있는 인물로 등장하기
는 1883년 무렵이었다. 그때 나이는 27세였다. 스승을 수행하고 다닌
지 10년쯤 지나서였다. 다시 10년이 지나 1893년 1월에 광화문에서
복합상소(伏閤上疏)를 올릴 때는 더욱더 중요한 역할을 맡았다. 동학
교도가 교조신원운동을 했던 것인데 공식적으로는 소수(疏首, 상소 운동
의 대표)가 박광호(朴光浩)였으나, 실제로는 김연국이었다고 한다. 일이
그릇되면 소수가 잡혀 죽을 수도 있으므로 박광호가 김연국을 대신했
다고 한다. 김연국은 봉소자(奉疏者, 상소를 올리는 임무)가 되었고 손천민
은 제소(製疏, 상소문을 지음)를 담당하였다.

제3장 _ 해월을 따르는 사람들

스승의 신변 보호에 힘써

1894년 9월의 2차 동학농민혁명 때 김연국은 황하일, 권병덕 등과 함께 보은에서 동학농민군을 일으켰다. 혁명이 실패하자 그 뒤에는 해월 최시형의 곁에 머물며 여러 위험으로부터 스승의 신변을 보호하였다. 그런 활동은 스승이 체포될 때까지 이어졌다.(1898년 4월)

포졸이 들이닥치면 한밤중에도 최시형을 업고 피난하였다. 관리들이 들이닥치면 한 제자가 해월 선생을 대신하여 방 안에 앉아 있었다. 그 사이에 김연국은 해월을 모시고 피신하였다. 여러 제자가 지혜를 모아 해월을 안전하게 모셨다. 때로 일본군이나 관군이 해월을 포위하고 집중 사격을 한 일도 있었으나 그럴 때조차 제자들이 앞뒤로 호위해서 스승을 피난시켰다. 항상 피난에 신경을 썼으므로 식사시간에도 김연국은 짚신을 신은 채였다.

김연국의 체포

그러나 1898년에 최시형은 순도하였고, 동학의 제3대 교주가 된 손병희는 1901년에 일본으로 망명하였다. 그해 음력 6월 2일은 해월 최시형의 제삿날이었다. 김연국은 5월 29일에 공주 무성산으로 가서 스승의 제사를 준비하였다. 그때 공주감영의 영장 이민직(李敏稷)에게 체포되었다. 그가 체포당할 때 이민직이 육혈포를 가지고 김연국을 위협하였다. 그러자 김연국이 손으로 총을 밀었는데, 방아쇠가 당겨져 총알이 몸을 관통했다. 이민직은 교인으로 위장하고 가짜로 입교한 다음에 김연국을 부지런히 쫓아다녀 신임을 얻었다. 그는 김연국의 측근이 된 다음에 체포하여 관가에 신병을 넘겼다.

감옥에 갇혀 있을 때 총상 입은 김연국의 머리에서 벌레가 나왔다. 그런데도 치료를 받지 못했다. 보통 사람은 머리에서 벌레가 나올 정도면 죽기 마련이었으나 김연국은 살아났다. 도력(道力)이 컸기 때문이라고 사람들이 말하였다.

김연국은 3년 7개월 동안 경성감옥에 갇혀 지냈다. 처음에는 사형을 받게 되었다는 소문도 있었고 잘해야 무기 징역이라고도 하였다. 이에 김연국의 부인이 백방으로 자금을 모아 커다란 콩나물 광주리에 돈을 가득 넣고 그 위에 콩나물을 약간 덮어, 가장 세력이 있는 대감 집에 바쳤다. 그 덕분이었는지 황태자(훗날의 순종)의 탄신기념일에 사면령이 내려져 김연국의 형기가 3년 7개월로 줄었다고 한다.

김연국을 석방한 이유는 그가 나이도 적지 않았던 데다가 (당년 48세) 그때 동학은 거의 말살되다시피 하였다. 그래서 풀어주어도 별로 후환이 없을 것으로 본 것이다. 사면령을 받고도 6개월이나 더 감옥에서 지냈다고 한다. 탐관오리들이 한 푼이라도 뇌물을 더 받아내려고 6개월씩이나 더 가두어 놓았다. 김연국이 출소하는 날에 감옥이 있는 독립문 앞으로 동학 교도가 빽빽하게 들어섰다. 그만큼 그는

제3장 _ 해월을 따르는 사람들

명망이 높았다.

김연국의 첫째 부인은 최시형의 서녀(庶女)였다. 그 뒤로 부인이 세 명 더 있었다. 둘째 부인은 곡강 배씨였는데 결혼하고 몇 달 만에 후손이 없이 세상을 떠났다. 셋째는 문화 유씨로 자녀 둘을 낳았고, 넷째는 김해 김씨로 여러 자녀를 낳아 길렀다. 김연국의 구명운동에 힘쓴 부인은 다름 아닌 김해 김씨였다.

평가

김연국에 관한 당대의 평가는 이러했다. 즉, "수성겸양(守成謙讓)과 정사관조(靜思觀照)"의 사람4이라고 했다. 풀이하면, 스승의 가르침을 지키기에 힘쓰고 자신을 낮추며 겸손한 이라는 것이다. 또, 고요히 사색하며 만물을 깊이 관찰하고 진리를 얻은 철인이라는 평가이다. 한 사람의 종교인으로서 김연국은 나무랄 데 없는 인물이라는 뜻이다. 인품과 덕망이 그와 같이 높았음에도 불구하고 일제강점기에는 세파가 워낙 험난하였다. 김연국은 노년을 평안히 지내지 못하고 계룡산까지 내려가 별도의 교단을 조직하여 근근이 지낼 수밖에 없는 처지가 되었다.

---

4 남철, 앞의 글.

3. 송암 손천민 - 해월 최시형의 붓

손천민(孫天民, 1857~1900)은 동학의 제3대 교주 의암 손병희의 조카이다. 충청도 청주 출신으로 도호는 송암(松菴)이며, 집안의 전통을 이어 청주 관아의 수리(首吏)인 이방(吏房)을 역임했다. 현재의 청주시 상당구 남일면 신송리 202번지에서 태어났다.

약력

임오년(1882)에 동학에 입도하였고, 숙부인 손병희를 동학으로 안내하였다. 평생 동학의 각종 문서를 작성하였으며, 특히 해월 최시형의 측근에 머물며 그의 법설을 정리했다. 손천민은 포교에도 힘써 그를 통해 입교한 이가 1만 명을 넘었다고 한다.

임진년(1892)에 전라도 삼례에서 교조 최제우를 신원하기 위해 집회가 열렸는데, 최시형은 중간에 낙상하였다. 그때 손천민은 자신의 집에 의송소(議訟所, 호소문을 작성하는 곳)를 차리고, 최시형의 명을 받아 도차주(道次主, 제2인자) 강시원을 비롯하여 서인주, 서병학, 김연국, 손병희 등과 협의하였다. 거기서 손천민은 충청도 관찰사 조병식과 전라도 관찰사 이경직에게 보낼 의송문을 직접 작성하였다. 그 글을 읽자 조정에서는 동학 내부에 학식도 있고 역사 인식이 탁월한 인사가 있다는 사실을 알게 되었다.

그 이듬해(1893) 서울 광화문에서 동학 교도가 복합상소를 올릴 때도 손천민이 상소문을 지었다. 당시에 서병학은 무력 투쟁을 일으키자고 하였는데, 손천민이 무마시켰다. 이후 손천민은 보은집회에서도 핵심적인 역할을 하였다.

갑오년(1894) 9월에 제2차 동학농민혁명이 일어나자 손천민은 청안에서 기포하였는데, 청주 북면에 모인 동학농민군이 1만여 명을 헤아렸다. 관군과 싸웠으나 패배하고 장내로 후퇴하였다. 그 후에 충청도 괴산으로 가서 충주의 충의포와 합세하였다. 영동, 용산, 보은의 북실 등지에서 적과 교전한 끝에 동학농민군은 해산되었다. 손천민은 손병희와 함께 스승 최시형을 모시고 강원도로 피신하였다.

병신년(1896)에 해월 최시형은 손천민, 손병희, 김연국에게 송암, 의암, 구암이라는 도호를 각각 내려주고 3인이 합심하여 동학 교단을 이끌라고 당부하였다. 이어서 정유년(1897) 12월 24일에는 손병희에게 도통을 물려주었다. 그 이듬해 4월 5일에 최시형은 원주 송골에서 관헌에 붙들려 그해 6월 2일 순도하였다. 그러자 손천민은 김연국과 더불어 스승을 따라 죽기를 결심하였다.

최시형의 뒤를 이은 제3대 교주 손병희는 손천민을 성도주(誠道主), 김연국을 신도주(信道主)에 임명하고, 박인호를 경도주(敬道主)로 삼아 교단의 운영을 맡게 하였다. 이 명칭은 성경신(誠敬信)을 실천하라는 동학의 가르침에서 비롯되었다.

이후 손천민은 서우순과 함께 청주 산외면에 있는 서장옥의 집에서 포교에 힘쓰다가 1900년 8월 13일에 충주 병정의 습격을 받아 체포되었다. 군인들이 쳐들어온다는 전갈을 미리 받았으나 도피하지 않고 순순히 붙들려 순도하기로 작정하였다. 그해 8월 24일에 손천민에게 사형선고가 내렸고, 닷새 뒤 8월 29일 오후 1시에는 경성감옥서에서 교수형이 집행되었다. 그의 유해는 청주의 선영에 안장되었다.

손천민은 천성이 순수하고 문장이 맑고 담담한 이로,《동학도종역사(東學道宗繹史)》에 그의 행적을 기술한 부분이 적지 않다. 특히 제13장인 <송암의 전수와 무술년의 조난(松菴傳授戊戌曹難)>이 참고된다. 아래는《동학도종역사》를 바탕으로 정리한 것이다.

제2차 동학농민혁명 당시 각지의 포주와 접주

동학 교단에서 정한 영수(領首)와 각 포(包)의 대접주는 다음과 같다. 먼저 기록된 것은 대접주이다. 손천민은 이 명단의 두 번째에 실린 청의대접주였다. 모두 열거하면, 충경대접주(忠慶大接主) 임규호(任奎鎬), 청의대접주(淸義大接主) 손천민(孫天民), 충의대접주(忠義大接主) 손병희(孫秉熙), 문청대접주(文淸大接主) 임정재(任貞宰), 옥의대접주(沃義大接主) 박석규(朴錫奎), 관동대접주(關東大接主) 이원팔(李元八), 관서대접주(關西大接主) 이만식(李萬植, 이용구), 호남대접주(湖南大接主) 남계천(南啓

天), 상공대접주(尙公大接主) 이관영(李觀永).

다음은 제1차 동학농민혁명의 주체였던 전라도 접주의 명단이다. 그 가운데는 제1차 혁명에 참여하지 않은 이들도 약간 포함되어 있는데 서장옥을 필두로 전봉준, 김낙철, 손화중, 김개남 등의 이름이 차례로 언급된다. 명단을 그대로 옮겨적으면, 남접(南接) 접주 서장옥(徐章玉), 고부(古阜) 접주 전봉준(全琫準), 부안(扶安) 접주 김낙철(金洛喆), 무장(茂長) 접주 손화중(孫華仲), 남원(南原) 접주 김개남(金開南), 전주(全州) 접주 송덕원(宋德元)·허내원(許乃遠), 김해(金海) 접주 김동명(金東明)·송문수(宋文洙), 무장(茂長) 접주 변방기(邊方基)·이병춘(李炳春), 금구(金溝) 접주 차치구(車致九), 전주화포영장(全州火砲領將) 접주 이상진(李相瑨)·이덕기(李德基)·이의승(李義承) 등이다.

이어서 경상도, 충청도, 전라도 및 강원도의 접주가 기록되어 있다. 상주(尙州) 접주 권병덕(權秉悳), 예산(禮山) 접주 박도일(朴道一), 무장 접주 김낙봉(金洛封), 홍천(洪川) 접주 차기석(車基錫), 예산(禮山) 접주 박희인(朴熙寅), 경상도 진주(晉州) 접주 손은석(孫殷錫), 고성(固城) 접주 강위필(姜渭弼)·김일수(金日洙), 영주(榮州) 접주 김기주(金基周)·김화칠(金化七)·김재덕(金載德)·김선재(金善在).

다시 충청도 각 고을의 접주를 다음과 같이 기록했다. 충청도 음성(陰城) 접주 최재학·김철제(金喆濟), 원주(原州) 접주 신택우(申澤雨), 청풍(淸風) 접주 성두환(成斗煥), 음죽(陰竹) 접주 염창순(廉昌淳)·최종후(崔

鍾厚), 용인(龍仁) 접주 정경수(鄭璟洙)·홍병기(洪秉箕)·이종구(李鍾球)·신현경(申賢敬), 음성(陰城) 접주 박형채(朴衡采)·김윤여(金允汝)·김만수(金萬洙)·김대현(金大賢)·김종규(金鍾奎)·조창순(趙昌淳), 목천(木川) 접주 김학수(金學水)·박영구(朴永九)·박양원(朴陽遠). 여기서 보듯 음성 접주는 숫자가 특히 많았다.

끝으로, 황해도의 접주 명단이 다음과 같이 이어진다. 황해도 해주(海州) 접주 임종현(林鍾鉉)·임주엽(林周葉)·최유현(崔琉鉉), 장연(長淵) 접주 정양(鄭樑)·정도상(鄭道相), 문화(文化) 접주 정종혁(鄭宗赫)·김익하(金益河)·김명준(金明濬), 신천(信川) 접주 김석환(金錫煥)·최지태(崔之泰), 송화(松禾) 접주 방찬두(方燦斗)·강필도(康弼道), 장연(長淵) 접주 문학수(文學洙), 안악(安岳) 접주 김석귀(金錫龜)·안이정(安履貞), 재령(載寧) 접주 김유영(金裕泳)·한화석(韓華錫)·원용일(元容馹), 봉산(鳳山) 접주 김응종(金應鍾)·임중호(林仲浩), 해주(海州) 접주 오응선(吳膺善), 문화(文化) 접주 강익주(康翼周), 장연(長淵) 접주 문백심(文白心), 장연(長連) 접주 정영로(鄭泳路), 은율(殷栗) 접주 윤도경(尹道京)·윤기호(尹基浩), 곡산(谷山) 접주 최재렴(崔在濂)·김정석(金鼎錫) 등이다.

위의 명단에 기록된 대접주와 접주는 제2차 동학농민혁명에 직접 참전한 이들이다. 교단의 중심부에서 시작하여 차츰 주변부로 시선을 옮기며 해당자의 이름을 쓴 것으로 보인다. 이것은 물론 교단 본부의 시각인데, 그 점에서 보면 손천민은 최고 핵심부에 속한 인사였다.

최시형이 집단지도체제를 선택해

1897년 1월 18일에 최시형은 동학 교단의 세대교체를 지시하였다. 우선 자신의 최측근 제자 5명에게 도호를 주었다. 손천민, 김연국, 손병희, 김현경, 이만식이 그들이었다.

> "손천민(孫天民)은 송암(松菴), 김연국(金演局)은 구암(龜菴), 손병희(孫秉熙)는 의암(義菴), 김현경(金顯卿)은 은암(恩菴), 이만식(李萬植)은 봉암(鳳菴)으로 하라."

이들 5명의 호(號)는 최시형이 각자의 이름을 살피고 뜻을 생각한 끝에 결정하였다고 한다. 가령 손천민은 소나무와 같이 절개가 우뚝하다고 본 것 같은데, 어김없는 평가였다고 생각한다. 또, 손병희는 의기남아였으므로 당연히 의암이 된 것이요, 김연국은 평생을 바쳐 오래도록 스승을 섬겼으므로 생명이 긴 거북이를 떠올려 구암이라고 정한 것으로 보인다.

최시형은 위의 다섯 제자 중에서도 특히 세 명에게 큰 기대를 걸었으므로, 그 이튿날에 다음과 같이 말했다.

> "송암(松菴, 손천민)·의암(義菴, 손병희)·구암(龜菴, 김연국) 등 3명의 마음이 꼭 들어맞는다면 천하에 할 수 없는 일이 없으니, 우리 도는

더욱 정진해야 한다. 반드시 가슴속에 새기고 조금도 의심하지 말라."

최시형은 손천민, 손병희 및 김연국이 합심하여 교단을 집단지도
체제로 운영하기를 당부하고, 같은 해 2월 3일에는 다음과 같은 담화
문을 발표하였다.

"태고(太古)에 있었던 섭제씨(攝提氏, 천신 이름)는 우리 선사(先師,
최제우)가 자신을 비유한 것이요, 산 위의 물은 우리 도통(道統)의
연원이다. 이 현묘한 진리를 온전히 갖춘 뒤에야 개벽(開闢)의 운수와
무극(無極)의 도를 알 수가 있다. 아! 나무에는 모두 뿌리가 있고,
물에는 근원이 있다. 사물도 이와 같은데, 더욱이 이전에도 그리고
이후에도 다시 비할 수 없는 5만 년이 처음 열리는 도의 운수야 말해
무엇하겠는가?
어리석은 내가 훈도(薰陶)를 받아 탁발을 물려받은 은혜를 입은 지도
이제 30여 년이다. 일찍이 어려움을 겪었고 또 여러 번 곤경을 당해
사문(斯文, 동학을 지칭)의 정맥(正脈)이 엷어졌다가 도리어 두터워졌
고, 혼탁하고 잡스러움을 벗어나 더욱 순수해졌다. 그러나 호수와 바
다에는 풍상(風霜, 어려움과 고생)이 있고, 형체와 그림자가 크게 막혀
중도에 그만두거나 한 삼태기의 (공(功)이 모자라) 많이 망가지기도
하므로 진실로 개탄스럽다.
... 근래에 도유(道儒, 교도)에게 내정(內政)을 경계한 지 오래되었다.
수신(修身)과 행사(行事)를 막론하고 경솔하고 태만할 때가 많다. 이
러하면 입실(入室, 학문이나 도의 경지)은 고사하고 문진(問津)의 기

약도 없으니 어찌 송구스럽고 민망하지 않겠는가? 나면서 아는 이가 아닌 바에야 반드시 아래에 처하여 가르침에 힘입어 위로 올라간다. 가르치지 않아도 잘하는 사람은 최상이고, 가르친 뒤에 잘하는 사람은 중간 정도이고, 가르쳐도 잘하지 못하는 사람은 매우 어리석다. 사람마다 지혜롭고 어리석은 정도는 같지 않고, 성인(聖人)과 범인은 비록 다르지만 포기하지 않고 계속 공부한다면 어리석은 사람도 알 수가 있고 보통 사람도 성인의 경지에 들어갈 수 있다. 반드시 마음을 드러내고 덕을 닦는 데에 힘쓰고, 나이든 어른(최시형)의 말을 저버리지 말며 더욱 함양(涵養)하는 일에 힘쓰라."

최시형은 담화를 통해 "5만 년의 대운"이 열리는 시절, 즉 선천과 후천이 교대하는 시기를 맞이하여 수도에 더욱 힘쓰기를 당부했다. 특히 평범한 자질을 가진 보통 사람은 지도자의 가르침을 순순히 잘 따라야 도가 향상될 수 있다고 말했다. 은연중에 자신이 새로 정한 집단지도체제를 믿고 따르라는 뜻을 전한 것이다. 아울러, 누구든지 중도에 포기하지 않고 꾸준히 수련하면 성인의 경지에 이르게 되므로 모두 용기를 내어 공부에 힘쓰라고 격려하였다.

을미의병과 동학

최시형은 을미년(1895)에 정국이 어수선해진 것을 목격하고 매우 근심하였다. 그해 2월에 그는 충주(忠州)의 마로탁리(馬路坼里)로 이사했다. 그러자 여러 지역의 문도(門徒)가 점점 더 많이 충주로 찾아왔다. 마침 조정에서 상투를 베고 머리를 짧게 깎으라는 '단발령(斷髮令)'을 내린 데 항의하여 곳곳에서 의병이 일어나고 있었다. 동학은 이미 한 해 전에 동학농민혁명으로 극심한 타격을 입은 터라, 만약 의병에 가담해 다시 조정의 탄압을 받게 된다면 동학의 미래를 낙관하기 어려웠다.

최시형은 편의사(便義司) 이용구(李容九)에게 명하여, 도유(道儒, 동학교도)는 출입을 엄중하게 단속하고 편안하게 한 곳에 거처하며 도를 닦으라고 하였다. 의병운동에 참여하지 말고 수도에 전념하라는 뜻이었다. 최시형은 교도가 의병운동에 합류하여 대규모 정치적 탄압을 초래하지 않도록 수행의 중요성을 거듭 강조하였다. 그러고는 송암(松菴) 손천민(孫天民)과 의암(義菴) 손병희(孫秉熙) 및 구암(龜菴) 김연국(金演局)에게 지시하여 전국의 각 포(包)에 타이르게 하였다.

손천민의 〈대인접물장(待人接物章)〉

송천민은 학식과 문장력이 뛰어난 이로, 다년간 해월 최시형의 지도를 받으며 수도하였다. 그리하여 그는 높은 도력을 갖게 되었다. 그의 저술 〈대인접물장〉가운데 마침 사람을 상대하고 사물을 접하는 일, 즉 천인합일에 관한 것이 있으므로 아래에 간단히 소개한다.[5]

"… 사람이 조화로우면 기가 편안하고, 기가 편안하면 하늘과 땅에 틈이 없어 모든 일이 뜻대로 되며 몸은 그에 (합당한) 자리에 거하게 된다. 내가 실제로 실천한 것이 적은데 감히 남의 행동을 다스리려고 한다면 어떠할까. 내 마음에 할 수 있는 온갖 계책이 있어도 그 실정(實情)을 얻기가 어렵다. 법에 부월(斧鉞, 도끼)과 같은 기세가 있어도 상대의 항복을 얻을 수 없다. 그러므로 군자의 행실은 교화를 덕으로 삼아 먼저 자신의 마음을 다스린다."

다른 사람이나 사물을 상대할 때는 무엇보다도 자신의 마음을 다스리는 것이 옳다고 하였다. 자신의 수양이 부족하면 아무리 큰 뜻을 가져도 상대를 움직이지 못한다는 것이다.

"어리석은 사람의 말일지라도 깊게 그 마음을 살피고, 조화하기 어려운 말이 있더라도 먼저 그 뜻을 살펴라. 저 사람이 지향하는 것의 엄함과 너그러움 및 선악을 분명히 알아차리거든 먼저 인정(人情)을 베풀어 그 마음을 감복시켜야만 우리는 바른 도를 행할 수 있다. 자기의 뜻을 반드시 돌린 다음에야 조화가 일어난다. 이는 이(理, 이치)가 기(氣)를 조화하여 온갖 변화가 일어난다는 의미이다."

항상 상대를 존중하고 그 마음과 뜻을 살피고, 자신이 먼저 베풀

---

5 《동학도종역사》, 제13장 <송암의 전수와 무술년의 조난(松菴傳授戊戌曹難)>.

어 상대가 감복하게 되어야 한다. 먼저 마음이 움직여야 조화가 일어난다. 마음이라고 하는 이(理)가 행동이라는 기(氣)를 변화시키는 법이다.

"그러므로 군자는 온갖 이치를 모두 체득해서 분명하게 모든 일에 대응한다. 그리고 천성(天性)이 어디에 있는지를 먼저 알아야 한다. 환난 때문에 실행하기 어려운 것을 (군자는) 평소에 걱정하므로 하늘 및 땅과 더불어 그 덕을 합치고, 해 및 달과 더불어 그 밝음을 합치고, 귀신과 더불어 그 길흉(吉凶)을 합친다."

군자는 성선(性善)을 알고 실천하므로 천지 만물과 함께 하나가 될 수 있다. 이런 주장에서 보듯 송천민은 천인합일이라고 하는 지극히 풀기 어려운 과제를 해결하는 방법을 일목요연하게 설명하였다. 먼저 본성을 밝히고, 상대방을 위해 덕을 베풀라. 그러면 그의 마음도 움직여 나와 하나를 이룬다는 것이다. <대인접물장>에는 도인(道人) 송천민의 참모습이 역력히 드러나 있다고 하겠다.

최시형의 최후

무술년(1898년) 정월 초하루에 경기도 이천군(利川郡)에 주둔한 병사와 관예(官隸, 관아의 교졸)가 대대적으로 수색과 체포를 단행하였다. 그리하여 편의사(便義使) 이만식이 충청도 충주군(忠州郡) 외서면(外西面)

두의동(豆衣洞)에서 붙잡혔다. 신택우(申澤雨)와 권성좌(權聖佐)도 음죽(陰竹, 현 경기도 이천)의 앵산동(鶯山洞)에서 체포되었다. 그때 관졸이 사방을 그물처럼 짜고 최시형을 추격하였으므로, 체포된 교인이 누구든지 가혹하게 고문하고 상세히 심문했다. 그때 권성좌는 몽둥이질을 견디지 못해 최시형의 거처를 누설했다.

그로부터 석 달이 지난 4월 초순에 이천(利川)의 관예와 여주에 주둔한 수십 명의 병사가 원주(原州) 전거언리(前巨彦里, 현 여주시 전거리)에 있는 최시형의 처소에 들이닥쳤다. 당시에 최시형은 이질을 앓아 자리에 누워 있었는데, 김연국과 손병희 등 가까운 제자들에게 말했다.

"죽고 사는 것은 명(命)이 있고, 화복(禍福)은 사람에게서 연유한다. 지극한 정성으로 하늘에 비는 것은 가능하지만, 이 운수가 다했다면 어쩔 수 없는 일이다. 만약 그렇지 않다면 자연스럽게 화를 모면할 방도가 있을 것이다."

잠시 뒤에 병사와 관예(官隷)가 집에 들어와 샅샅이 수색했으나 최시형은 태연히 누워 있었다. 그러나 그들은 그대로 바깥으로 나가더니 김연국의 집에 들어가서 김낙철(金洛喆)을 체포해 갔다. 위기일발이었다.

그날 밤 최시형은 휘장을 드리운 가마를 타고 전거언리(前巨彦里)를 빠져나갔다. 문도(門徒) 이용한(李容漢)·이춘경(李春敬)·김연국(金演局)·손병희(孫秉熙)·손병흠(孫秉欽)이 최시형을 모시고 피신하였다. 숲은 깊고 길은 어두웠으나 한 줄기 빛이 앞을 인도하여 3리(里)쯤 가서 산막(山幕)에 묵었다.

새벽에 다시 길을 재촉하여 지평(砥平) 갈산(葛山)의 교인 이강수(李康壽) 집에 이르러 하루를 묵었다. 그다음 날에도 발걸음을 멈추지 않아 강원도 홍천 서면(西面) 제일동(濟日洞)의 오문화(吳文化) 집에 도착하였다.

최시형의 병세는 더욱더 심해졌는데, 그는 좌우를 돌아보며 말했다. "어제 포졸이 말 한마디 없이 물러갔고, 그대들은 법망에서 벗어났다. 그러나 김낙철만은 불행하게도 체포되고 말아 마치 목에 가시가 걸린 듯 마음이 답답하다. 그러나 특별한 액운은 없을 것으로 미리 짐작하노라."

그때 이용구(李容九)와 신택우(申澤雨) 및 김낙철(金洛喆)은 경성(京城)의 감옥에 갇혀 고생하다가 수원(水原)의 감옥으로 옮겨졌다. 거기서도 여러 차례 고문을 당하고 온갖 고통을 겪었으나, 죽기를 각오하고 스승 최시형이 머무는 곳을 말하지 않았다. 그러다가 결국은 풀려났다.

그러나 전직 주사(主事) 송경인이 데려온 군사와 포졸의 습격을 받아 최시형은 결국 체포되었고, 1898년 6월 2일 오후 2시에 감옥서(監獄署)에서 교수형을 받고 조용히 눈을 감았다. 그의 향년은 72세요,

형(刑)을 받기 직전에 찍은 사진 200장이 각 도(道)와 각 군(郡)에 공시(公示)되었다.

손천민(孫天民)은 김연국(金演局), 손병희(孫秉熙), 박인호(朴寅浩), 이종옥(李鍾玉, 이종훈) 등과 함께 바깥에서 옥중의 스승 최시형의 편의를 돌보느라 동분서주하였다.

송암 손천민의 〈유서〉

그로부터 2년 뒤에 손천민 역시 순도하고 말았다. 그 사정은 앞서 소개한 《동학도종역사(東學道宗繹史)》의 제15장, 즉 <경자년 송암의 조난(庚子松菴遭難)>에 자세히 실려 있다. 그 내용을 간추려 보면 1900년 8월 13일에 손천민은 관군에 체포되었다. 충주에 주둔한 군사와 그 고을의 관예(官隷)가 대대적으로 동학 교도를 수색하여 체포하였다. 손천민(孫天民)은 청주에서 포교 중이었는데 그대로 체포되어 서울로 압송되었다. 그의 나이 44세였다. 그는 동학의 핵심 간부로서 사형 외에 다른 처분을 기대할 수 없었다.

그해 8월 24일에 수반검사(首班檢事) 윤성보(尹性普)가 손천민을 심문할 때, 그는 종이와 붓을 달라고 하여 <공술서(供述書) 및 유서(遺書)>를 작성해 제출하였다. 그 내용을 소개하면 다음과 같다.

"피고(손천민)는 26세인 임오년(1882년, 고종 19) 12월에 사도(斯道, 동학)에 들어가 스승(최시형)을 따라 도를 닦은 지 이제 18년이 되었다. 지난 계미년(1883년, 고종 20) 정월부터 전도(傳道)를 시작하여 사문(斯門)의 무리가 거의 수만 명이나 되었다."

청년 시절에 입도하여 곧 포교 사업에 착수하였고, 결과적으로 수만 명을 동학으로 이끌었다고 했다. 참으로 성공적인 포교 활동이었다고 손천민은 자평하였다.

"… 지난 경신년(1860년, 철종 11) 여름 4월에 황천(皇天)이 묵묵히 돕고 귀신이 몰래 도와 경상도 고(故) 학생(學生) 최제우(崔濟愚) 선생이 천명을 받아 사람들을 인도하여 포덕(布德)하였다. 최 선생(최제우)은 곧 병자(호란 때) 공신 정무공(貞武公) 진립(震立)의 6세손이다. 도유(道儒, 동학 교도)에게 도를 전한 지 3년 만에 서도(西道, 서학)의 이름으로 갑작스레 무고를 당하는 화를 입어, 갑자년(1864년, 고종 1) 3월 10일에 영남 감영에서 정형(正刑)을 받았다. 당시의 광경을 상상하면 천지가 참혹하고 해와 달이 빛이 없을 지경이었다."

이상에서는 동학의 유래를 설명하였다. 교조 최제우가 억울하게도 서학, 즉 천주교를 믿었다는 말도 안 되는 이유로 순도한 사실을 기록했다.

제3장 _ 해월을 따르는 사람들

"... 지난 무술년(1898년, 고종 35)에 복법(伏法, 형벌을 순순히 받아 죽음)된 최시형(崔時亨) 선생이 항상 선사(先師) 최제우(崔濟愚)를 신원하지 못한 일을 한스럽게 여기다가 지난 계사년(1893년, 고종 30) 봄 2월에 피고에게 명하여 복합상소(伏閤上疏)를 올리게 하였다. 하나는 피고의 선사(최제우)의 억울함을 펴는 것이고, 하나는 영읍(營邑, 고을)에 형배(刑配, 유배) 된 생령(生靈, 동학 교도)을 살려 달라는 것이었다. ... (왕께서) 사알(司謁)을 시켜 구전(口傳)으로 칙령(勅令)을 내리시어 피고 등이 받들어 보니 각각 집으로 돌아가 자신의 일을 편안히 하라고 하셨다. ... 우리는 곧 물러나 해산하여 각각 자신의 집으로 돌아갔다. 그러나 탐학(貪虐)한 관리들이 죽이고 노략질하는 것이 날이 갈수록 더욱 심하여, 성상 폐하의 들으심을 가리고, 성상 폐하께서 화육(化育)하는 적자(赤子)를 포학하게 하니, 백성들의 마음이 날로 떠나고 나라의 형세는 날로 고립되었다."

이어서 1893년에 복합상소를 올리게 된 사연을 설명하고, 고종이 동학 교도에게 약속한 것과는 달리 무고한 백성에 대한 탄압은 더욱더 가중되었다고 비판하였다.

"갑오년(1894년, 고종 31)에 이르러 고부군(古阜郡)의 군수(郡守)가 탐학하여 불법을 하고 무뢰배처럼 간악하여 전봉준(全琫準)과 김개남(金開南)과 손화중(孫華仲) 등은 백성이 살 수 없게 되자 난리를 일으키니 그 끝을 알 수 없었고, 천뢰(天雷)에 항거함에 이르렀다. 그러자 죄가 동학(東學)으로 돌아왔다. 피고의 선사 최시형(崔時亨)은 피고에게 통유문(通喩文)을 지어 각처의 도인(道人)들에게 빨리 전하여 알리라고 하셨다. 또 피고에게 명하셔서 전봉준 등이 있는 곳에 가서 (혁명을) 금지하게 하셨다. 그러므로 피고는 전라북도 삼례역(參禮驛)에 가서 전봉준을 만나 이런 뜻을 알렸으나, 전봉준과 김개남과 손화중 등은 귀화(歸化)하기는 고사하고 도리어 살해하려는 마음을 가졌다. 그러므로 피고는 보은(報恩)으로 돌아와 최시형 선생과 상의하여 각처에 효유문(曉喩文)을 지어 통지하고 법을 어지럽히고 도를 어지럽히는 사람은 하나하나 금지하고 그만두게 하였다. 그러나 세운(世運)이 불길하여 쏟아진 물을 담을 수가 없어 함께 악명(惡名)을 쓰게 되고 옥(玉)과 돌(石)을 구분할 수 없게 되었다. 이 지경에 이르러 죽을죄를 면하기 어려웠으니, 어찌 황공하지 않겠는가마는 죽을죄를 풀 수가 없었다."

인용문에서 손천민은 제1차 동학농민혁명의 정당성을 변호하는 한편으로, 최시형이 혁명의 중지를 명령한 점을 밝혔다. 그는 최시형의 뜻을 담아 <통유문>을 지어 각지의 교도에게 보내기도 하였고, 직접 전봉준 등을 만나 스승의 간곡한 뜻을 전하기도 하였으나 효과는 없었다고 기록했다. 마침내는 혁명에 참여했는지도 가리지 않고 조정에서 동학을 엄벌하였으므로, 제2차 동학농민혁명이 일어난 것은 불가피한 일이었다는 점을 완곡히 주장하였다.

"... (동학은) 하늘 섬기기를 아비와 같이 하는 것인데 어찌 도리에 흠이 되겠는가. 이 또한 서도(西道)의 천명을 막고, 공부자(孔夫子)의 광명정대한 대도의 이치에 흠이 되지 않는다. 어찌하여 좌도(左道)라고 이르는가. ..."

손천민은 동학의 주의 주장이 조선의 국시인 성리학과 근본적으로 어긋나지 않으므로 "좌도", 즉 잘못된 가르침으로 낙인찍는 것이 억울하다고 변론하였다. 그는 학식이 풍부한 평민지식인답게 여러 경전을 두루 인용하며 유교와 동학 사이에 공통점이 있다는 사실을 자세히 논증하였다. 그러나 여기서는 지면 관계상 모두 생략하였다.

"... (우리를) 이단(異端)과 이류(異類)로 대하여 영읍(營邑)에서 잡고 가두고, 형벌을 가하고 유배를 하고, 학대하고 살해하여 백성들에게 의식(衣食)을 얻지 못하게 하여 백성들이 편안히 쉴 수가 없으니 어찌 원통하지 않겠는가. 마음을 기르고 기(氣)를 바르게 하여 하늘의 이치를 공경하고 두려워하며, 사람들이 각각 선하게 되기를 물이 흐르듯이 하고, 각각 자신의 국량을 따라 성자(聖者)는 성자답게, 현자(賢者)는 현자답게, 철자(哲者)는 철자답게 한다면 부자(夫子, 공자)의 도는 또한 이와 다른 것이 아닐 것이다. 어찌 소소하게 둘로 가르는 단서를 만들겠는가."

동학이 공자의 가르침과 상통하는 데도 공공연히 이단으로 취급하여 교도를 핍박하므로 도리에 어긋난다는 점을, 손천민은 분명히 지적하였다.

　　"또 서도(西道)가 창궐하니, 어리석은 남자와 어리석은 여자들이 모두
　　미혹됨이 심하다. 하나하나 모두 예로 들 수가 없기 때문에 이에 동학
　　(東學) 두 글자와 시천주(侍天主) 세 글자로 저들의 이치를 막은 것이
　　다."

　　동학은 국가가 금지하는 "서도", 즉 가톨릭과 배치될 뿐만 아니라
가톨릭의 유행을 막는 효과도 있다고, 그는 주장하였다. 이것은 물론
동학에 대한 탄압을 피하려는 뜻에서 꺼낸 말이다.

　　"그 뒤에 배우지 못한 무뢰배들과 난리를 피우는 무리들과 협잡한
　　사람들이 동학이라 빙자하고 가탁하여 유행하는 주문을 외우면서 도
　　법(道法)을 그릇되게 전하는 것을 날마다 일삼으며 법을 어겨 인륜(人
　　倫)을 멸시하고 강상(綱常)을 어그러지게 함이 그 끝이 없었다. 법을
　　어지럽히고 도를 어지럽히는 사람들을 하나하나 토벌해야 하지만 묘
　　당(廟堂)이 엄하게 신칙한 것처럼 옥과 돌(石)이 함께 탈까봐 어쩔
　　수 없이 도를 숨기고 백성들을 편안하게 하였다. 비록 수고롭더라도
　　원망하지 않으며, 살아있는 도(道)로 백성들을 죽이니 비록 죽더라도
　　죽인 자를 원망하지 않았다."

　　동학 안에도 옥석의 차이는 있다고 했다. 혹자는 법을 어기고

난리를 일으키는 죄를 저질렀으나, 그 외의 교도는 사실 아무런 죄가 없다고 변호하였다. 억울하게 죽임을 당하였어도 묵묵히 감내한 사실을 조정에서도 인식하기를 촉구한 것이다.

"... 전봉준(全琫準)과 김개남(金開南)과 손화중(孫華仲) 등이 한 번 죄를 범하자 (우리가) 함께 그 죄를 뒤집어쓰게 되었다. 어찌 검은색과 흰색의 이치가 없겠는가. ... "

손천민은 북접의 주요 지도자로, 전봉준 등 제1차 동학농민혁명을 일으킨 남접에 대해 원망하는 마음을 끝내 삭이지 못한 것 같다.

"선사이신 최제우(崔濟愚)께서 갑자년(1864년)에 당면하신 것과 선사이신 최시형(崔時亨)께서 무술년(1898년, 헌종 4)에 당면하신 것과 피고가 지금 당면한 것은 명(命)과 운(運)이 아닌 것이 없다. 피고는 마땅히 그 명을 순수하게 받을 뿐이다. 나중에 사도(斯道)가 크게 창성한 다음에 생령(生靈)들이 진구렁이나 숯불, 도랑과 골짜기와 같은 데 빠지는 어려움에 처했을 때 이로써 면할 수 있으니, 나라를 보좌하고 백성을 편안히 하는 계책은 또한 이 백성들에게 있다."

손천민은 수운 최제우와 해월 최시형이 그랬듯 순도해야 될 운명이었다. 그는 구차히 살기 위해 자신의 운명을 회피하지 않겠다고 선언하였다.

"탐관오리(貪官汚吏)와 명가(名家)의 세족(世族)들이 성상의 들으심을 가리고, 묘당에 무고하게 보고하여 백성들을 죽을 곳에 몰아가기에 이르렀다. 이것은 백성들을 그물질하는 것이니 국운(國運)이 쇠망함으로 돌아가지 않겠는가. 통곡하고 통곡한다."

그러나 조용히 세상을 하직하려 해도 탐관오리의 횡포와 문벌 세도가의 횡포를 생각하면 나랏일이 걱정되어 통곡하지 않을 수가 없었다. 이것이 손천민의 솔직한 마음이었다.

"선사이신 최제우(崔濟愚)께서는 … 서학(西學)의 창궐을 미리 걱정하시어, 중국(中國)이 소멸하는 것을 탄식하셨으니, 입술이 없으면 이가 시릴 것이라는 염려 때문이었다. 근본을 공고하게 하여 나라를 강녕하게 하겠다는 뜻을 이러한 세속의 흐름 속에서 이와 같이 정성스럽게 하셨다. 그러나 깊고 먼 이치를 알지 못하고 묘당(廟堂)은 그 이로움과 해로움의 크고 작음을 살피지 못하니 피고는 통곡하여 몸 둘 데가 없을 뿐이다. …"

천주교와 같은 서양 종교가 유행하고 서구 제국주의의 침략으로 중국이 멸망한다면 그 심각한 부작용은 조선 땅에도 미칠 것이다. 교조인 수운 최제우가 일찍이 그러한 혜안을 가지고 있었는데도, 조정에서는 동학을 나라의 원수로 여겨 끊임없이 탄압하였다. 그러므로 손천민은 죽음에 앞서 참으로 원통하다는 생각을 지우지 못하였다.

"피고는 오늘 형벌을 받고 죽는다고 하지만 이 또한 천명이다. 지난해에 선사이신 최시형(崔時亨)께서 도를 위해 죽던 날에 선사를 따라 의롭게 죽을 마음이 있었다. 그러나 문도와 제자들이 안정이 되지 않았고, 도기(道機)도 아직 바르게 정해지지 않아 구차하게 살아남았다. 지금은 이 도기가 이미 정해졌다. 피고는 비록 죽더라도 그 도는 오히려 남아있고 후인은 반드시 있을 터이니 죽어도 여한이 없다. ... 청백(淸白)의 선비는 작록(爵祿)으로 얻을 수 없고, 절의(節義)의 선비는 형벌로 위협할 수 없다. 살리든 죽이든 이는 조가(朝家)의 처분에 달려있으니, 또한 피고의 구차한 소망도 옳지 않다. 성상(聖上)의 천뢰(天雷)의 아래에 달게 법(法)을 받을 뿐이다. - 경자년(1900년, 광무 4) 8월 24일에 피고 손천민 백."

더없이 억울할 노릇이지만 손천민은 최제우와 최시형의 뒤를 따라 기꺼이 순도하겠노라고 기술하였다. 이 글을 쓴 지 하루가 지나 8월 25일 오후 1시가 되자 손천민은 경성감옥서(京城監獄署)에서 교형(絞刑)을 받고 숨졌다. 그와 같이 해박한 지식을 갖추고 몸가짐이 곧았던 평민지식인이 나이 겨우 44세로 눈을 감고 말았으니, 참으로 원통한 일이었다. 손천민 한 사람의 목숨을 빼앗아 나라에 과연 무슨 보탬이 되었을지 모를 일이다.

4. 용암 김낙철 - 해월 최시형의 충직한 제자

김낙철(金洛喆, 1858~1917)은 전라도 부안의 접주로 최시형의 충직한
제자였다. 자는 여중(汝仲), 도호(道號)는 용암(龍庵)이며, 아버지는 김기
수(金基洙)이다. 본관은 부안(扶安, 부령扶寧)이며, 현재의 전라북도 부안
군 부안읍 봉덕리 쟁갈마을에서 출생하였다.

약력

김낙철의 집안은 부유하여 거느린 하인이 수십 명이었다. 김낙철
은 경인년(1890, 고종 27) 6월 7일에 아우 김낙봉(金洛鳳)과 함께 동학에
입도하였으며, 바로 포교에 힘써 신묘년(1891) 3월에는 도인이 몇천
명에 이르렀다. 그 이듬해인 임진년(1892)과 계사년(1893년)에도 포교
에 힘써 교도가 수만 명이나 되었다고 한다. 김낙철을 중심으로 부안
에 동학의 세력이 크게 떨쳤다.

1893년에 교조신원운동을 벌일 때 그는 전라도의 도도집(都都執),
즉 호남지역 동학의 최고 책임자가 되었다. 그는 아우 김낙봉과 김영
조(김석윤) 등과 함께 광화문 복합상소에도 참여하였고, 그해 3월의
보은집회에도 부안에서 수백 명을 이끌고 참여하였다.

갑오년(1894)에 전봉준 등이 고부에서 제1차 동학농민혁명을 일으
켰을 당시 그는 혁명군에 가담하는 대신에 부안현감의 제안을 수용

해 송정마을에 있는 신씨(辛氏) 재실(齋室)과 줄포에 도소(道所)를 설치하고 널리 민심을 가라앉혔다.

그해 9월에 제2차 동학농민혁명이 일어나자 그는 부안에 남아 동학농민군에게 물자를 지원하였다. 하지만 우금치에서 동학농민군이 패하자, 그해 12월 11일에 관헌에 체포되어, 전라도 나주를 거쳐 서울로 압송되었다. 그러나 큰 죄가 없다고 하여 그 이듬해 3월에 풀려났다.

그보다 3년이 지난 1898년 4월 초에는 스승(최시형)을 대신해서 체포되기도 하였다. 그러나 곧 최시형이 체포되어 6월에 사형을 당하자 자연히 석방되었다.

그는 1899년에 정읍과 흥덕에서 일어난 '영학당 사건(기해 농민 봉기)'에도 참여하였다. 그 후 천도교가 분열될 때 시천교(侍天敎)로 이적하였으나 1914년에 천도교로 되돌아왔다. 그 이듬해에 제3대 교주 손병희는 그를 성도사(誠道師)에 선임하였다. 1917년 12월 22일에 그는 향년 60세로 세상을 떠났다. 그로부터 1세기가 지난 2017년 12월 19일에 "동학 농민 혁명 참여자 등의 명예 회복에 관한 특별법"이 공포되어 김낙철은 동학농민혁명 참여자로 등록되었다.

김낙철의 일생은 <용암성도사역사약초(龍菴誠道師歷史略抄)>에 자세히 나와 있다. 또, 친손자 김영웅의 증언도 있어 참고되는 바가 있다(김양식 정리). 이러한 기록은 동학농민혁명기념재단의 홈페이지에서 누구나 열람할 수 있다.

덕행으로 목숨 건져

제1차 동학농민혁명이 한창 전개되던 1894년 4월 1일에 김낙철은 부안 송정리의 신씨 제각에 도소(都所)를 설치해 관청과 협력하였다. 그리고 그해 9월에는 남북접이 연합해서 군사를 일으키자 부안에서 기포하였다. 공주로 올라가지는 않았으나 동학농민군을 지휘한 것은 사실이었으므로, 1894년 12월 21일에 나주 수성군이 그를 체포해 나주로 이송하였다.

나주에 도착하자 수성군, 즉 동학농민군의 적대세력은 김낙철과 아우들에게 몽둥이와 가죽채찍, 쇠몽둥이 등으로 무수히 난타하였다. 그 모습은 형언할 수 없을 만큼 끔찍하였다. 그밖에 부안에서 함께 끌려간 동학농민 30명은 더욱더 비참한 고문을 당했고, 그중 27명은 일본군의 즉결재판으로 모두 총살당했다. 어처구니없는 일이었다.

그러나 접주인 김낙철 형제는 살아남았다. 그에 앞서 1893년과 1894년에 제주에 큰 흉년이 들었다. 그때 김낙철은 제주도 주민을 힘껏 도와 많은 생명을 살렸다. 은혜를 잊지 않은 제주도민이 김낙철을 구하려고 청원운동을 벌여, 그는 나주에서 처형되지 않고 그 이듬해인 1895년 1월 12일에 서울 진고개에 있던 순사청으로 압송되었다.

그곳에서 김낙철 외에도 전봉준, 손화중, 최경선 등이 한 곳에 수감되어 있었다. 김낙철 형제는 서울에서 재판을 받았는데, 그해 3월 21일에 석방되었다. 그의 석방에는 그와 친분이 두터웠던 부안군수 이철화의 도움이 컸다고 한다.

최시형 대신에 체포되기도

1898년 4월에 스승 최시형이 군졸에게 체포될 위기에 빠지자 김낙철은 '내가 최시형이다'라고 외치며 스승을 대신하여 오랏줄을 받았다. 그는 풍채가 좋았다. 누가 보아도 한눈에 최고지도자라고 느낄 만큼 훤칠하였으므로, 김낙철은 관헌의 이목을 속이고 최시형이 피신할 틈을 제공한 것이다.

체포된 다음에 여러 달 동안 갖은 고문을 당하였으나 꿈쩍도 하지 않았다고 한다. 대장부임에 틀림없는 인물이었다. 김낙철은 체포된 이후 끝끝내 최시형이라고 우겼던 것인데, 나중에 진짜 최시형이 체포되자 "가짜 최시형"이라고 해서 심하게 얻어맞은 뒤에야 풀려났다.

여담

그는 동학의 접주가 되어 교단에 자금을 대느라 그 많던 재산을 다 잃었다. 가족들도 뿔뿔이 흩어지고 본인은 집에 머물 형편도 되지 않았다. 게다가 옥살이까지 하였으므로 부인도 늘 혼자 집을 지키는

가련한 신세가 되었다. 동학으로 인하여 집안이 풍비박산된 것이었다.

나중에는 고향 부안을 떠나 충청도 논산에 자리를 잡았다. 중간에 충북 보은에도 살았고, 또 서울에서 지낼 때도 있었다. 동학으로 사실상 패가망신하였으므로, 그의 아들은 천도교를 외면하고 살았다. 그의 처지로 보아 얼마든지 이해가 되는 일이었다.

비단 김낙철 일가만 이와 같은 고난을 겪은 것은 아니었다. 동학의 접주, 대접주를 역임한 거의 모든 인사가 비슷한 인생행로를 걸어갔다. 그런데 동학농민혁명 대열에 분연히 떨쳐나선, 이름 없는 농민 교도의 신세는 더욱더 처량하였다. 그들의 상당수는 목숨도 잃고, 고향도 잃고, 그야말로 모든 것을 희생하고 말았다. 심지어 이름 석 자도 남기지 못하고 쓸쓸히 사라져갔다.

그러나 그 많은 사람의 뜻이 헛되지는 아니하였다. 그들의 투쟁은 한국 역사의 흐름을 바꾼 가장 위대한 정신이 되어 오늘날까지 맥맥이 이어진다.

5. 이종훈 – 해월 최시형의 믿음직한 제자

이종훈(李鍾勳, 1856~1931)은 자(字)는 치범(致範) 또는 진호(振浩)라고 하며 원래 이름은 종구(鍾球), 본관은 광주(廣州), 도호는 정암(正菴)이

제3장 _ 해월을 따르는 사람들

다. 부친은 이우재(李禹載)요, 어머니는 선산 김씨(善山金氏)이다. 광주군 (廣州郡) 실촌면(實村面) 유여리(柳餘里)에서 출생하였다.

약력

1893년에 동학에 입도하였고, 그 이듬해 1894년 가을에는 제2차 동학농민혁명에 참전해 손천민, 박인호 등과 함께 활약했다. 이종훈은 경기, 충청, 강원을 망라해 20여 개가 넘는 포를 지휘했다. 그해 겨울에 혁명이 실패로 끝나자 자연히 피신하는 몸이 되었다.

스승 최시형을 위해서 그는 끝까지 헌신하였으며, 제3대 교주 손병희가 천도교를 창건한 뒤에는 중앙총부의 고위 간부가 되었다. 1910년대에 천도교의 장로로 활약하였으며, 1919년 <독립선언서>에 서명한 33인의 민족대표 가운데 최고령자였다. 3.1 독립 만세 운동으로 2년 형을 선고받아 1921년 11월 4일에 출옥했다.

1920년대 초반에 천도교 내부에서 혁신운동이 일어나 '중앙집권에서 지방분권으로', '독재에서 중의로', '차별에서 평등으로'의 방향 전환을 촉구하는 목소리가 컸다. 그 운동의 중심에는 최시형의 장남 최동희가 있었다. 이종훈은 혁신파를 지지하였고, 1926년에는 고려혁명당의 고문으로 활약하였으나, 그해 12월에 고려혁명당 사건이 일어나 혁신파는 완전히 몰락했다. 그 이듬해 1월에 최동희가 중국

상해에서 폐병으로 사망해 혁신파는 사실상 소멸되었다. 이종훈은 마지막까지 혁신파를 도왔다고 한다. 수년의 세월이 흐른 뒤 1931년 5월 2일에 그는 76세를 일기로 작고했다. 그로부터 30년도 더 지난 1962년에 건국훈장 대통령장을 추서하였다.

이종훈의 길고도 파란만장한 생에는 <이종훈 약력(李鍾勳略歷)>이란 글에 상세히 나와 있는데, 동학농민혁명기념재단의 홈페이지에서 글을 다운로드받을 수 있다. 아래에서 필자는 이종훈의 생애사 가운데서도 스승 최시형과 연관된 네 가지 예화를 간략히 소개하겠다.

제2차 동학농민혁명에 참전

이종훈은 계사년(1893) 정월 17일에 동학(東學)에 입도(入道)하였으나 관가의 탄압이 심해 사방으로 피신하였다. 그해 3월, 충청도 보은군(報恩郡) 장내리(帳內里)에 전국의 동학 교도가 모여들어 대도회(大都會)가 되었다는 소식이 들리자 아우 이종필(李鍾珌)을 여주군(驪州郡) 이포(梨浦)에 보내 말 두 마리를 사 오게 하였다. 그 말에 상평통보(常平通寶) 200냥을 싣고 보은으로 갔다.

이종훈은 두 필의 말과 동전 200냥을 손병희에게 기부하고 10여 일 동안 장내리에 머물렀다. 교단에서는 그를 경기편의장(京畿便義長)에 임명하였다. 그때 조정에서 서병학(徐炳學)을 선유사(宣諭使)로 삼아

제3장 _ 해월을 따르는 사람들

보은에 보내, "곧바로 해산하라. 해산하여 각기 그 일하는 바에 가서 안정하면, 그 원하는 바에 의하여 하나하나 그 일들을 들어줄 것이다."라고 하였다. 이윽고 해월 최시형은 교도들에게 해산 명령을 내렸다.

이종훈은 도인(道人, 교인) 홍병기(洪秉箕)와 박우순(朴禹淳) 등을 데리고 속리산(俗離山)으로 들어가 49일간 치성제(致誠祭)를 올렸다. 중간에 스님 한 명이 찾아와, 교졸배(校卒輩, 포졸)가 산을 포위하고 동학 교도를 잡아들이려고 하므로 속히 피하라고 하였다. 이종훈 등은 곧바로 경상도 상주(尙州) 등지로 피신하였다. 그 뒤에 경기도 지평군(砥平郡) 용문산(龍門山)으로 들어가 삼칠일(三七日) 기도를 마치고 고향인 광주로 돌아갔다. 그해 9월에 그는 다시 보은(報恩) 장내리(帳內里)로 갔다.

이듬해인 갑오년(1894)에 동학농민혁명이 일어났다. 제1차 혁명 때 이종훈을 포함한 북접의 교도는 참전하지 않았으나, 그해 6월과 7월에 각 고을에서는 동학 교도를 체포하는 일이 잦았다. 그러므로 이종훈은 경기도의 여러 포(包)에 통문(通文)을 보내 교도는 한곳으로 집합하여 죽어도 함께 죽자고 하였다.

드디어 1894년 8월에 이종훈은 경기도의 동학 농민과 함께 기포(起包)하였다. 일행이 청주읍(淸州邑)으로 행진할 때 동문(東門) 밖에서 숨어 있던 복병(伏兵)이 엄습하여 총을 쏘며 교전하였는데 교도 수백 명이 목숨을 잃었다.

이종훈은 용케 피신하여 충주군(忠州郡) 외서촌(外西村) 광희원(廣熙院) 장(場)으로 가서 4만여 명의 교도를 소집하였다. 그 후에 무기장(無忌場)으로 주둔지를 옮겼다가 보은(報恩)으로 행진하기로 했다. 일행이 괴산(槐山)을 지날 때 관군과 교전하였는데 대승을 거두었다. 이종훈의 부대는 20여 리에 이를 만큼 대군이었고, 기세도 높았다.

드디어 보은 장내리에 도착하여 3일간 머물렀다. 그때 해월 최시형은 북접의 여러 대접주에게 직책을 배정하였다. 먼저 손병희에게 총사령관에 해당하는 대통령기호(大統領旗號)를 주었다. 전규석(全奎錫)은 선봉(先鋒)으로 삼고, 이종훈을 중군(中軍)으로, 이용구(李容九)는 후군(後軍)으로 정하였다. 그들은 모두 손병희의 지시를 받들어 논산(論山)으로 내려갔다. 거기서 남접의 전봉준(全琫準)과 군대를 합하였다. 두 군이 합진(合陣)한 지 3일 만에 손병희는 해월 최시형을 모시고 왔다.

동학농민군은 관군 및 일본군과 공주(公州) 전투에서 세 번의 결투를 벌였는데 서로 밀고 밀리다가 마침내는 패하고 말았다. 관군의 추격전이 거세지자 혁명군은 전라도 장성(長城)까지 후퇴하였는데, 그 사이에도 여러 번의 교전이 있었다. 무주(茂朱)와 무풍(茂豊)에서는 혁명군이 승리하였으므로, 군사를 돌이켜 북상하고자 하였으나 결과적으로 실패하였다. 우선 충청도 영동의 용산(龍山) 장터에서는 관군과 민보군(民堡軍)과 싸워 참령(參領) 이선재(李善在)를 죽이고 크게 승리하였다. 그러나 보은(報恩)의 북곡(北谷, 속칭 북실, 행정상의 명칭은 종곡鍾谷)에서 한밤중에 관군의 습격을 받아 패전하였다.

이종훈은 해월 최시형을 모시고 화양동(華陽洞)에 있는 화양사(華陽寺)로 물러났다. 이어서 충주 외서촌(外西村)으로 행군하였는데 관군의 추격을 받아 밤새 싸우다가 다시 패전하였다. 그날 밤에 이종훈은 혁명군을 해산하였다. 1894년 12월 29일의 일이었다.

해월 최시형의 밥값을 보내

관군에 쫓기는 몸이 되자 이종훈은 최시형과 손병희를 모시고 강원도 인제군 남면(南面) 유목정(楡木亭)에 있는 교인 최영수(崔永壽)의 집으로 피신하였다. 그러나 사람들의 이목(耳目)도 있고, 또 여러 사람이 한 방에서 오래 지내기도 어려워 최시형과 손병희만 그 집에 머물게 되었다.

1895년 2월 초에 이종훈은 함경도 원산(元山)으로 옮겼다. 그는 연죽(煙竹, 담뱃대) 12개를 개당 16전씩에 구입하여 함경도 고원(高原)과 평안도 양덕(陽德), 맹산(孟山), 개천(价川), 또는 벽동(碧潼)의 우면장(牛眠場)까지 가지고 가서 개당 엽전 7냥씩에 팔았다. 장사를 통해 적지 않은 이익이 생겼다.

이종훈은 북쪽에서 원산으로 돌아오는 길에 소가죽(牛皮)을 구입하고 원산으로 돌아와 매각하여, 다시 큰 이익을 얻었다.

이어서 그는 장사로 번 돈을 들고 강원도 인제로 돌아가 해월 최시형을 찾아뵈었다. 이종훈은 자신이 얻은 이익을 몽땅 손병희에게 바쳤다. 그는 10여 일을 인제에 머문 다음 해월 최시형을 교인 최영수(崔永壽)의 집에 계시도록 하였다. 그러고는 손병희와 함께 강원도 간성군(杆城郡) 막락리(幕樂里) 진포(津浦)에서 상업에 종사하는 이건서(李健瑞)의 집으로 가서 10여 일을 머물렀다. 이종훈은 해삼(海蔘)을 구매하여 청(淸)나라로 가져가서 팔 계획이었다. 가는 길에 함경도 원산(元山), 문천(文川), 고원(高原), 정평(定平), 영흥(永興), 함흥(咸興)을 지나 큰 고개를 넘어 장진읍(長津邑)으로 들어갔다. 천신만고 끝에 강계읍(江界邑)의 여관에 도착하였다. 그러나 청일전쟁 이후 청나라 정세가 험악하다는 소문이 자자하여 다시 인제로 되돌아왔다.

이종훈은 최시형과 손병희가 머무는 곳에서 10여 리 떨어진 탄둔(炭屯)이라고 하는 궁벽한 골짜기로 숨어들었다. 민가에 거처를 정하고 한 달 하숙비를 5냥(兩)으로 하여 날마다 고사리를 캤다. 낮에는 고사리를 캐고 밤에는 관솔불 아래서 고사리의 껍질을 벗기고, 그다음 날에는 햇빛에 말려 고사리나물을 장에 가져다 팔았다. 그러나 고사리 장사만으로는 생계를 유지하기 어려웠다.

이종훈은 지난날 해월 최시형에게서 짚신 삼는 일을 배운 적이 있었다. 최시형은 짚신 삼기의 달인이기도 하였으므로, 이종훈은 스승에게 배운 재주를 발휘하여 한 켤레에 1냥 6전(錢)을 받을 수 있는 미투리를 만들어 팔았다. 이로써 생계를 해결할 수 있었다.

문제는 스승 해월 최시형과 손병희가 하숙비를 제대로 내지 못해 쌓인 부채가 벌써 50냥이나 된다는 사실이었다. 충직한 제자 이종훈은 그 소식을 듣고 자나깨나 고민하다가 마침내 큰 결심을 하였다. 그는 고향에 논 10마지기를 가지고 있었다. 해마다 쌀 30석(石)이 나오는 훌륭한 논이었다. 그는 잠시 고향으로 돌아가서 그 논을 팔아 스승 최시형에게 바쳤다. 옛말에 자신의 살을 깎아 부모를 봉양하는 효자가 있었다고 하는데, 이종훈이 스승을 위하는 마음은 그와 다르지 않았다.

해월 최시형, 이천으로 이종훈을 찾아오기도

1895년 10월에 이종훈은 최시형과 손병희를 모시고 강원도 원주의 치악산(稚岳山)으로 들어가 겨울을 지냈다. 다음 해 병신년(1896) 정월 초순에는 경기도 음죽군(陰竹郡, 현 이천시) 북면(北面) 계곡(桂谷)에 사는 교인 권재천(權在天)의 집에 찾아가 오래 머물렀다. 해월 최시형과 손병희도 음죽으로 그를 찾아와 한동안 머물렀다. 이종훈과의 인연으로 동학의 최고사령탑이 한동안 이천으로 옮긴 셈이었다.

그러나 그들은 쫓기는 몸이었으므로 한곳에서 오래 지낼 수는 없었다. 최시형은 다시 충주(忠州) 외서촌(外西村) 사창리(社倉里)에서 지내다가, 충청도 음성군(陰城郡) 창곡리(倉谷里)로 옮겨갔다. 이종훈은 그해 7월에 강원도 홍천군(洪川郡) 서석면(瑞石面) 명동리(明洞里)로 가서 지냈는데, 중간에 교인 심상현(沈相鉉)과 함께 수류산(秀流山)으로 들어가서 백일기도를 하였다.

기도가 끝나자 그해 10월에 최시형을 찾아뵙고, 경기도 지평군(砥平郡) 단월면(丹月面) 대왕리(大旺里) 산골짜기로 들어가 초가집을 짓고 짚신을 만들어 살았다. 그때 이웃 마을인 덕수리(德水里)에 거주하는 가평군수(加平郡守) 정지철(鄭志喆)과 부인 홍지화(洪志嬅)를 알게 되어 많은 도움을 받았다. 가평군수 내외는 동학 교인이었다.

그 이듬해 정유년(1897) 11월에 해월 최시형은 강원도 원주(原州)의 전곡(全谷, 현 경기도 여주시 전거리)으로 옮겨갔다. 그해 12월 29일에 이종훈은 설을 쇠려고 음죽군(陰竹郡, 현 이천시) 계곡(桂谷)에 있는 자신의 집으로 몰래 돌아왔다. 부모님께 인사하고 잠이 들었는데, 한밤중에 군인들이 집을 에워싸고 있음을 눈치채고 담을 넘어 탈출하였다. 그때 불행히도 이종훈의 부친이 체포되었다. 이종훈은 경기도 지평(砥平)으로 군수 정지철(鄭志喆)을 찾아가 부친의 구명운동을 하였다. 정지철은 마침 이천부사(利川府使)의 인척(姻戚)이라서 이종훈의 부친은 석방되었다. 나라에서는 동학을 적대시하였으나 양반 관리 중에도 교인이 있어, 뜻밖에 도움을 주기도 하였다는 점이 흥미롭다.

그해 연말에 최시형의 병환이 위중해져 병석에 드러눕고 말았다. 노령인데다 이질이 심해 최시형의 고생은 이루 말할 수 없었다. 해가 바뀌어 무술년(1898)이 되었는데, 정월 초에 음죽군(陰竹郡) 계곡(桂谷, 이종훈의 집이 있는 마을)에 사는 교인 권성좌(權聖佐)가 병정을 데리고 해월 최시형이 살고 있는 곳으로 쳐들어왔다. 손병희가 큰 소리로 꾸짖어 말하기를, "너희는 어떤 분의 댁인 줄이나 알고 들어오느냐!"라고 하였다. 그러자 병졸들이 기세에 눌려 대꾸도 하지 못하고 물러갔다.

위기를 느낀 이종훈 등 여러 제자는 그날 밤중에 최시형을 가마에 태워 경기도 지평군(砥平郡) 동면(東面) 갈현리(葛峴里)에 사는 교인 이강수(李康洙)의 집으로 이동했다. 길이 험하고 또 초행이라 깜깜한 산중에서 길을 잃어버리고 방황하였다. 그런데 큰 호랑이 한 마리가 나타나서 길을 인도하여 일행은 갈현리에 도착할 수 있었다고 한다. 참으로 신기한 일이었다.

해월의 옥바라지와 장례에도 최선을 다해

운이 다했던지 해월 최시형은 1898년 4월에 붙들리고 말았다. 그는 곧 서울로 압송되었고, 마침내는 서소문(西小門)의 감옥(監獄)에 갇혔다. 그런 소식을 듣자마자 이종훈은 손병희의 아우 손병흠(孫秉欽)과 함께 서울로 뒤따라갔다. 이종훈은 스승 최시형의 사정을 자세히 알기 위하여 온갖 노력을 다했다. 마침 옛날에 교인이었던 박우순(朴禹淳)이 내부주사(內部主事)로 있다는 사실을 알게 되어, 밤중에 그를 찾아가 도움을 요청했다. 박우순은 이종훈을 경무청 순검(巡檢)으로 임명하여 해월 선생을 만나도록 하는 것이 좋겠다고 했다. 박우순의 소개로 이종훈은 엽전 100냥을 빌려, 그 돈으로 순검 벼슬을 얻었다. 그러나 막상 취직하고 보니 외근하는 것이 전부였다. 게다가 최시형은 서소문에서 서대문(西大門) 감옥(監獄)으로 옮겨졌으므로 순검 노릇을 해도 아무런 도움이 되지 않았다. 공연히 100냥의 거금만 날리게 되었으니, 과연 이종훈처럼 충직한 제자를 어디선들 다시 찾아볼 수 있을까 싶다.

이종훈은 자나깨나 스승의 안위가 걱정되어 다른 묘책을 궁리하였다. 정성이 헛되지 않아 그는 서소문 감옥의 청사(廳使) 두목(頭目, 현 교도관)인 김준식(金俊植)을 알게 되었다. 이종훈은 그럴듯한 핑계를 대고 김준식을 술집으로 안내하여 후하게 대접하였다.

그는 김준식을 형님으로 모시고 즉시 그의 집으로 찾아가서 김준식의 부인을 형수(兄嫂)로 모신다고 하였다. 예를 공손하게 올린 뒤에 최고급 담배를 4근(斤)이나 구입하여 형수에게 선물로 바쳤다. 그날부터 이종훈은 매일 같이 김준식의 집을 드나들며 정성껏 섬겼다.

그는 김준식과 친밀해지자 그럴듯하게 사연을 꾸며 감옥에서 고생하는 최시형의 형편을 자세히 탐지했다. 그러고는 김준식을 통해

제3장 _ 해월을 따르는 사람들

옥중의 최시형에게 편지까지 들여보냈다. 최시형은 교도의 어려움을 위로하고, 50냥의 금전이 필요하다고 알려왔다. 병환이 위중하여 약재가 필요하기 때문이었다.

이종훈은 제3대 교조 손병희와 상의하여 서울 동현(銅峴, 구리개) 건재약방(乾材藥房)에 찾아가 인삼과 녹용을 구입하고, 이것으로 손수 탕약(湯藥)을 끓여 옥중의 최시형에게 들여보냈다. 또, 동전 50냥도 구하여 감옥으로 들여보냈다.

알고 보니 해월 최시형은 자신이 쓰려고 돈을 요구한 것은 아니었고, 옥중의 불쌍한 죄수들을 가엾게 여겨 그 돈으로 찹쌀떡을 장만하여 그들을 배불리 먹이려고 한 것이었다. 참된 지도자는 자신이 끔찍한 곤경에 처했을 때도 불쌍한 이웃을 돌보는 일에 이처럼 따뜻하게 마음을 쓰는 모양이다.

이종훈은 날마다 김준식의 집을 드나들며 해월 최시형에 관한 소식을 낱낱이 전해 들었다. 재판을 받는 날짜도 꼭 알아내었다. 그날이 되면 꼭두새벽부터 감옥의 문 앞에서 이제나저제나 스승이 나오기를 기다려 눈빛으로나마 인사를 드렸다.

해월 최시형은 본래 골격(骨格)이 장대하고 근력이 대단한 분이었으나, 이미 72세의 노인이었고 오랜 병환으로 고생이 여간 심하지 않은 데다 몇 달째 옥에 갇힌 상태였다. 그러므로 최시형의 모습은 형언하기 어려울 정도로 쇠약해져 있었다. 나무로 만든 무거운 형구

(刑具)를 차고 감옥에서 평리원(平理院, 재판소)까지 오가는 일이란 이루 말할 수 없이 괴롭고 힘든 일이었다.

이종훈은 스승이 고되고 힘든 걸음으로 재판정을 향해 길을 갈 때 그 곁을 따라 함께 걸었다. 스승은 그런 제자의 모습을 묵묵히 바라보다가 매우 슬픈 표정을 짓기도 하였다. 이종훈은 쏟아져 나오는 눈물을 참을 수 없었으나, 다른 사람의 이목을 피하려고 속으로만 눈물을 흘려야 했다. 이종훈은 최시형의 재판이 진행되는 동안 처음부터 끝까지 십여 차례나 스승의 곁을 놓치지 않고 따라 걸었다.

그해 음력 6월 1일에 최시형은 "좌도난정율(左道亂正律)", 즉 이단으로 사회를 혼란에 빠뜨린 죄를 지었다는 이유로 사형을 선고받았다. 그 다음 날 오후 신시(申時, 오후 3~5시)에 교수형을 받았다. 최시형에 대한 판결은 이례적으로 빠르게 진행되었고, 형의 집행도 일사천리로 이뤄졌다. 그것은 최시형의 병이 깊어 행여라도 옥중에서 병사할까봐 그랬던 것이다. 중죄인이 병으로 감옥에서 죽으면 국가의 위신이 무너진다고 보았기 때문에 재판도 서둘렀고, 형의 집행도 급하게 마쳤다.

최시형의 사후에는 한 가지 참담한 사건이 일어났다. 제2차 동학 농민혁명 때 충청도 영동의 용산장에서 참령(參領) 이선재(李善在)가 전사했는데 그는 본래 경기도 안성군(安城郡)의 관군(官軍)이었다. 그 아들은 부친의 원수를 갚고자 벼르다가 최시형이 사형을 당하였다는

제3장 _ 해월을 따르는 사람들

소식을 들었다. 최시형의 유해는 당시의 법에 따라 육군법원 교형장 (絞刑場) 뒷뜰에 이틀 동안 방치되었는데, 이선재의 아들은 뒷담의 빈 틈으로 들어가 최시형의 뇌수(腦髓)를 나무방망이로 마구 때려 유해 가 크게 손상되었다.

당시의 법률은 사형수는 형을 집행하고 사흘이 지난 다음에야 매장할 수 있었다. 해월 최시형의 유해도 사흘이 지난 뒤에 광희문(光 熙門) 밖에 있는 북망산(北邙山)에 매장되었다. 그날 저녁에 이종훈은 김준식과 상의하여 상두꾼(喪頭軍) 두 사람을 데리고 광희문 바깥으로 나가 매장지를 탐색하였다. 좌포청(左捕廳) 포교 두목인 민응호(閔應浩) 가 새로 매장된 곳을 엄히 감시하고 있었다. 얼마 후 초저녁이 되자 큰비가 쏟아져 한 치 앞도 분간하기 어려웠다. 수직(守直)하던 민응호 도 이미 돌아갔으므로, 이종훈은 미리 준비한 초롱(燭籠) 1개, 황초(黃燭) 5개, 종이우산 1자루, 마포(麻布) 1필(疋), 칠성판(七星板) 1개를 가지고 '동학 괴수 최시형(東學魁首 崔時亨)'이라고 목패를 세운 곳을 찾아냈다.

김준식은 초롱과 우산을 들고, 이종훈은 두 명의 상두꾼과 함께 시신을 파려고 하였다. 상두꾼들은 남의 시신에 손대기를 꺼려하며 꼬챙이로 들쑤셔댔다. 이종훈은 크게 화내며, 그와 같이 불경(不敬)스 럽게 일하는 것은 옳지 않은 일이라고 나무랐다. 결국에 상두꾼들은 스승의 하체를 붙들고, 이종훈은 상체를 들어 올려 스승의 유해를 지상으로 올렸다. 이종훈 일행은 유해를 칠성판(七星板) 위에 모셨는데, 두부(頭部)가 심하게 훼손되어 끔찍한 지경이었다. 그런데도 이종훈은 정성껏 마포(麻布)로 유해를 염하였다. 본래 최시형이 묻혀 있던 곳은 흙을 덮어 본래의 모습대로 만들어 놓고, 목패도 다시 세워 놓은 다음에 유해를 모시고 길을 떠났다.

그날은 밤새 큰비가 쏟아져 내렸으나, 밤을 새워 이종훈은 길을 걸었다. 마침내 경기도 광주군(廣州郡) 북면(北面)에 사는 교인 이상하(李相夏)의 집에 도착하였다. 그곳에서 손병희와 손병흠 및 이상하를 만나 이상하의 선산에 임시로 토감(土坎)을 만들어 안장하였다. 그런 다음에 2년이 지나서 1900년 5월에 여주군 금사면 천덕산으로 다시 이장하였다. 이종훈처럼 충직한 제자는 고금에 드물었다.

여담

이종훈은 3.1 독립만세 운동 때도 민족대표 33인 가운데 최고령자로서 큰 역할을 하였다. 그날 독립선언서 낭독이 끝나자 종로경찰서에서 출동한 일본 경찰은 현장에 있던 민족대표 29명을 체포하여 남산의 경무총감부로 끌고 갔다. 민족대표들에 대한 조사가 그날부터 시작되었다. 해월의 충직한 제자 이종훈은 일본경찰에게 취조를 받을 때나 재판을 받을 때도 시종일관 당당한 자세를 잃지 않았다. 그의 올곧은 말씀을 잠깐 소개하겠다.

문: 피고는 조선 독립이 될 줄로 생각하는가.

답: 그렇다.

문: 장래에도 또 조선 독립운동을 할 것인가.

답: 나는 일한합병(일본의 강제점령)에는 조선 사람이므로 물론 반대
하였고, 앞으로도 기회만 있으면 (독립운동을) 할 것이다.

(이상은 1919년 3월 20일, 서대문감옥에서)

문: 피고는 무슨 불평불만이라든가 무슨 이유로 독립운동을 계획하였
는가.

답: 나는 불평불만이나 별 이유는 없으나 다른 사람들이 독립운동을
하므로, 좋아서 참가하였다.

문: 그러면 피고는 어째서 일본의 통치를 이탈하려고 생각하였는가.

답: 그것은 조선민족으로서 자주독립운동을 해야만 된다고 생각하였
다.

(이상은 그해 4월 18일, 경성지방법원에서)

이종훈은 1921년 11월 4일에 만기 출옥하였다. 그날 민족대표
17명이 한꺼번에 석방되었는데, 16명은 마포의 경성감옥에서 나왔다.
이종훈 한 사람은 서대문감옥에서 풀려났다. 이종훈은 소감을 말하
면서, "나는 2년의 징역을 살았다 하여도 그동안 9달이나 병감(病監,
감옥의 병실)에 누웠었고 오늘도 병감에서 나왔으니까 징역의 참맛은
알지 못하였소. 그저 한울님의 은혜와 (최시형) 선생의 덕택으로 죽

은 몸이 살아나온 것만 다행이오."(<동아일보>, 1921.11.5.)라고 했다. 그는 참으로 인품이 훌륭하고 믿음직한 인물이었다.

개인적으로 보면, 그의 장남 이동수(李東洙·일명 관영)는 제3대 교주 손병희의 장녀인 손관화(孫寬嬅)와 결혼하였으므로, 이종훈은 손병희와 사돈지간이기도 하였다.

그는 동학과 천도교를 위해 평생을 바치고는 1931년 5월 2일에 76세를 일기로 눈을 감았다. 그 이튿날 부음기사가 <동아일보>에 실렸는데, 정곡을 찔렀으므로 아래에 옮긴다.

"기미년 민족운동에 참가하였던 33인 중의 최고령자로, 그는 본래 성정이 강직하여 한번 굳게 정한 뜻이라면 변한 일이 없다고 한다."6

---

6 <동아일보>, 1931년 5월 3일.

제3장 _ 해월을 따르는 사람들

제4장

해월과 갑오 동학농민혁명의 불꽃

  1894년을 뜨겁게 달구었던 동학농민혁명을 이 장에서는 집중적으로
검토하였다. 먼저는 전봉준 등이 일으킨 제1차 동학농민혁명의 전개 과정
을 여러 가지 자료를 통해서 재조명하였고, 이어서 최시형의 명령으로
북접까지도 참여한 제2차 동학농민혁명에 대하여도 살펴보았다. 그 내용
은 널리 알려진 것이 대부분이다. 그러나 심문 과정에서 작성한 <공초>와
여러 전기 자료를 통해서 동학농민혁명의 실체가 좀 더 생생하고 입체적으
로 조명하였다.

갑오년(1894)의 동학농민혁명은 2차례에 걸쳐 혁명의 열기를 분출하였다. 제1차 혁명은 전봉준의 남접이 주도하였으며, 제2차 혁명은 해월 최시형의 결단으로 손병희를 비롯한 북접 지도자들이 남접과 함께 일어선 것이었다.

동학의 제2대 교주 최시형은 본래 성품이 신중한 데다 1871년에 일어난 이필제의 난을 통해 무력혁명이 성사되기는 어려운 일이라는 사실을 누구보다 잘 알았다. 그래서 그는 전봉준이 의로운 인물이란 점을 인정하면서도 자신이 직접 통솔하는 북접만은 제1차 혁명에 참전하지 못하게 막았다.

그런데 문제는 조정과 일본의 잘못된 태도였다. 전봉준 등 남접은 1차 혁명 이후 1894년 5월에는 자신들의 고향으로 돌아가 농사일에 전념하였다. 그 후 조정은 혼란스러웠다. 그해 5월 21일에 일본군은 경복궁을 침입하였다(갑오변란). 6월 25일부터는 친일파 내각을 중심으로 갑오개혁을 추진하기로 선포하였다. 정치적 폐단이 바로잡힐 것이란 기대도 없지 않았으나 약속한 개혁이 제대로 이뤄지기는 어려웠다. 그 무렵에 흥선대원군도 다시 조정에 나와 부정부패하기로 악명 높은 민씨 일파를 숙청할 수 있을 것처럼 보이기도 하였다.

그런데 그와 같이 혼란한 가운데서도 동학 교도에 대한 탄압은 도리어 가중되었다. 남접이든 북접이든 무조건 탄압의 대상으로 삼았다. 최시형을 비롯한 동학의 최고 지도부는 자신들의 안위를 염려하게 되었다. 또, 국가의 존망을 두려워하지 않을 수 없었다. 이에 최시형은 결단을 내려, 동학의 모든 접주에게 군대를 일으켜 국가의 운명을 바로잡으라고 지시하였다.

아래에서 우리는 제1차 및 제2차 동학농민혁명이 어떻게 전개되었는지를 살펴볼 것이다. 대개의 내용은 이미 알고 있는 것이겠으나, 여러 가지 문서와 전기 자료를 통해 역사적 사실을 재발견하고, 또 혁명의 의미도 재해석할 기회를 마련하였다.

1. 제1차 동학농민혁명

제1차 동학농민혁명은 두 차례에 걸쳐 위력을 표출하였다. 첫째, 1894년 1월 10일에 전봉준이 고부 백성과 함께 일어나 고부군수 조병갑(趙秉甲)의 폭정에 반대한 것이다. 백성들은 고부 관아를 7일간 점령하고, 이어서 말목장터로 근거지를 옮겼다가 그해 2월 25일 백산으로 이동하여 며칠간 머물다가 3월 초순에 해산하였다.

둘째, 그해 3월 20일에 전봉준 등이 전라도 무장(茂長)에 다시 집결해 <포고문(布告文)>을 공포한 것이다. 동학농민군은 고부와 부안 등을 거쳐 황토현에서 관군과 싸워 대승을 거두었다. 그들은 여세를 몰아 여러 지역을 점령하고 마침내는 전라도의 중심지인 전주성까지 차지해 혁명의 기운을 크게 과시하였다.

이상에서 요약한 내용은 널리 알려진 것인데, 아래에서는 조금 더 깊게 분석할 예정이다.

제1차 동학농민혁명의 특징

세 가지 특징이 있었다고 본다. 첫째, 전봉준 등은 《정감록》이란 정치적 예언서를 적절히 활용하였다는 점이고, 둘째, 제1차 동학농민혁명의 지도부는 과거의 민란과는 비교할 수 없이 조직적으로 활동했다는 사실이다. 위의 두 가지 특징은, 1895년 5월 13일(양력)에 일본군 후비대장이 주한일본 특명전권공사에게 올린 보고서에서도 확인할 수 있다.[1] 셋째는 동학농민혁명의 지휘부가 동학의 접주로 구성되었다는 점이다. 그런 사실은 1895년 9월 2일(양력)에 일본공사관의 일등영사로 재직하던 우치다 사다쓰지(內田定槌)가 특명전권공사인 이노우에에게 보고한 문건을 통해 명확히 드러난다.[2]

---

1 이 문서는 후비보병(後備步兵) 독립(獨立) 제19대대장(第19大隊長) 미나미 고시로(南小四郎)가 작성해 특명전권공사(特命全權公使)인 백작(伯爵) 이노우에 가오루(井上馨)에게 보낸 <동학당 토정대(東學黨征討隊)의 조사결과보고(調査結果報告)>이다.

2 해당 문서는 주한일본공사관의 일등영사(一等領事) 우치다 사다쓰지(內田定槌)가 직속 상관인 이노우

동학농민 혁명과 《정감록》

전봉준 등 평민지식인은 《정감록》 예언을 이용해 혁명의 불길이 활활 타오르게 하였다. 예컨대 전봉준과 손화중 등 동학농민군 지도부가 동학의 21자 주문에 나오는 "시천주 조화정(侍天主 造化定)" 가운데 "조화정"이란 세 글자가 "조아정(助我鄭)"과 비슷하다는 점에 주목하였다. 즉, 《정감록》에 나오는 미래의 이상 군주 정씨(鄭氏)가 우리를 도와주므로 이 혁명은 꼭 성공할 것이라는 소문을 널리 퍼뜨렸다.

이것은 일종의 심리전술이었다고 볼 수 있으나, 19세기 말에 다수의 백성은 《정감록》 예언에 따라 조선이 곧 망하고 새 나라가 들어설 것으로 믿고 있었다. 전봉준 등은 그 점을 놓치지 않았던 것이다.

탄탄한 혁명 조직

전봉준을 비롯한 혁명군 지도부는 제1차 혁명 당시에 놀라운 조직력을 발휘하였다. 그들은 우왕좌왕하는 일이 없이 조직적이고 체계적으로 모든 일을 주선하였다. 일본군 장교 미나미 고지로가 쓴 보고서에 따르면, 제1차 혁명이 일어났던 시기에는 일정한 지휘계통이

에 가오로(井上馨)에게 올린 <동학당 사건(東學黨事件)에 대한 회심전말(會審顚末) 구보(具報)>이다.

존재했다. 그런 사실은 미나미가 동학농민군에게 빼앗은 서류를 분석한 결과였다.

동학 접주들이 제1차 혁명 때 서로 주고받은 문서를 보면 지휘부가 여러 지역을 질서정연하게 통솔한 흔적이 역력하였다는 것이다. 그러므로 동학농민군이 휩쓸고 지나간 지역에서는 도주(道主, 실제로는 접주인 듯)의 명령이 절대적이었다. 감히 신임 지방관이 자신의 뜻대로 백성을 다스릴 수 없을 정도였다. 그만큼 동학의 장악력이 컸다는 이야기다.

동학 접주의 역할

동학농민군의 지휘부에는 동학 접주들이 포진하였는데, 그들은 지방의 유지였다. 일본 영사 우치다가 조사한 결과에 따르면, 접주(接主)를 비롯하여 동학 교단의 간부들은 상당한 수준의 지식과 판단력을 갖춘 실력자들이었다.

알다시피 동학은 처음부터 "보국안민(輔國安民)", 즉 나라를 돕고 백성을 편안하게 하는 데 뜻을 두었다. 그러므로 그들이 현실 정치에 참여하는 것은 당연한 일이었다. 달리 말해, 동학의 간부들은 행여 자신의 고을에 내려온 지방관이 행패를 부리면, 솔선하여 저항하고 자신이 지도하는 교도를 모아 관청을 습격하거나 훼손하였다. 또는 악질 지방관을 추방하거나 살해하기도 하였다.

우치다가 파악한 바에 따르면, 그 당시 동학은 경기·충청·전라·경상·강원·황해 등에 전파되어 교도가 60만을 헤아렸다. 또, 교단에는 여러 직책이 있어 각지의 교도를 돌보았다. 주요 직책으로는 접주(接主)·접사(接司)·교장(教長)·교수(教授)·도집(都執)·집강(執綱)·대정(大正) 및 중정(中正)이 있었다.

그중 접주는 최고직으로 교도들이 추대해 한 지방의 교단을 총괄하였다. 접사는 접주의 지시에 따라 사무를 보좌하였다. 그리고 교장과 교수는 교도의 신앙생활을 지도하며, 도집은 교단의 풍기를 확립하고 기율을 바로잡았다. 집강은 교도의 언행이 옳은지 그른지를 밝혀 기강을 바로 세웠고, 대정은 교도 중에서 공정하고 신중하며 후덕한 이를 뽑았다. 그리고 중정은 교단 운영에 직언을 담당하는 자리였다. 그 밖에도 봉교(奉教)·봉령(奉令)·봉도(奉道)·봉헌(奉軒) 등의 명칭도 있다고 했다.

위와 같은 설명에서 알 수 있듯 1894~1895년의 동학 교단은 조직이 탄탄하였고, 접주 또는 대접주의 지휘로 일사불란하게 운영되었다. 그리하여 제1차 혁명 때 외부인이 보기에도 일거수일투족이 놀라우리만치 질서정연하였다.

전봉준의 〈공초〉

평민지식인 전봉준은 출중한 인물이었다. 그는 제2차 혁명에 실패하고 관군에 체포되어 1895년 3월에 사형당하고 말았으나, 실로 아까운 인재였다. 현존하는 관련 자료 중에는 그의 육성이 담긴 기록이 있다. 1895년 2월 9일부터 5차례의 심문기록으로, 이를 <공초(供草)>라고 부른다.

1차는 1895년 2월 9일의 기록이며, 2차는 2월 11일, 3차는 2월 19일, 4차는 3월 7일 그리고 5차는 3월 10일에 심문한 것이다. 그중 3차의 일부 내용과 4~5차는 일본 영사가 취조한 것으로, 그 이름은 우치다 사다츠치(內田定搥槌)였다. 당시에 심문을 담당한 관리는 법부대신 서광범(徐光範)과 법부 참의 장박(張博)이었다. 그들은 총 274개의 질문을 퍼부었다.

<공초>에서는 동학농민혁명의 전개 과정을 비롯하여 혁명의 목적, 혁명군의 규모와 성격, 동학에 관한 전봉준의 신앙, 동학 간부의 지도적 역할 그리고 제2차 혁명과 흥선대원군과의 관계 등을 폭넓게 다루었다. 그 내용을 읽어보면 전봉준의 인품이 고상하고 뜻이 높았음을 충분히 짐작할 수 있다. 그는 솔직 담백하고 활달하였으며 모든 책임을 자신이 홀로 감당하려고 하였다.

혁명 전야의 청원서

임진년(1892) 정월에 조병갑(趙秉甲)은 전라도 고부군수(古阜郡守)로 부임하였다. 그의 임무는 삶에 지친 백성을 위로하기는 것이었으나, 그가 하는 정치는 포악하기만 하였다. 백성들은 그의 악정을 참기 어려워 그 이듬해(1893년) 11월과 12월에 학정을 중지하라고 호소하였다. 그러나 조병갑은 자신의 잘못을 반성하지 않고 오히려 항의하는 백성을 옥에 가두었다. 그래서 백성들은 다시 두세 차례 청원하였으나 조병갑은 번번이 기각하였다.

나중에 동학농민군이 해산된 뒤에 전봉준은 순창 피노리에서 체포되어 서울로 압송되었다. 재판정에서 그가 <공초>한 바에 따르면, 백성들이 조병갑에게 항의한 사실은 다음과 같았다.3 즉 "처음에는 40여 명이 등소(等訴)하다가 잡혀 감옥에 들어가고, 재차(再次) 등소(等訴)하다가 60여 명이 쫓겨났습니다." 전봉준이 언급한 "등소"란 백성이 연명하여 호소하는 문서였다. 전봉준은 등소를 낸 시기에 관하여, "처음 번은 재작년(再昨年, 1893년) 11월이요, 두 번째는 같은 해 12월입니다"라고 하였다.

고부군수 조병갑은 악질적인 탐관오리였다. 1차 <공초>에서 전봉준은 조병갑의 악행을 다음과 같이 열거했다.

---

3 아래는 전봉준의 1차 <공초>에서 인용한 것이다(1895년 2월 9일).

"고부(古阜) 수령(守令)이 정액(正額) 외에도 가혹하게 거두어들인 것이 몇 만 냥입니다. … 그 대략을 살피면, 우선 민보(民洑, 민간의 물대는 보) 아래 새로 보(洑)를 쌓고 강제로 민간에 지시하여 상답(上畓, 좋은 논)은 한 두락(斗落)에 2두(斗)씩 물세를 거두고 하답(下畓, 수확량이 적은 논)은 한 두락에 1두씩 거두었으므로, 거둬들인 조(租, 벼)가 700여 석(石)입니다. 또, 진황지(陳荒地, 묵은 논밭과 황무지)를 백성에게 경작하도록 허가하고, 해당 전답은 관가(官家)에서 문서를 만들어 세금을 거두지 않겠다고 약속해 놓고, 추수할 때가 되자 강제로 세금을 받았습니다. 그 밖에도 부유한 백성에게 억지로 빼앗은 엽전(葉錢)이 2만여 냥이요, 자신의 아버지가 과거에 태인(泰仁) 수령(守令)을 지냈는데, 그를 위하여 비각(碑閣)을 세운다면서 강탈한 돈이 천여 냥입니다. 아울러, 대동미(大同米)를 백성에게 징수할 때 정백미(精白米, 도정을 마친 최상품의 쌀)로 16두(斗)씩을 기준으로 정해 거둬들이고, 조정에 바칠 때는 추미(麤米, 나쁜 쌀)를 구매하여 바침으로써 이익(利益)을 독차지하였습니다. 그 밖에도 허다한 잘못이 있었습니다."[4]

전봉준이 추가로 설명한 바에 의하면, 조병갑은 부자들에게 돈을 빼앗을 때는 없는 죄를 지어 사람들을 못살게 굴었다. 가령 불효(不孝), 불목(不睦), 음행(淫行) 및 잡기(雜技) 등을 이유로 삼아 돈을 갈취한 것이다. 이 밖에도 만석보를 만들 때는 백성들이 소유한 산(山)에서

---

4 전봉준의 1차 <공초>.

수백 년 된 큰 목재(邱木)를 함부로 채벌하였고, 보(洑)를 쌓는 데 수고한 백성에게는 한 푼도 삯을 주지 않고 강제로 일을 시켰다. 그 당시 대다수 지방관은 탐오(貪汚)하였으나, 그중에도 조병갑의 악행은 두드러진 편이었다. 그가 고부군수로 부임한 이래 백성들은 하루도 마음 편할 날이 없었다.

정월의 고부 기포

고부 백성의 분노는 날이 갈수록 더욱 높아져 1894년 정월에 전봉준을 찾아가 "모주(謀主, 일을 도모할 책임자)"로 추대하였다. 그리하여 "기포(起包, 동학의 지역 단위조직인 '포'가 궐기하였다는 뜻)"는 엄연한 현실이 되었다. 제1차 기포를 주도한 사실에 관해 전봉준은 다음과 같이 당당하게 주장하였다. 제1차 <공초>에 나온다.

"제 한 몸의 손해를 벗어나려고 기포(起包)한다면 어찌 남자의 일이라 하겠습니까. 뭇 백성이 원통(寃痛)해 하고 한탄(恨歎)하였으므로 백성을 위하여 해(害)를 제거하고자 하였습니다."[5]

그리고 자신이 기포의 주모(主謀, 주모자)가 된 이유도 숨김없이 진술

---

5 전봉준의 1차 <공초>.

제4장 _ 해월과 갑오동학농민혁명의 불꽃

하였다.

"뭇 백성이 이 몸을 추대하여 주모(主謀)가 되라고 하였습니다. 그래서 백성의 말을 따랐습니다. ... 수천 명의 백성이 나의 집 근처에 모두 모였으므로 자연이 그렇게 된 일입니다."6

전봉준에 대한 백성의 신망은 두터웠다. 그는 평민지식인으로 각지에서 서당을 열어 사람들을 가르치며 두루 인연을 맺기도 하고 사람 됨됨이가 남달랐으므로, 많은 사람이 믿고 따랐다. 학문도 높아, 백성들이 보기에는 지도자로 삼기에 가장 적합했다. 그는 제1차 공초에서 그 점을 다음과 같이 진술하였다.

"백성이 비록 수천 명이라고 하였으나 모두가 배우지 못한 농민이었습니다. 그런데 나는 거칠게나마 문자(文字)를 알았기 때문입니다."7

전봉준이란 인물

1차 <공초>에 의하면 1895년 당시 전봉준의 나이는 41세였고, 식구는 총 6명이었다. 관청에 등록된 주소지는 이웃 고을인 태인(泰仁)

---

6 위와 같음.
7 위와 같음.

산외면(山外面)의 동곡(東谷)이란 마을이었다. 그러나 이미 수년 전에 고부로 이사하여 실제는 고부 백성이었다. 그의 직업은 "학구(學究)"였으니 서당 훈장이었다는 뜻이다. 전봉준 일가가 소유한 전답(田畓)은 겨우 3두락(斗落), 즉 600평에 지나지 않았다.

1월부터 3월까지의 활동

백성이 들고 일어나자 고부군수 조병갑은 관직을 버리고 도망쳤다. 조정은 그의 비행을 들추고 몇 달 후에는 섬으로 유배를 보냈다. 고부 백성에게 조병갑은 혼이 난 셈이다. 조병갑이 달아난 뒤 전봉준은 백성들과 함께 처리할 일이 남아 있었다.

그들은 그동안 진황늑징세(陳荒勒徵稅), 즉 묵은 논밭과 황무지에서 조병갑이 강제로 징수한 세금을 일일이 확인해 억울한 백성에게 돌려주었다. 이어서 조병갑이 강제로 백성을 동원해 쌓은 만석보를 부수었다. 또, 전봉준 등은 굶주린 백성을 돕기 위해 관가의 창고를 열어 금품과 곡식을 꺼냈다. 그만하면 완벽하게 일처리가 된 셈이었다. 이렇게 여러 가지 일을 마치고 백성들은 모두 집으로 돌아가 생업에 종사하였다. 대략 1894년 3월 초순까지의 일이었는데, 전봉준의 1차 <공초>에도 그에 관한 설명이 있다.

혁명의 본격화

조정에서는 문제가 발생한 고부군에 안핵사(按覈使)를 파견했다. 고을의 질서를 바로잡고 백성을 위로하라고 하였다. 장흥부사(長興府使) 이용태(李容泰)가 그 임무를 띠고 왔는데, 그는 조병갑의 폭정을 미워하기는커녕 모든 잘못이 동학 교도들에게 있다고 말하며 닥치는 대로 무고한 교도를 체포해 핍박하였다.

이용태의 무리한 처사를 전봉준은 1차 <공초>에서 다음과 같이 진술했다. 즉, 이용태는 기포(起包)한 백성을 모두 동학(東學)이라고 규정하고 그 이름을 적어 전원 체포하기에 나섰고, 당사자가 살던 가사(家舍, 집)를 불태워 버렸다. 당사자가 피신하고 없으면 그 가족을 체포하여 함부로 죽였다. 그때 전봉준의 집도 불타버렸다. 그러므로 정월 기포의 주모자인 전봉준은 그 상황을 좌시할 수 없었다.

전봉준은 민병(民兵)을 다시 모집하여 이용태를 응징하기로 했다. 그러자 삽시간에 4,000여 명이 모였다. 이제 본격적인 혁명의 열기가 거세졌다. 동학농민군은 저마다 여러 방법을 이용해 무장하였고, 마을의 부자들로부터 식량을 지원받아 투쟁의 대열에 앞장섰다.

2차 <공초>에서 전봉준은 고부에서 기포(起包)할 때 전라도의 유망한 동학 접주 손화중(孫化中) 및 최경선(崔景善) 등과 함께 하였다고 말했다. 기록은 없으나 김개남(金開南)도 그들과 함께 했을 것이다.

그들 네 명의 접주는 수년 전부터 동학(東學)을 독실히 믿고 실천하였다. 전봉준이 그들과 함께 동학농민군을 이끌고 무장(茂長)으로 달려간 것은 1894년 4월이었다.

곧이어 혁명군은 고부(古阜)·태인(泰仁)·원평(院坪)·금구(金溝) 등지로 진출하였다. 그러자 전라감사가 포병 1만여 명을 이끌고 혁명군을 진압하러 온다는 소식이 들렸다. 이에 전봉준은 일단 고부의 황토현으로 물러나서 온종일 전라감영의 포병과 교전하였다. 그 전투에 관해 전봉준은 1차 <공초>에서 다음과 같이 설명하였다. 먼저 전라감영에서는 동학농민군이 집결해 있는 부안 백산으로 감영병(監營兵)을 보냈다. 그러자 전봉준 측은 정읍 도교산 쪽으로 이동하였다. 1894년 4월 7일에 양측은 고부의 황토현에서 전투를 벌였는데, 동학농민군이 대승을 거두었다. 이 전투에서 전봉준의 동학농민군은 최초로 관군을 격파하였으므로 사기가 충천하였다. 그 당시 동학농민군은 군기(軍器)와 군량(軍糧)은 민간에서 조달하였다.

혁명의 주체는 동학

전봉준이 믿은 동학(東學)에는 어떠한 특징이 있었을까. 2차 <공초>에서 그는 동학에 관해 설명하였는데, 수심(守心)하여 충효(忠孝)를 근본으로 삼고 보국안민(輔國安民, 나랏일을 돕고 백성을 평안하게 함)하는 일이라고 하였다. 본래의 착한 마음을 닦으면서도 현실 문제를 고치는 것이 동학이라고 본 것이다. 또, 그는 표현을 바꾸어 "동학(東學)은 수심경천(守心敬天)하는 도(道)이기 때문에 몹시 좋아합니다."[8]라고 말해 동학의 종교적 측면을 강조하기도 했다.

전봉준이 기포(起包)한 혁명군의 상층부는 접주(接主)와 접사(接司) 등으로 구성되었다. 그들은 "영솔(領率)", 즉 동학농민군의 지휘를 담당하였다. 당연히 군기(軍器)와 군량(軍糧)을 비롯하여 모든 사무도 지휘하였다. 혁명에 나선 동학농민군의 주축은 역시 동학의 간부들이었던 것이다. 혹자는 전봉준이 동학 교도가 아니었다는 주장도 하지만, 사료를 제대로 읽었다면 그런 말을 꺼내지는 못할 것이다.

"유무상자"와 "해원상생"

동학농민혁명은 음력으로 1894년 1월에 점화되어 1895년 3월에 전봉준 등이 교수형을 받음으로써 완전히 끝났다. 그 14개월 동안 숨 가쁘게 많은 일이 일어났으나, 필자가 보기에 가장 중요한 사실은 동학농민군이 새로운 경제 공동체를 건설하고자 했다는 점이었다. 그들은 정의로운 경제, 정의로운 사회, 정의로운 공동체를 만드는 데 목적을 두었다.

---

8 전봉준의 2차 <공초>.

한마디로, 유교의 핵심사상 가운데 하나인 '의(義)'를 실천하려는 움직임이었다. 그것의 출발점은 "수오(羞惡)", 즉 양심에 비추어 부끄러운 일을 피하는 데 있었었다. 인간의 도리에 부합하는 새로운 세상, 하늘의 명령(天命)에 어긋나지 않는 삶의 공동체를 건설하자는 운동이었다.

하늘(天)이란 무엇인가. 동아시아의 전통사상에서는, 하늘은 죽이기보다는 살리는 것을 위주로 한다고 믿는다. 그것은 바로 사랑 또는 '인(仁)'에 해당하는 것이다. 이와 같은 사상은 성리학(유교)만 아니라, 불교, 도교에 보편적인 관점이었다. 동학도 그와 다름이 없었다.

하늘은 모두를 공평하게 살리므로 생명체는 서로 유기적 관계를 유지하며 평화롭게 잘 살아야 한다는 것이 동학농민의 믿음이었다. 그러나 19세기 말 조선의 현실은 너무도 비참하였다. 서로를 원망하는 풍조가 심해 누구도 마음 편히 살 수 없는 세상이었다. 동학은 그런 상태를 완전히 청산하기를 바랐다. 그래서 "해원상생(解冤相生)", 즉 서로에 대한 원한을 거두고 함께 잘사는 세상을 만들어야 한다는 것이 동학농민의 믿음이었다.[9]

동학농민의 그러한 소망을 "유무상자(有無相資)"라는 표현에 담았

---

9 "해원상생"이란 용어를 직접 사용한 것은 동학을 계승한 종교운동가 강증산이었다. 그러나 그 취지는 이미 동학에서 비롯되었다. 그 점에 관하여는 오문환의 논문을 참고할 것. 오문환, <강증산의 '해원상생'의 의의와 한계>, 《정치사상연구》, 4, 한국정치사상학회, 2001년.

다.[10] 그 뜻은 누구나가 경제적으로 똑같은 처지가 될 수 없다는 현실적 차이를 인정하면서도, 차이가 차별과 혐오의 동의어가 되어서는 안 된다는 것이었다. 재산이 있는 사람은 없는 사람에게 덜어주고, 없는 사람은 그러한 도움에 고마워하면서 자신이 할 수 있는 역할을 통하여 보답하며 사는 세상을 그리워한 것이다. 한마디로, 서로가 서로에게 도움을 주며 사는 그런 세상을 동학은 꿈꾸었다. 이것이 바로 동학농민이 추구한 정의로운 공동체였다.

동학농민은 최제우와 최시형의 가르침을 통해 유무상자의 정의로운 경제공동체를 이룩하려고 했다. 그러나 나라 안에서도 나라 바깥에서도 이를 가로막는 거대한 방해세력이 존재하였다. 동학농민의 눈으로 보면, 봉건 적폐세력과 제국주의 침략자는 '유무상자'의 공동체를 방해하는 암적 존재였다. 그러므로 동학농민은 그들에 맞서 처절한 투쟁을 벌인 것이다.

동학농민이 가슴에 품었던 "해원상생"과 "유무상자"의 꿈은 뒷날 증산교와 원불교 등으로 이어졌다. 가령 원불교에서는 '재생의세(濟生醫世)'라는 표어를 내걸었는데, 만물을 죽음의 위기에서 건짐으로써 세상을 치료한다는 뜻이다. 이는 모든 생명체가 본연의 안식을 누리고 세상의 잘못된 제도와 관습을 없애 평화와 공영의 질서를

---

10 "유무상자"에 관해서는 임상욱의 논문을 참고할 것. 임상욱, <21세기 동학적 유무상자(有無相資)의 실천 과제>, 《동학학보》, 48, 동학학회, 2018년.

회복하겠다는 의지의 표현이었다.

동학농민군의 잇따른 승리

황토현에서 승리한 뒤에 전봉준은 혁명군을 이끌고 정읍(井邑)·흥덕(興德)·고창(高敞)·무장(茂長)·영광(靈光)·함평(咸平)을 거쳐 장성(長城)에 이르렀다. 그곳의 황룡촌에서 동학농민군은 서울에서 내려온 경군(京軍)과 싸웠다. 전봉준은 <공초>에서 그 전투의 대략을 다음과 같이 설명하였다.

> "아군이 모여서 밥을 먹을 때 경군(京軍)이 대포(大砲)로 사격해 아군 전사자(戰死者)가 40~50명이 나왔습니다. 그래서 아군이 일제히 추격하자 경군(京軍)이 패주(敗走)하였고, 아군은 대포(大砲) 2좌(座)와 약간의 탄환(彈丸)을 노획하였습니다."[11]

그때 경군(京軍)은 700명, 아군은 4,000여 명이라고 했다. 경군이라면 조선의 최정예로 장위영병(壯衛營兵)에 속한 군사들이었다. 그런데 호남의 동학농민군이 그들을 완전히 제압하였다. 그렇다면 이제 조정으로서는 동학농민군의 진격을 가로막을 수 있는 군사가 없는

---

11 전봉준의 2차 <공초>.

셈이었다. 1894년 4월 23일에 있었던 황룡촌 전투에서 장위영의 대관
(隊官) 이학승(李學承)이 전사했다.

겁에 질린 경군(京軍)이 퇴각하자 전봉준은 그들이 전주성으로 들
어갈 것으로 예상하고 행군 속도를 갑절이나 높여 그들보다 먼저
전주에 도착했다.

전주성 점령

전봉준이 거느린 동학농민군은 1894년 4월 26~27일경에 전주성
을 접수하였다. 그들이 성 안으로 들어오기도 전에 겁에 질린 전라도
관찰사는 도망쳤다고 한다. 동학농민군은 5월 초5~6일까지 열흘 정
도 전주성에 머물렀다.

법부대신 서광범은 전봉준의 2차 <공초>에서 동학농민군의 목
표가 전라도의 탐관오리를 제거하는 것이었는지, 또는 나라 전체를
점령할 작정이었는지를 물었다. 그에 대한 전봉준의 대답은 다음과
같았다.

> "전라도의 탐학(貪虐)한 관리를 제거하고, 서울의 조정에서 매작(賣
> 爵, 벼슬을 팜)하는 권신(權臣)을 모조리 쫓아내면, 팔도는 자연히
> 일체가 되었을 것입니다."12

그러고는 혜당(惠堂) 민영준(閔泳駿), 민영환(閔泳煥), 고영근(高永根) 등을 가장 문제가 많은 권신이라고 지목하였다.13

그에 앞서 전봉준은 이미 1894년 정월(正月)과 2~3월에도 전라감영에 백성의 억울한 처지를 글로 정리하여 정소(呈訴, 소장을 올림)하였다. 그러나 관찰사는 아무런 조치도 하지 않고 전봉준의 소장을 폐기하였다.

동학농민군이 전주성을 점령한 그다음 날이 되자 장성에서 패배한 경군이 전주에 도착했다. 그들의 총사령관은 초토사(招討使) 홍계훈(洪啓薰)이었다. 홍계훈은 휘하 장병을 전주성 아래 배치하고, 성 밖에 있는 완산에 임시로 포대(砲臺)를 설치해 동학농민군을 공격하였다.

그러나 전봉준이 지휘하는 동학농민군은 홍계훈의 짐작보다 견고하였다. 전봉준은 비록 부상을 입은 상태였으나, 동학농민군을 선두에서 지휘하며 맹렬히 싸웠다. 관군은 다시 전세가 불리해졌다. 고민에 빠진 초토사 홍계훈은 전봉준 측에 <격문>을 보내 바라는 것을 말하면 모두 들어주겠다며 사실상 화해를 요청하였다.

---

12 전봉준의 2차 <공초>.
13 위와 같음.

전주 화약(和約)

　전봉준은 여러 가지 요구사항을 글로 적어 홍계훈에게 보냈다. 그것을 순서대로 기록하면 다음과 같았다. 세금 운송을 제대로 담당하지 못하고 공연히 백성을 괴롭히는 전운소(轉運所)를 폐지하라, 보부상인의 작폐를 금하라, 환전(還錢, 환곡의 변종)은 이미 전임 전라도 관찰사가 거두었으므로 다시 징수하지 말라, 대동미(大同米)를 상납하기 직전에 포구에 잠상(潛商, 허가받지 않은 상인)이 들어와서 미리 쌀을 매입하지 못하게 하라, 포전(布錢, 조세의 일종)은 집집마다 봄과 가을에 2냥씩만 거두라, 탐관오리는 모두 파면하라, 임금의 총명을 흐리고 매관매직에 종사하여 권력을 농단하는 고관을 모두 축출하라, 지방관으로 부임한 이는 해당 고을의 전답에 장례를 지내지 못하게 하고 묘지용으로도 토지를 매입하지 못하게 막으라, 전답에서 거두는 세금은 예전 수준으로 하고, 일반 대중에게 부과한 잡역을 덜어주며, 포구의 어염세(魚鹽稅)도 폐지하라, 물세(洑稅)와 궁답(宮畓, 궁궐에 딸린 전답)을 폐지하라, 각 읍의 군수·현감이 부임한 뒤에 백성이 소유한 산지(山地)의 명당에 강제로 표시하여 투장(偸葬)하지 못하게 하라. 현재 남아 있는 사료에는 동학농민군이 이상의 27개 조항을 청원하였다고 한다. 그러자 초토사 홍계훈은 그 내용을 조정에 아뢰어 모두 바로잡겠다고 약속하였다.[14]

이상과 같은 요청은 본래 적절한 형식을 갖추어 조정에 정소(呈訴) 하는 것이 원칙이었다. 그러나 일반 백성으로서는 그렇게 할 수 있는 통로가 없었다. 그런데 마침 홍계훈(洪啓勳)이 전봉준에게 협상조건을 모두 제시하라고 말하였으므로, 동학농민군은 그 기회에 여러 가지 민폐를 두루 기록해 혁신을 요청한 것이다. 홍계훈은 그해 5월 8일에 위에 열거한 조항을 모두 의정부에 아뢰어 꼭 재가를 받겠다고 다짐 했다.

그런데 전봉준의 <공초>에는 앞에서 열거한 여러 조항을 구체적 으로 언급하지는 않았다. 다만 홍계훈을 통해 백성이 요구하는 사항 을 조정에 올렸다고만 진술하였다.[15]

어쨌거나 동학농민이 요구한 내용을 살펴보면, 조세(田政)와 환곡 (還穀)에 관한 개혁 그리고 지방관의 가렴주구를 반대하는 것이 대부 분이었다. <전봉준판결선고서(全琫準判決宣告書)>에는 그중 14개 조항 만 간단히 기록하였는데, 역시 민폐를 지적한 것이었다.

폐정개혁과 집강소

훗날 오지영은 《동학사》에서 전봉준이 요구한 폐정개혁안으로

---

14 《양호초토등록(兩湖招討謄錄)》; 《동학농민혁명자료총서》, 6, 67-68쪽.
15 전봉준의 2차 <공초>.

몇 가지 인상적인 내용을 기록했다. 즉, 악독한 양반을 다스리고, 청상과부의 재혼을 허락하며, 전답을 공평하게 나누어 주라는 등 이른바 12조항을 전봉준이 요구했다는 것이다.[16]

하지만 <공초>에는 오지영이 언급한 위와 같은 혁신적인 주장이 하나도 보이지 않는다. 그러므로 혹자는 《동학사》를 저술할 때 오지영은 실제와 다른 내용을 임의로 삽입한 것이라고 말한다. 그러나 이것은 성급한 추측이라고 하겠다.

알다시피 1894년 12월 2일에 전봉준은 전라도 순창에서 체포되었다. 그로부터 닷새 뒤에 일본군의 미나미 고시로(南小四郞) 소좌가 전봉준의 신병을 인계받았다. 미나미는 전봉준을 취조하여 구두 진술서인 <구공서(口供書)>를 작성했는데, 그 가운데 전봉준은 자신의 최종 목적이 "농업소유관계(田制·山林制)를 개혁하는 것"이었다고 당당하게 주장하였다.[17] 그는 농민의 숙원인 농지 분배를 염두에 두고 혁명을 일으켰다는 말이다.

조정과 동학농민군이 서로 화약을 체결한 이후 그해 6월에는 전라도 53개 고을에 저마다 집강소(執綱所)가 설치되었다. 이것은 전라감사 김학진(金鶴鎭)과 전봉준이 합의하여 관민상화(官民相和, 관청과 백성이

---

16 오지영, 《동학사》.
17 《동경 아사히 신문(東京朝日新聞)》, 명치 28년(1985) 3월 5일; 《동학농민전쟁사료총서》, 22, 사운연구소, 1996, 509쪽.

_{서로 화목함)}를 도모한 것이다. 현실적으로 동학농민군의 협조가 없으면 지방관이 고을을 다스릴 수 없는 처지였고, 그래서 관찰사는 전봉준에게 도움을 요청한 것이다.

그러므로 제1차 동학농민혁명은 큰 성과를 낸 것으로 평가된다. 집강소에 관한 내용은 전봉준의 <공초>에 단 한 글자도 보이지 않는다. 이는 집강소의 존재가 허구라는 뜻이 아니다. 집강소를 설치한 사실이 조정의 체면을 깎는 것이었으므로 일부러 빠뜨린 것이다. 여기서도 확인되듯 <공초>에 나오지 않아도 실제로는 중요한 사실이 얼마든지 있었다.

혁명군의 해산

1894년 5월 5~6일경 전봉준은 전주에서 동학농민군을 일단 해산하였다. 그래서 혁명군은 각자 고향으로 돌아가 다시 생업에 종사하게 되었다. 그 후에 전봉준은 최경선 및 20여 명의 동지를 데리고 전주를 출발하여 금구·김제·태인을 거쳐 장성·담양·순창·옥과·창평·순천·남원·운봉 등지를 한 바퀴 돌았다. 전봉준은 전라좌도에 속하는 10여 개의 고을을 일일이 찾아가 동학농민군이 일상생활에 순조롭게 복귀하도록 도왔다. 그 당시 무장의 접주이자 전봉준의 가장 믿음직한 동지였던 손화중(孫化中)은 전라우도의 여러 고을을 두루 다니며 동학농민군의 생활 안정을 위해 노력하였다.

그리고 6월 이후에 전봉준, 손화중 및 최경선 등은 집강소의 운영을 강화하기 위해 각지를 순화하기도 하였다. 그해 7월 15일에는 남원에서 전봉준 등이 남원접주 김개남 등과 함께 모여 집강소의 운영을 비롯한 여러 가지 현안을 논의했다.[18] 현안 중에는 제2차 동학 농민 혁명을 일으키는 문제도 포함되었다.

이처럼 많은 사무를 마치고 그해 7월 하순에 전봉준은 태인의 자택으로 돌아갔다. 그러나 한 달이 지난 8월 말이 되자 전봉준은 순상(巡相, 전라관찰사)의 부름에 따라 나주(羅州)로 내려가 이른바 민보군(民堡軍)의 해산을 권유하였다. 그때 김개남은 여전히 남원에 머물렀고, 손화중은 나주에 까까운 장성(長城)에 머물고 있었다. 전봉준은 나주에서 돌아오는 길에 손화중을 만났다고 하는데, 아마 제2차 혁명의 시기와 방법 등을 숙의하였을 것으로 보인다.

2. 제2차 동학농민혁명

1894년 9월 18일에 해월 최시형은 특별한 조치를 내렸다. 그는 관군이 동학 교도를 무차별 탄압하는 실상을 고종에게 알리기 위해

---

18 황현, 《오하기문》, 갑오년 참조.

서라고 하면서 각지에 <통문>을 보내 교도를 한곳에 모이게 하였다. 그때 최시형은 충청도 청산(靑山)에 머물고 있었다. 얼마 후 그곳에 모인 교도는 십여만 명을 헤아렸다.

당시에 경기도 죽산부사(竹山府使) 이두황(李斗璜)은 조정의 명령으로 경병(京兵) 1천여 명을 이끌고 삼남(三南)의 동학농민군에 대한 토벌 작전을 시작하였다. 남쪽의 상황을 알아보면, 전봉준 등이 얼마 전에 제2차 동학농민혁명을 일으켜 전라도 삼례에 사람들이 구름처럼 모여들고 있었다.

북접의 참전 현황

그해 10월에 동학의 제2대 교주 최시형은 큰 결단을 내렸다. 그는 여러 지방의 접주를 불러보고 두루 의견을 청취한 다음에, 손병희에게 북접에 속한 모든 동학농민군을 통솔하라고 지시하였다. 이로써 제2차 동학농민혁명은 남접만이 아니라 북접까지 참전하게 되었다. 혁명의 대열에 참여한 북접의 주요 인사를 지역별로 기록하면 다음과 같다.

우선 전라도부터 기록하겠다. 고부 정일서(鄭日瑞), 김도삼(金道三), 홍경삼(洪景三), 정종혁(鄭宗赫), 송대화(宋大和), 송주옥(宋柱玉), 정덕원(鄭德源), 정윤집(鄭允集), 전속팔(田束八), 홍광표(洪光杓), 주관일(朱寬一), 송문상(宋文相), 윤상홍(尹尙弘), 옥구 허진(許鎭), 정읍 임정학(林正學), 차치구(車致九), 태인 김개남, 최영찬(崔永燦), 김지풍(金智豊), 김한술(金漢述), 김영하(金永夏), 유희도(柳希道), 김문행(金文行), 만경 진우범(陳禹範), 금구 김덕명(金德明), 송태섭(宋泰燮), 김응화(金應化), 조원집(趙元集), 이동근(李東根), 김방서, 김사엽(金士曄), 김봉득(金鳳得), 유한필(劉漢弼), 김윤오(金允五), 최광찬(崔光燦), 김인배(金仁培), 김가경(金可敬), 김제 김봉년(金奉年), 조익제(趙益在), 황경삼(黃敬三), 하영운(河永雲), 한경선(韓景善), 이치권(李致權), 임예욱(林禮郁), 한진열(韓鎭說), 허성희(許成羲), 고창 오하영(吳河泳), 오시영(吳時泳), 임천서(林天瑞), 임형노(林亨老), 무장 송문수(宋文洙), 강경중(姜敬重), 정백현(鄭伯賢), 송경찬(宋敬贊), 송진호(宋鎭浩), 장두일(張斗一), 무안(務安) 배규인(裵圭仁), 배규찬(裵圭贊), 송관호(宋寬浩), 박기운(朴琪雲), 정경택(鄭敬澤), 박연교(朴淵敎), 노영학(魯榮學), 노윤하(魯允夏), 박인화(朴仁和), 송두옥(宋斗玉), 전행노(全行魯), 이민홍(李敏弘), 임춘경(林春景), 이동근(李東根), 김응문(金應文), 임실(任實) 최승우(崔承雨), 최유하(崔由河), 임덕필(林德弼), 이병춘(李炳春), 최우필(崔祐弼), 조석휴(趙錫烋), 이만화(李萬化), 김병옥(金秉玉), 문길현(文吉鉉), 한영태(韓榮泰), 이용거(李龍擧), 이병용(李炳用), 곽사회(郭士會), 허선(許善), 박경무(朴敬武), 한군정(韓君正), 남원 김홍기(金洪基), 이기동(李基東), 최진학(崔鎭學), 전태옥(全泰玉), 김종학(金鍾學), 이기면(李起冕), 이창우(李昌宇), 김우칙(金禹則), 김연호(金淵鎬), 김시찬(金時贊), 박선주(朴善周), 정동훈(鄭東薰), 이교춘(李敎春),

순창 이용술(李容述), 양회일(梁晦日), 오동호(吳東昊), 전치성(全致性), 방진교(房鎭敎), 최기환(崔琦煥), 지동섭(池東燮), 오두선(吳斗善), 진안(鎭安) 이사명(李士明), 전화삼(全化三), 김택선(金澤善), 무주(茂朱) 이응백(李應白), 윤민(尹汶), 갈성순(葛成淳), 부안 신명언(申明彦), 김낙철(金洛喆), 김낙봉(金洛對), 김석윤(金錫允), 장흥(長興) 이인환(李仁煥), 이방언(李邦彦), 강봉수(姜琫秀), 담양(潭陽) 남주송(南周松), 김중화(金重華), 이경섭(李璟燮), 황정욱(黃正旭), 윤용수(尹龍洙), 김희안(金羲安), 창평(昌平) 백학(白鶴), 유형로(柳亨魯), 익산(益山) 오경도(吳京道), 김문영(金文永), 오지영, 정영조(鄭永朝), 소석두(蘇錫斗), 이조병(李祖秉), 정용근(鄭瑢根), 고(高) 아무개, 함열(咸悅) 고덕삼(高德三), 장성(長城) 김주환(金湺煥), 기우선(奇宇善), 박진동(朴振東), 강계중(姜戒中), 강서중(姜瑞中), 능주(綾州) 문장렬(文章烈), 조성순(趙鍾純), 광주(光州) 박성동(朴成東), 김아무개, 보성(寶城) 문장형(文章衡), 이치의(李致義), 나주(羅州) 전유창(全有昌), 오중문(吳仲文), 영암(靈岩) 신아무개, 신난(申欄), 최영기(崔永基), 강진(康津) 김병태(金炳泰), 남도균(南道均), 안병수(安炳洙), 윤세현(尹世顯), 윤시환(尹時煥), 장의운(張儀運), 해남(海南) 김도일(金道一), 김춘두(金春斗), 임피(臨陂) 유원술(劉原述), 김상철(金相哲), 진관삼(陳寬三), 홍경식(洪敬植), 장경화(張景化), 장수(長水) 황학주(黃鶴周), 김학종(金學鍾), 영광(靈光) 오정운(吳正運), 최재형(崔載衡), 최시철(崔時澈), 흥양(興陽) 구기서(具起瑞), 송연호(宋年浩), 정영순(丁永詢), 여산(礪山) 최난선(崔鸞仙), 김갑동(金甲東), 박동돈(朴東敦), 김현순

(金顯舜), 조희일(趙熙一), 고산(高山) 박치경(朴致京), 전현문(全顯文), 유종춘(柳宗春), 김택영(金澤永), 김낙언(金洛彦), 최영민(崔永敏), 신현기(申鉉基), 이은재(李殷在), 서인훈(徐仁勳), 진산(珍山) 조경중(趙敬重), 최사문(崔士文), 최공우(崔公雨), 금산 박능철(朴能哲), 곡성(谷城) 조석하(趙錫夏), 조재영(趙在英), 강일수(姜日洙), 김현기(金玄基), 전주 서영도(徐永道), 임상순(林相淳), 고문선(高文善), 이봉춘(李奉春), 허내원(許乃元), 박봉렬(朴鳳烈), 최대봉(崔大鳳), 송덕인(宋德仁), 강문숙(姜文叔), 강수한(姜守漢), 김춘옥(金春玉), 송창렬(宋昌烈), 박기준(朴基準), 오두표(吳斗杓), 구례(求禮) 임봉춘(林奉春), 순천(順天) 박낙양(朴洛陽), 흥덕(興德) 고영숙(高永叔) 등이다.

다음은 경기도, 충청도, 강원도, 경상도 및 황해도의 인사들이다.

광주(廣州) 이종훈(李鍾勳), 염세환(廉世煥), 청주 손천민, 서우순(徐虞淳), 김상일(金相一), 한창덕(韓昌德), 강주영(姜周永), 윤행현(尹行顯), 신광우(申光雨), 권병덕(權秉悳), 장이환(張离煥), 이공우(李公雨), 충주 홍재길(洪在吉), 이용구(李容九), 신(辛) 아무개, 안성 임명준(任命準), 정경수(鄭璟洙), 양지(陽智) 고재당(高在棠), 여주(驪州) 홍병기(洪秉箕), 신수집(辛壽集), 임학선(林學善), 이천(利川) 김규석(金奎錫), 전창진(全昌鎭), 이근풍(李根豊), 양근(楊根) 신재준(辛載俊), 지평(砥平) 전태열(全泰悅), 이재연(李在淵), 원주(原州) 이화경(李和卿), 임순화(林淳化), 횡성(橫城) 윤면호(尹冕鎬), 홍천 심상현(沈相賢), 오창섭(吳昌燮), 서산(瑞山) 박인호(朴寅浩), 이우설(李愚卨), 유현옥(柳鉉玉), 박동후(朴東厚), 최극순(崔克淳), 장세화(張世華), 최동빈

(崔東彬), 안재봉(安載鳳), 안재덕(安載德), 박치수(朴致壽), 홍칠주(洪七周), 최영식(崔永植), 홍종식(洪鍾植), 김성덕(金聖德), 박동현(朴東鉉), 신창(新昌) 김경삼(金敬三), 곽완(郭玩), 정태영(丁泰榮), 이신교(李信敎), 덕산(德山) 김명배(金蔑培), 이종고(李鍾皐), 최병헌(崔秉憲), 최동신(崔東信), 이민해(李鎭海), 고운학(高雲鶴), 고수인(高壽仁), 당진(唐津) 박용태(朴瑢台), 김현구(金顯玖), 태안(泰安) 김병두(金秉斗), 홍주(洪州) 김주열(金周烈), 한규하(韓圭夏), 김의형(金義亨), 최준모(崔俊模), 면천(沔川) 박희인(朴熙寅), 이창구(李昌九), 한명순(韓明淳), 안면도(安眠島) 주병도(朱炳道), 김성근(金聖根), 김상집(金相集), 가영로(賈榮魯), 남포(藍浦) 추용성(秋鏞聲), 김 아무개, 진주(晉州) 손은석(孫殷錫), 박재화(朴在華), 김창규(金昌奎), 곤양(昆陽) 김성룡(金成龍), 하동(河東) 여(余) 아무개, 남해(南海) 정용태(鄭龍泰), 해주(海州) 박종현(朴鍾賢), 김하형(金河瀅), 김유영(金裕泳), 오(吳) 아무개, 김영후(金永厚), 송화(松禾) 방찬두(方燦斗), 김영하(金永河), 장응봉(張應鳳), 차익환(車翼環), 신천(信川) 유해순(柳海珣), 재령(載寧) 원용일(元容馹), 한화석(韓華錫), 최창우(崔昌祐), 문화(文化) 윤기호(尹基鎬), 이흥림(李興林), 풍천(豊川) 손두순(孫斗淳), 이달홍(李達弘), 장연(長淵) 정찬(鄭燦), 안악(安岳) 김봉하(金鳳河) 등이다. 이상 73고을에 314명이 북접계통의 대접주 또는 접주로 제2차 동학농민혁명에 참전하였다.

제2차 동학농민혁명의 전개

1895년 9월 2일에 주한 일본공사관 일등 영사 우치다가 자신의 상관 이노우에게 올린 보고서가 중요해 보인다. 이 문서에는 전봉준 등이 제2차 동학농민혁명을 일으킨 이유를 정확히 기록하였다.[19]

그해 여름, 일본군은 경복궁에 침입하였다. 우국지사 전봉준은 그 소식을 듣고 일본이 조선을 집어삼키려는 의도를 노골적으로 드러냈다고 판단하였다. 그래서 그는 장차 일본군을 격퇴하고 서울에 있는 일본인을 모두 쫓아내는 것이 마땅하다고 확신하였다. 제2차 동학농민혁명을 도모하게 된 근본적인 이유가 일본군의 경복궁 침략 행위였다.

마침 삼례역(參禮驛)은 전라도의 중심지인 전주에 가까우며 지세가 광활한 교통의 요지이므로, 전봉준은 그해 9월에 거주지인 태인을 출발해 원평을 거쳐 곧장 삼례역에 도착하였다. 그곳에 모병(募兵) 본부를 두고 전봉준은 각지의 뜻있는 청년을 불러 모았다.

그 과정에서 전봉준의 참모 역할을 한 이는 다음과 같다. 진안(鎭安)의 동학 접주 문계팔(文季八), 전영동(全永東) 및 이종태(李宗泰), 금구 접주 조준구(趙駿九), 전주 접주 최대봉(崔大奉) 및 송일두(宋日斗), 정읍

---

19 아래의 서술은 우치다(內田定槌)가 특명전권공사인 이노우에(井上馨)에게 보고한 <동학당 사건(東學黨事件)에 대한 회심전말(會審顚末) 구보(具報)>를 바탕으로 하였다.

접주 손여옥(孫汝玉), 부안(扶安) 접주 김석윤(金錫允)·김여중(金汝中) 및 최경선(崔卿宣)·송희옥(宋憙玉) 등이었다. 그들은 일제히 삼례역을 떠나 북상하였는데, 이르는 곳마다 동지를 모아 은진과 논산을 지날 때는 전봉준이 인솔한 동학농민군이 1만여 명이었다.

그해 10월에 최시형은 손병희에게 명령하여 북접에 속하는 각 포(包)의 동학농민 10만 명을 지휘하게 하였다. 손병희는 곧 각 포와 접의 군사를 이끌고 공주로 갔다. 거기서 전봉준 등 남접의 동학농민과 서로 만나 의식을 거행하고, 최제우의 영전에서 심고(心告)하여 형제의 의를 맺었다.[20]

1894년 10월 26일경 전봉준과 손병희는 충청도 공주를 점령하기 위해 전투를 시작했다. 그런데 아군의 소망과는 달리 이미 일본군이 공주를 차지하고 있었다. 동학농민군은 공주로 들어가려고 일본군 및 관군과 몇 차례 교전하였는데, 도저히 무기의 열세를 극복할 수 없어 싸움에 지고 말았다.

전봉준은 모든 수단과 방법을 동원해서 일본군을 물리치려고 안간힘을 다했다. 하지만 일본군은 공주를 사수하며 한 발짝도 움직이지 않았다. 그 사이에 동학농민군은 점차 기운을 잃었고 흩어지기 시작해 나중에는 수습하기조차 어렵게 되었다.

---

20 《천도교서》, 제3편, <의암성사(義菴聖師)>.

다 알다시피 북접과 연합한 결과 동학농민군의 숫자는 부쩍 늘어났다. 그러나 북접은 전투경험이 거의 없었기 때문에 그해 4월의 제1차 혁명 때처럼 동학농민군을 일사불란하게 운용하기는 어려웠다. 조직이 비대해진다고 해서 좋기만 한 것이 아니었다. 남접과 북접이 연합하여 대군을 모았는데도 그 성과는 오히려 전만 못하였다. 그처럼 어이없는 상황을 전봉준은 견디기 어려웠으나, 다른 방법이 없었으므로 후퇴를 단행하였다.

전봉준은 일단 고향으로 되돌아가서 다시 군사를 일으키려 했다. 그는 전라도에서 일본군과 다시 싸울 작정이었다. 하지만 한 번 흩어진 동학농민군을 단시일 내에 다시 모으기란 불가능하였다.

최후의 수단으로, 전봉준은 3~5인의 동지와 상의하여 각자 남몰래 서울로 올라가서 정치적 상황을 면밀하게 파악하자고 약속하였다. 전봉준은 일단 장사꾼으로 위장해 서울로 올라가기로 했다. 그러나 전라도 순창의 피노리에 이르렀을 때 그는 동지의 배신으로 체포되었다. 이것으로 제2차 동학농민혁명은 사실상 막을 내렸다.

이상과 같은 기술은 일본 영사 우치다가 작성한 전봉준, 손화중 및 최경선의 구두 진술서와 일본군이 수집한 동학 관련 서류를 토대로 한 것이다. 당시의 사정을 가장 정확히 파악한 것으로 볼 수 있다.

흥선대원군과 협력한 사실

제2차 동학농민혁명의 목적은 "척왜양창의(斥倭洋倡義)", 즉 일본 과 서구 제국주의 세력을 몰아내고 정의를 실현하기 위한 것이었다. 반(反) 제국주의투쟁이었다는 말이다. 그런데 동학농민군이 기포(起包) 한 배경에는 흥선대원군과 그의 손자 이준용(李埈鎔)의 고무와 격려도 모종의 역할을 하였다.

1894년 6월 21일에 일본군이 경복궁을 침략한 사건을 틈타 흥선 대원군은 궁정의 실력자인 민씨들을 내쫓고 잠시 정권을 쥐었다. 일 본군은 경복궁 침략 사건 이후에 미리 마련한 각본대로 충청도 아산 (牙山)에서 청나라 군대를 공격하며 청일전쟁을 일으켰다. 전세는 일 본군에게 유리해 청나라 군대는 평양까지 물러났고, 일본군은 그들 을 추격할 태세였다.

그러나 흥선대원군은 청일전쟁에서 청나라가 승리를 거둘 것으로 짐작하고, 장차 청나라 군대가 평양에서 남쪽으로 내려오면 서울에 있는 일본군이 쫓겨날 것으로 내다보았다.

그런 예상 아래 흥선대원군은 청나라와 밀접한 관계를 유지하였 다. 그는 평양에 주둔한 청나라 군대와도 연락을 주고받았다. 대원군 은 동학농민혁명군을 하루빨리 해산시키겠다고 주장하였으나, 실제 로는 밀사를 파견해 동학의 지휘부와 협력할 것을 남몰래 약속하였다. 청나라 군대가 서울에 들어오면 동학농민군과 함께 힘을 합쳐 일본군을 몰아낼 계획이었다. 대원군의 손자 이준용은 이 기회를 이용해 고종을 폐위하고 자신이 즉위할 수 있기를 소망하였다. 그래서 그는 할아버지 흥선대원군과 은밀히 협력관계를 구축하였다.

흥선대원군과 이준용은 그들의 정치적 목적을 달성하려고 동학의 접주들과 연락을 취했다. 임진주(林瑈珠)·정인덕(鄭寅德)·박동진(朴東鎭)·박세강(朴世綱)·허엽(許燁)·송정섭(宋廷燮)·이용호(李容鎬) 등은 그들이 각지의 동학 접주들에게 보낸 밀사였다.

"이번에 왜적이 대궐을 침범하여 난폭낭자(亂暴狼藉)함이 끝도 없으므로 그대들은 조속히 의병을 일으켜 경성으로 쳐들어와 왜인을 격퇴하고 국가를 위기에서 구하라."

위와 같은 메시지를 동학 측에 보낸 것이다. 나중에 심문과정에서 전봉준은 대원군 및 이준용과의 관계를 철저히 부정하였다. 그러나 일본이 확보한 여러 가지 문서 및 관련자의 구술 증언으로 미루어 볼 때 동학의 지도층이 흥선대원군 및 이준용과 협력한 것은 명백한 사실이었다.

물론 전봉준 등은 혁명의 완수를 위해 그들과 부분적으로 협력한 것이요, 결코 대원군이나 이준용의 하수인 노릇을 한 것은 아니었다.

부당한 외세의 간섭을 차단하고, 부정부패한 반동적 지배층을 처단하는 것, 그렇게 함으로써 후천개벽으로 표현되는 새로운 세상을 이루고자 한 것이었다.

전봉준, 대원군 연루설 부인해

흥선대원군은 송희옥(宋憙玉)을 통해 전봉준에게 연락을 보냈다. 그러나 심문 과정에서 전봉준은 송희옥이란 인물을 잘 모른다며 발뺌했다. 삼례에서 송희옥 등과 만나 제2차 혁명을 논의했다는 점은 인정하면서도, 자신이 송희옥과 친밀한 사이는 아니라고 강력히 부정하였다.

그러나 우치다 등이 증거를 들이대며 집요하게 추궁하자 5차 <공초>에서 전봉준은 그동안 자신이 거짓말을 하였다고 실토하였다. 송희옥은 전봉준의 첫째 부인 여산 송씨와 7촌 간이었다. 송씨 부인은 혁명이 일어나기 전에 사망했으나, 전봉준과 송씨의 관계는 여전히 이어졌다. 송희옥과도 여간 친밀한 사이가 아니었다.

송희옥은 흥선대원군과 어떠한 관계였을까. 그 점이 일본의 지대한 관심사였는데, 그에 관해 전봉준은 아래와 같이 설명하였다.

"송(宋, 송희옥)이 말하기로, 지난번 운변(雲邊, 운현궁의 흥선대원군)

에서 (사람이) 내려와 (1895년) 2월에는 (동학농민군이) 속히 서울로 올라오는 것이 좋겠다는 말씀을 들었다고 하였습니다. 그래서 제가 (흥선대원군이 보낸) 서자(書字, 편지)가 있느냐고 물었습니다. 그는 (편지가) 없다고 하였습니다. 저는 (대원군의) 문자(文字, 편지)를 보여주지 않으면 안 된다고 꾸짖었습니다. 그러자 (그는) 횡설수설(橫說竪說)하였는데, 그 모습이 황당하였습니다. (저는) 운현궁(雲峴宮, 흥선대원군)의 말씀이 계셨다는 그런 말을 (자네가) 꺼낼 필요도 없다고 했습니다. 마땅히 해야 할 일이면 내가 스스로 알아서 하겠다고도 하였습니다."[21]

인용문을 자세히 읽어보면 다음의 세 가지 사실이 일단 확인된다. 첫째, 송희옥을 통해 흥선대원군이 전봉준에게 동학농민군을 이끌고 서울로 오라는 전갈을 보낸 것은 사실이었다. 그 중간에 누가 매개자의 역할을 하였는지는 불분명하다. 그리고 서울로 올라갈 시점을 1895년 2월이라고 했다는 말도 곧이듣기 어렵다. 그러나 흥선대원군이 전봉준에게 병력 동원을 요청한 것은 부정할 수 없다.

둘째, 전봉준이 송희옥을 보호하려고 무던히 애썼다는 사실이다. 그는 송희옥이 황당무계한 사람이라고 몰아세우기도 하였고, 자신이 그를 꾸짖었다고도 했다. 그러나 사실관계를 유추할 때 송희옥은 과연 대원군이 전봉준 앞으로 보낸 한 장의 편지도 없이 병력 출동과

---

21 전봉준의 5차 <공초>

같이 비밀스럽고 위험한 요구를 감히 하였겠는가. 대원군이 병력 동원을 요청했다면 반드시 그가 쓴 서찰도 있었을 것이다.

셋째, 그렇다면 전봉준은 흥선대원군을 비호하는데도 최선을 다했다고 봐야 한다. 흥선대원군이 병력을 출동하라는 부탁을 하였으나, 전봉준은 끝까지 이를 숨긴 것이다. 만약에 그런 비밀을 공공연히 폭로하면 흥선대원군의 처지는 극도로 불리해질 것이었다. 그러나 전봉준과 같은 충의지사(忠義之士, 충성과 의리 있는 선비)가 일본의 강압에 굴복하여 흥선대원군을 배신할 리가 있었겠는가.

전봉준은 이미 죽기를 각오한 몸이었다. 설사 흥선대원군을 고발하여 목숨을 연장한다 하더라도 그것이 그에게 무슨 영광이 되겠는가. 전봉준은 처가의 친족인 송희옥(宋熹玉)이나 국가의 원로인 흥선대원군을 해치는 일은 털끝만큼도 저지르지 않았다.

일본 측은 제2차 동학농민혁명과 흥선대원군이 무관하다는 전봉준의 주장을 믿지 않았다. 그래서 그들은 만약 전봉준이 서울까지 올라왔다면 그 이후에는 어떤 계획이 있었는지를 캐묻기도 하였다.

일단은 일본의 속셈을 상세히 알아보려 했다고 전봉준은 말하였다. 그런 다음에는 "보국안민(輔國安民)의 계획을 실천"[22]하고자 했다고 대답하였다. 이는 나라를 위기에서 구하고 백성을 평안하게 한다

---

22 전봉준의 5차 <공초>.

제4장 _ 해월과 갑오동학농민혁명의 불꽃

는 것으로, 전봉준이 일대 개혁을 소망하였다는 뜻이다. 또, 전봉준
은, "기어코 서울에 한 번 가서 민의(民意)를 (조정에) 상세히 개진(開
陳)"23할 셈이었다는 말도 덧붙였다. 중대한 개혁을 펴기에 앞서 당시
에 백성이 어떤 문제로 시달리는지, 무엇을 조정에 바라는지를 시원
하게 털어놓고 싶었다는 것이다. 이것은 물론 개혁정치에 시동을 걸기
위한 명분일 뿐, 건의사항만 제출하고 고향으로 내려가겠다는 뜻은
아니었다.

전봉준이 흥선대원군의 출병 요청으로 제2차 동학농민혁명을 서
둘렀을 수는 있다. 그러나 그는 결코 대원군의 지시대로 움직이는
하수인이 아니요, 어느 누구에게 매인 사람도 아니었다. 그래서 전봉
준은 단호한 어조로 다음과 같이 말했다.

"재봉기(再蜂起)를 일으킨 것은 제 본심(本心)에서 나온 것입니다."24

흥선대원군, 동학농민 선동하려고 왕의 밀지(密旨)까지 조작

주한일본 영사 우치다가 확보한 문서 중에는 삼남소모사(三南召募
使) 이건영(李建永)을 통해 고종이 내려 보냈다는 밀시(密示, 밀지)가 있다.

---

23 위와 같음.
24 위와 같음.

누군가 조작한 편지인데, 그 가운데는 다음과 같이 선동적인 문구가
있다.

"... 조정에 있는 자는 모두 저들(일본)에게 붙어서 안에서 의논할 자가
한 사람도 없으니, (과인은) 외로이 홀로 앉아 하늘을 향하여 통곡할
따름이다. 방금 왜구가 대궐을 침범하여 화가 국가에 미쳐 운명이 조석
(朝夕)에 달렸다. 사태가 이에 이르렀으니 만약 너희들이 (구하러)
오지 않으면 박두한 화와 근심을 어떻게 하랴. ..."[25]

문서는 동학농민을 부추기려고 고종이 보낸 <밀지(密旨)>라고 하
는데, 아마도 흥선대원군이나 그 측근이 조작한 것 같다. 이 문서는
호남의 동학농민군이 가지고 있다가 일본군에게 빼앗긴 것이다. 일본
은 문제의 <밀지>와 함께 그에 관련된 문서도 확보했다. <밀지>에
관한 기밀을 유지하라는 뜻을 적은 작은 쪽지였다. 그 내용은 다음과
같다.

"대궐에서 초모사 이건영을 통해서 보낸 밀지가 여기에 와 있다. 이러
한 사실이 왜인에게 누설되면 화가 신변에 미칠 것이니 조심하여 비밀
을 지킬 것.

---

25 우치다(內田定槌)가 특명전권공사 이노우에(井上馨)에게 보고한 <동학당 사건(東學黨事件)에 대한
회심전말(會審顚末) 구보(具報)>에 첨부한 문서.

- 의룡(義龍)·월파(月波)·화중(和仲) 형댁(兄宅) 윤회(輪回, 돌려볼 것)"26

놀랍게도 이 문서를 쓴 사람은 곧 전봉준이었다. 우치다가 확인한 바로, 필체가 완전히 일치하였다고 한다. 전봉준이 이건영으로부터 고종의 가짜 <밀지>를 받고 남접의 주요 인사에게 회람을 지시하였다. 문서에서 언급한 "화중"은 곧 손화중(1861~1895)일 것이며, "의룡"과 "월파"는 김개남(1853~1894)과 최경선(1859~1895)이라고 짐작한다. 전봉준은 나이순으로 세 명의 지도자를 언급한 것이다.

접주 장재두, 흥선대원군의 요청에 호응하다

우치다가 확보한 또 다른 문서는 흥선대원군과 동학의 밀접한 관계를 여실히 증명하는 것이었다. 문서의 작성자는 장재두라는 인물이었다. 그는 서울에서 흥선대원군을 만나서 동학농민군이 앞으로 중요한 역할을 담당하겠다고 다짐하였다. 이어서 그는 호남의 여러 접주에게 보내는 글을 지어, 부디 청나라 군대와 힘을 합쳐 일본군을 물리치자고 역설했다. 그 내용을 소개하면 아래와 같다.

---

26 위와 같음.

"... 지난 (6월) 21일 인시(寅時, 5~7)쯤 왕성을 함락하고 대궐을 침범한 왜적 수천 명이 삼전(三殿, 왕과 왕실 어른)을 포위하여 매우 위태로웠고, 각 영문에 있는 병기와 식량도 모두 빼앗았습니다. 대궐문과 4대문을 왜적이 지키고 또 수원성을 함락하고 청나라 군대를 패멸(敗滅)시켜 무인지경과도 같았다고 하니 어찌 통곡할 일이 아니겠습니까. 법소(法所, 최시형의 거처)에서 온 사람의 말을 들어보니, 수령들(지방관)이 오래 회의하였으나 사태를 의논한 일이 없었다고 하니 어찌 의리가 있다고 하겠습니까. ... 우리가 (고향으로) 내려갈 때 운현궁에 말씀드리기를, 청나라 군대와 합세하여 왜적을 모두 물리치겠다고 하였더니 흔쾌히 받아들이셨습니다. 염려하지 말고 조처하여 함께 봉기하고 속히 큰 공을 이루도록 엎드려 빕니다. 비록 법소의 분부가 없을지라도 따르는 동료들이 며칠 안에 몇만 명쯤은 호남(湖南) 도회(都會)에 상응(相應)하고 상합(相合)하여 큰 공을 이룰 수 있도록 의논하기로 했습니다. ... 갑오(甲午) 7월 9일 의제(誼弟) 장두재(張斗在, 장희용(張喜用))[27]

장두재는 상당한 영향력을 가진 접주로 보은집회와 관련되어 감옥에 갇혔으나 흥선대원군의 주선으로 풀려났다. 그는 일본군의 경복궁 침략에 분노하여 동학농민군을 움직이려고 하였다. 장재두가 쓴 위 글은 김덕명(金德明)·김개남(金開男) 및 손화중(孫化中) 앞으로 보내졌다. 전봉준에게는 이 글을 보내지 않았다.

---

27 위와 같음.

1894년 7월만 하여도 전봉준은 제2차 동학농민혁명을 일으킬 시점을 저울질하고 있었다. 전봉준에게는 집강소의 운영이란 사업도 중요하고, 고향으로 되돌아간 동학농민군의 농사일도 시급하였다. 아직 벼도 수확하지 못한 농민들을 다시 동원하여 서울로 올라가는 것은 무리한 일이라 생각되어, 전봉준은 장재두의 견해에 반대하였을 것이다. 짐작하건대 장재두는 김덕명 등에게 편지를 보내기에 앞서 우선 전봉준의 의사부터 타진하였을 것이다.

전봉준이 노골적으로 반대하였음에도 불구하고, 장재두는 뜻을 꺾지 않고 김덕명 등에게 편지를 보냈다. 그 결과는 당연히 실패로 드러났으나, 장재두가 쓴 편지는 동학과 흥선대원군 사이가 긴밀하였다는 점을 입증하기에 충분하였다.

제2차 동학농민혁명에 관한 전봉준의 설명

무엇보다도 전봉준은 일본군이 경복궁을 침략한 사실에 관해 분노하였고, 그래서 제2차 혁명을 일으켰다. 그는 그 사실을 숨기지 않았는데, <공초>에서 다음과 같이 주장했다.

"… 들은즉 귀국(貴國, 일본)이 개화(開化)를 한다고 하면서 애초 한마디 설명도 민간에 알리지도 않았고 또 격서(檄書)도 없이, 군사를 거느리고 우리 도성(都城, 서울)에 들어와 밤중에 왕궁(王宮)을 격파하여 주상(主上, 고종)을 놀라게 하였습니다. 그러므로 초야의 사민(士民, 선비와 백성)이 충군애국(忠君愛國)의 마음으로 강개(慷慨)함을 이기지 못하여 의려(義旅, 의병)를 모아 일본사람과 접전(接戰)하고, 이런 사실을 한 차례 물어보고자 하였습니다."[28]

요컨대 일본의 경복궁 침략을 응징하려고 제2차 혁명을 일으켰다는 것이다. 그 사건에 관한 소식을 전봉준이 처음으로 들은 것은 7월이요, 그때 그는 남원(南原)에 있었다.[29] 그 자리에서는 집강소 운영은 물론이고 경복궁 침략 사건에 대해 앞으로 어떻게 대처할지를 전봉준, 손화중 및 김개남 등이 숙의하였을 것이다. 그러나 <공초>에서 전봉준은 그런 사실은 언급하지 않았다.

출병을 미루던 전봉준이지만, 그해 9월이 되자 제2차 혁명을 시작했다. 다 알다시피 그 후에는 공주에서 일본군과 싸웠으나 뜻대로 적을 무찌르지 못하였다. 아쉽고 안타까운 일이었는데, 전봉준은 그 당시 사정을 아래와 같이 설명하였다.

"... 생각하여 본 즉, 공주(公州) 감영(監營)은 산(山)이 가로막고 하천(河川)을 두르고 있어 지리(地理)가 형승(形勝)하였습니다. 그러므로

---

28 전봉준 1차 <공초>.
29 전봉준 4차 <공초>.

이곳에 웅거(雄據)하여 굳게 지키면 일본(日本) 병사(兵士)들이 쉽게 공격하지 못할 것이라 여겼습니다. 공주(公州)에 들어가 일본(日本) 병사(兵士)에게 격문(檄文)을 전달하고 서로 겨루고자 하였습니다. 그러나 일본(日本) 병사(兵士)가 먼저 공주(公州)를 웅거(雄據)하였으므로 형편상 접전(接戰)하지 아니할 수 없었습니다. 그래서 두 차례 접전(接戰)하고는 10,000여 명의 군병(軍兵)을 점고(点考)하였더니 남은 이가 3,000여 명에 불과하였습니다. 그 뒤 또 두 차례를 접전(接戰)하고 점고(点考)하였더니 500여 명도 되지 않았습니다. 패주(敗走)하여 금구(金溝)에 이르러 다시 군사를 모으려 했습니다. 그 수는 조금 늘었으나 기율(紀律)이 없어 다시 싸우기가 아주 어려웠습니다. 그때 일본(日本) 병사(兵士)가 추격해와 두 차례 더 접전(接戰)하고 패주(敗走)하여 해산(解散)하였습니다."[30]

본래 전봉준은 일본군보다 먼저 공주를 점령하고 그곳의 지세를 이용하여 일본군과 싸울 계획이었다. 그러나 일본군이 먼저 공주에 들어왔으므로 전략상 큰 차질이 빚어졌다. 전봉준은 다시 전라도로 돌아가서 일본군과 최후의 승부를 겨룰 생각이었다.

그러나 일본군은 전봉준의 동학농민군을 끈질기게 추격해왔다. 그래서 1894년 11월 25일에는 원평(현 전북 김제)에서 교전하였고, 이틀 뒤인 11월 27일에는 또 태인전투를 치렀다. 전봉준은 더 이상 버틸

---

30 위와 같음.

수가 없어, 동학농민군을 해산하고 말았다.

전봉준의 비서

전봉준은 동학농민군의 최고사령관으로 많은 사람과 연락을 주고받았다. 모든 편지를 그 자신이 일일이 쓰기에는 시간이 부족하였다. 그는 친서(親書)를 보내기도 하고 때로는 누군가에게 부탁해 대신 쓰게(代書)했다.[31] 일본 측은 전봉준의 비서를 체포하면 여러 가지 숨은 정보를 얻을 수 있을 것으로 보고, 비서의 정체를 밝히려고 혈안이 되었다. 그런 줄 모를 리 없는 전봉준은 비서 같은 것은 처음부터 존재하지 않았다고 부인했다.

전봉준은 자신의 문서를 대서(代書)한 사람으로 김동섭(金東燮), 임오남(林五男), 문계팔(文季八), 최대봉(崔大鳳) 및 조진구(趙鎭九) 등이 있었으나, 각자는 불과 몇 차례씩만 대서하였을 뿐이라고 주장하였다.[32] 실제로 비서에 해당하는 "서기(書記)"가 따로 있었을까. 섣불리 단정하기 어려우나 어디에도 비서의 존재를 증명하는 단서가 발견되지 않는다. 그런 점으로 보아, 전봉준은 문서의 작성과 관리를 스스로 담당한 것으로 여겨진다.

---

31 전봉준 4차 <공초>.
32 전봉준 5차 <공초>.

그렇다면 우리는 다음의 두 가지 추론에 이른다. 첫째, 전봉준은 행정 능력이 매우 뛰어난 지도자였다는 점이다. 그는 여러 접주 및 관청과 왕래할 문서가 적지 않았는데도 바쁜 와중에 착오 없이 사무를 집행하였으니 놀라운 일이다.

둘째, 전봉준이 따로 비서를 두지 않은 이유도 미루어 짐작할 수 있다. "보안" 또는 "기밀유지"를 위해서였을 것이다. 동학농민군의 사령탑인 그에게는 고도로 민감한 정보가 적지 않았는데, 중간에 비서를 두면 비밀이 샐 수도 있었다. 비서가 없는 총사령관이란 매우 불편한 노릇이었으나, 전봉준은 이를 묵묵히 감내하며 조직의 안전을 위해 헌신하였던 것이다.

북접의 후퇴

공주에서 물러난 북접도 남접과 마찬가지로 일단 남쪽으로 후퇴하였다. 처음에는 논산(論山)으로 물러나 진을 쳤는데, 사람들이 떠들며 북접의 지휘관들을 비난하였다.

> "모든 두령(頭領)이 아무런 조화(造化)도 없이 많은 사람을 동원하여 난리에 빠지게 하였다. 차라리 그들을 일찌감치 죽이는 것이 나을 것이다."[33]

북접에 내부 교란이 무척 심하였다는 점을 알 수 있다. 그러자 손병희는 반월산(半月山)에 올라 사람들에게 이렇게 말했다. "그대들이 만약 조화를 믿지 않는다면 일제히 나를 쏘아라."[34] 그제야 사람들이 모두 고개 숙여 엎드렸다고 한다. 이처럼 손병희는 남다른 담력을 발휘하여 북접의 내분을 막았다.

이어서 그는 북접을 지휘하여 익산(益山), 전주(全州), 금구(金溝), 태인(泰仁), 정읍(井邑), 고부(古阜), 장성(長城), 순창(淳昌) 등을 거쳐 스승 최시형이 머물던 임실군(任實郡) 조항(鳥項)에 도착하였다. 그 얼마 후에 손병희는 스승 최시형을 모시고 북쪽으로 올라가 금산(錦山)으로 갔다.

무주전투부터 북실전투까지

손병희 일행이 무주(茂朱)에 도착하자 이응백(李應白)이 현지의 민보군(民堡軍)을 이끌고 포위하였다. 그러자 손병희가 북접의 동학농민에게 당부하기를, "나의 깃발이 올라가는 것을 보고 나서 행동하라"고 하고, 공격할 때를 맞추어 깃발을 올렸다. 이에 동학농민군이 진격하자 민보군이 크게 무너졌다.

---

33 《천도교서》, 제3편, <의암성사(義菴聖師)>.
34 위와 같음.

당시에 손병희는 임학선(林學善)에게 특별한 임무를 주었다. 우선 수천 명의 동학농민군을 이끌어 스승 최시형을 모시고 먼저 떠나라고 했다. 그러고 나서 손병희는 나머지 군사를 데리고 후방을 지키며 북상하려고 계획하였다. 그러나 많은 사람이 그의 명령에 따르지 않았고, 이종훈(李鍾勳), 홍병기(洪秉箕), 이용구(李容九)만이 손병희의 지시를 따랐다. 손병희는 명령을 제대로 따르지 않는 사람들을 크게 꾸짖어 규율을 회복하였다. 여기서도 재차 확인되듯 북접은 통솔하기가 어려운 부대였다.

일행이 충청도 영동군(永同郡)의 용산(龍山)시장에 이르렀을 때 관군이 나타났다. 때마침 안개가 짙어 동서남북을 구분할 수 없었다. 매우 치열한 전투가 벌어졌는데 손병희가 용맹하게 앞장서 싸우자 전세가 역전되었다. 승리를 거둔 일행은 청산(靑山)을 지나가게 되었다.

누군가 손병희에게 말하기를, 선생님의 가족이 여기에 있으니 들어가서 만나보는 것이 옳다고 하였다. 그러나 손병희가 대답하기를, 처자(妻子)를 사랑하는 정(情)이야 누군들 없겠는가마는 모든 이가 가족과 흩어져 난리 중에 생사조차 알지 못하는데 어찌 홀로 처자를 돌보겠는가, 라고 하며 고개를 저었다.

충청도 보은(報恩)의 북실(北谷)에서 북접은 다시 관군과 교전하였으나 이기지 못하였다. 1894년 12월 18일~19일이었다. 손병희는 약

1만 명의 동학농민군을 거느리고 북실에 들어가 쉬고 있었다. 그 소식을 들은 상주소모영의 유격병·용궁 민보군·함창 민보군·일본군 270명이 동학농민군을 기습하였다.

그다음 날 아침이 되자 동학농민군은 북실의 북쪽 고지에 올라가 적을 상대로 치열한 공방전을 벌였다. 그러나 이기지 못하고 많은 전사자를 남긴 채 후퇴하였다. 기록마다 전사자의 수가 다르게 나타난다. 일본군의 전투보고서에는 아군 300여 명이 전사했다고 하고, <소모일기(召募日記)>에는 395명으로 나타나 있다. <토비대략(討匪大略)>에 따르면 야간 전투에서 전사한 동학농민군이 393명이고, 나중에 붙잡혀 총살된 숫자가 2천2백여 명이라고 하였다.[35]

큰 손실을 입은 동학농민군은 청주 화양동(華陽洞)을 지나 그다음 날에는 충주(忠州) 외서촌(外西村) 도잔리(都房里)에 도착했다. 거기서 다시 관군의 공격을 받자 북접은 혼란에 빠져 사방으로 흩어졌다. 그 사이에 스승 최시형과도 연락도 끊어져 손병희는 매우 어려운 처지가 되었다.

그러자 그는 홍병기, 이승우(李承祐), 최영구(崔榮九), 임학선과 함께 밤길을 걸어 북으로 이동하였는데가 죽산(竹山)의 칠정사(七精寺)에서 관군과 다시 교전하였다. 그 후에 손병희는 고요한 생각에 잠겼는데,

---

35 <균암장(均菴丈) 임동호씨(林東豪氏) 약력(略歷)>; <토비대략(討匪大略)>; 《갑오동학농민혁명총서》, 11, 500~508쪽; 《주한일본공사관기록》, 6, 68쪽.

한 줄기 빛이 나타나 그것을 따라 50리를 걸어갔다. 그곳의 작은 집에 스승 최시형이 머물고 있어 재상봉하게 되었다.

그해 12월 24일에 손병희는 충주에 이르러 모든 교도에게 각자 집으로 돌아가라고 지시하였다. 또, 그들에게 계명(誡命)을 주어 부탁 하기를, 집에 돌아간 뒤에는 반드시 지극한 정성으로 도를 수련하여 하늘의 때를 거스르지 말라고 하였다.

해가 바뀌어 1895년 1월 4일이 되었다. 최시형은 제자 손병희·임 학선·이종훈 등의 부축을 받으며 충주 외서촌 무극리를 지나고 있었 다. 그때 일본군 가흥병참부에서 파견한 정찰대와 제16대대 이시모 리(石林) 중대의 지대를 만나 한바탕 교전하였다. 그러나 아군은 적을 대적하기에 여러모로 불리하였다. 그날 전투에서 동학농민군은 다시 수십 명의 전사자를 남기고 사방으로 흩어졌다.[36]

손병희는 스승 최시형을 모시고 경기도 음죽(현 이천시)에 이르러 접주 이용구의 집에서 하루를 묵었다. 그러나 관군이 쫓아와 일행을 포위하였으므로 매우 위태로웠다. 손병희는 최시형을 등에 업고 마이 산(馬耳山) 정상에 올라가 겨우 화를 피하였다. 밤이 되자 관군이 물러 갔는데, 그제야 하산하였다.

이후 막심한 고생을 무릅쓰고 손병희 등은 스승 최시형을 모시고

---

36 <균암장(均菴丈) 임동호씨(林東豪氏) 약력(略歷)>; 《주한일본공사관기록(駐韓日本公使館記錄)》, 6, 16-17쪽.

강원도 인제군(麟蹄郡)에 있는 교인 최영서(崔永瑞)의 집에 도착하였다. 그들의 피신은 끝없는 고난 속에 하루하루 계속되었다.

전봉준의 압송

1895년 양력 3월 5일, <도쿄 아사히신문>은 동학농민혁명의 최고지도자 전봉준이 체포되어 서울로 이송되었다는 사실을 알렸다. <동학당(東學黨)의 대수괴와 그의 공술>이라는 제목 아래 다음과 같은 기사가 실린 것이다.

"동학당의 대수괴 전녹두(全祿斗, 봉준(琫準), 또는 '명숙(明叔)'이라고도 함)와 최시형(崔時亨, 법헌(法軒)) 등은 조선에서 상하노소를 가리지 않고 잘 알려져 있다. 이것은 마치 사이고 다카모리(西鄕隆盛)가 (일본의 개방 정책에 반대해서 사무라이들과 함께 일으킨) 세이난(西南) 폭동의 수괴로 상하노소를 막론하고 널리 알려져 있는 것과 다르지 않다. 그런데 어제 전녹두가 (조선인이 생각하기에는) 기이하게도 생포되어 우리 공사관에 호송되었고 마침내 영사관으로 인도되었다는 사실이 알려졌다. 그러자 (서울) 장안에 떠들썩한 소문이 퍼졌으며 진기한 이 위인을 구경하려는 인파가 계속 몰려나왔다. 그래서 한때 일본 영사관 앞에 인산인해를 이루었다. 전녹두는 다리에 입은 총상이 아직 낫지 않아 (염증이) 발생해 생명이 위독하다. 그러므로 우치다(內田) 영사는 바로 경성수비대의 오노(大野) 1등 군의(軍醫)

에게 치료를 요청했다. 그 결과 생명에 지장은 없다. 하지만 그를 바로 조선인 (정부의) 수중으로 넘길 경우에는 충분한 초치를 하지 않으면 위험해질 우려가 있다. ..."37

알다시피 전봉준은 1894년 겨울에 상인으로 위장하고 서울로 올라가다가 순창에서 붙잡혔다. 이어서 나주를 거쳐 서울에 있는 주한 일본공사관으로 압송되었다. 1895년 2월의 일이었다. 전봉준이 도착한 곳이 다름 아닌 일본공사관이라는 점이 알려주듯, 동학농민군의 주된 적은 일본 제국주의 세력이었다.

그가 서울에 도착하자 수많은 인파가 일본공사관 앞에 몰려들어 인산인해를 이루었다. 전봉준은 당대 제일의 영웅이었다. 일본은 전봉준의 정치적 가치에 크게 주목하였으므로 어떻게 해서든지 그를 살려두고자 했다. 만약에 그를 친일파로 전향시킬 수만 있다면 일본에게는 최상의 선물이 될 것이었다. 일본인들은 조바심을 내며 전봉준의 환심을 사려고 여러모로 공작을 벌였다. 그러나 전봉준이 그런 수작에 넘어갈 사람은 아니었다.

---

37 <도쿄 아사히 신문(東京朝日新聞)>, 1895년 3월 5일.

동학농민혁명군에 대한 재판 경과

서울까지 압송된 전봉준과 손화중 및 최경선 등은 결국 그해 봄, 정확히는 1985년 3월 30일에 형장의 이슬이 되었다. 동학농민혁명군에 대한 수사와 재판이 일단락된 것은 그해 4월 말이었다. 그로부터 넉 달쯤 지난 1895년 9월 2일에 일본영사 우치다(內田定槌)는 특명전권 공사 이노우에에게 동학농민혁명군에 관한 재판이 어떻게 진행되었는지를 보고하였다. 주제별로 요점을 간추리면 아래와 같다. 먼저 이 재판에서 우치다가 어떠한 역할을 하였는지를 알아보자.

> "... 작년 11월(1894)에 (조선) 당국의 법무아문(法務衙門)이 동학당 사건의 심문을 개시하자 소관(우치다)은 각하(이노우에)의 훈령에 따라 (조선과의) 조약의 규정에 따라 매회 법정에 출석하여 담당하는 (조선) 관리와 (함께) 심리를 행하였습니다."[38]

이미 1894년 11월부터 조선의 법부관리와 일본영사 우치다가 동학농민군에 관해 공동으로 조사 및 재판을 진행하였다. 조선은 이미 주권을 상실한 상태였다. 동학농민군이 "척왜양창의"를 주장하며 제2차 혁명을 일으킨 것은 옳은 일이었다. 다음은 혁명군에 관한 재판

---

38 이미 앞서 소개한 우치다의 보고서, 즉 <동학당 사건(東學黨事件)에 대한 회심전말(會審顚末) 구보(具報)>.

이 어떻게 진행되었는지를 짚어본다.

"그 첫 번째 (재판)은 11월 2일에 시작하였고, 그 후에 175일 동안 법정에 (제가) 출석하기를 전후 31회였고, 피고인을 취조한 것이 61명, 압수한 증빙서류를 검열한 것이 실로 1,496통이라는 많은 수에 이르렀습니다. 올해 4월 25일에 이르러 비로소 그 심리를 끝내고 별지(別紙) 제1호와 같이 각 피고인에 대하여 그 처분을 마쳤습니다."[39]

인용문에서 우치다는 자신의 활동을 요약하였다. 동학농민군에게 압수한 문서만 하여도 약 1,500통이었고, 그가 직접 취조한 동학 농민군이 60명도 넘었다. 그 가운데는 전봉준과 손화중 등 거물급이 상당수였다. 그가 말한 별지는 성명과 형량을 기록한 것인데, 아래에 그 내용을 굳이 인용할 필요는 없겠다. 이어서 동학농민군에 대한 심문과 판결의 방식이 어떠했는지도 알 필요가 있겠다.

"... 피고인을 심문할 때는 단 한 번의 예외를 빼면 (조선의) 당국관리가 늘 사용하는 수단인 고문을 가한 적이 없습니다. 모두 본인의 임의 진술과 증빙서류에 의하여 죄의 유무를 단정하였습니다. 범죄의 증거가 충분하지 못한 자는 석방하였고, 유죄로 인정되는 자는 모두 당국의 성문법에 적힌 명문(明文, 법조문)과 대조하여 처벌하였습니다."[40]

---

39 위와 같음.

사실상 예외 없이 근대적 사법처리 기준을 따라 증거 중심으로 판결하였다고 했다. 전봉준의 <공초> 등도 고문을 시행하지 않고 적법하게 받아냈다는 뜻이다. 이제 전봉준 등의 형량에 관한 일본과 조선 양측의 의견 차이를 엿볼 수도 있다.

"... 동학당의 거두인 전봉준(全琫準)·손화중(孫化仲)·최경선(崔慶宣) 등의 처분 방법에 관해서 (저는) 사형에서 한 등급을 감하여 (무기징역으로) 처분하라는 취지로 권고하였으나 끝내 (조선인) 담당 관리가 들어주지 않았습니다. 이는 지극히 유감스러운 일이었습니다."[41]

이 부분에서도 일본 당국이 전봉준 등 동학농민군의 최고지도자들을 살려두어 언제든지 자신들이 정치적으로 이용하려고 했음을 알 수 있다. 그러나 조선 측은 전봉준 등을 사형에 처해 화근을 근본적으로 제거하고자 했다. 그러면 심리 과정에서 어려운 점은 없었을지도 궁금한데, 우치다는 다음과 같이 기술하였다.

"본건을 심리할 때 가장 곤란하였던 점은 증빙서류의 검열이었습니다. 그 숫자는 앞에 쓴 것처럼 거의 1,500통이나 되는 방대한 분량이었고, 대개는 우리 (일본) 군대가 동학도를 토벌하기 위해 출장하였다가

---

40 위와 같음.
41 위와 같음.

각 지방에서 압수한 것입니다. 하지만 이것을 담당 관서(즉, 법부)에서 수령할 때 혼란스럽게 뒤섞어 놓아 어떤 서류가 어느 때 어느 곳에서 압수한 것인지, 또 어떤 서류가 어느 범죄자에 관한 것인지 이를 제대로 판단할 수가 없었습니다. 또, 그 서류는 모두 해석하기 어려운 한문으로 작성되어 있어, 취조상 더욱 큰 애로를 느꼈습니다."42

동학농민군에 관한 서류는 무려 1천 5백 통이나 되었고, 그것은 대체로 일본군 후비대가 작전 중에 획득한 것이었다. 그런데 순한문으로 되어 있어 읽기도 어려웠고, 게다가 법부에서 이 문서들을 요령 있게 분류하지 못했다고 한다. 두말할 필요도 없이 이것은 동학농민군의 활동을 구체적으로 알려주는 대단히 귀중한 문서들이었다. 대부분 사라져 버리고 말았는데, 그 일부가 우치다의 보고서에 실려 있어 그나마 다행이다. 끝으로, 조선 법부의 주무관리가 누구였는지도 알아보겠다.

"… 유독 법무참의(法務參議) 장박(張博)씨는 시종일관 심리장소에 출석하여 한 번도 결근하는 일 없이 성실히 그 직무를 다하였습니다. 그리하여 만사가 지연되지 않고 본건이 종결을 보게 되었습니다."43

---

42 위와 같음.
43 위와 같음.

인용문에서 확인되는 것처럼 법부의 당상관인 참의(현 차관) 장박의 역할이 컸다. 그는 개화파 관리로 나중에는 법부대신을 지냈다.

전봉준과 박영효의 설전

1895년 2월에 전봉준이 서울로 압송되자 당시 법부대신이던 박영효(朴泳孝)는 직접 심문하고자 했다. 박영효는 갑신정변(1884)의 주역이었으므로 '위로부터 혁명을 일으킨' 인사였는데, 그가 '아래로부터 혁명'을 일으킨 전봉준을 만나 죄를 묻는 일이 벌어진 것이다.[44]

두 사람이 만나자 설전이 벌어졌는데, 필자는 이를 편의상 3회전으로 정리하고 싶다. 1회전은 박영효가 전봉준의 죄상을 꾸짖는 시간이었다. 박영효는 세상에 알려진 전봉준의 죄상을 외워댔다. 그가 반란군을 이끌고 전주를 함락한 죄, 무기와 군량미를 빼앗은 죄, 조정 관리를 살해한 죄, 세금을 임의로 사용한 죄, 양반과 부자를 핍박한 죄, 노비문서를 없애 사회 기강을 흔든 죄, 농경지를 백성에게 나눠주어 법질서를 무너뜨린 죄 등이 한참 동안 나열되었다.[45]

2회전은 전봉준이 펼친 반격의 시간이었다. 조선 사람은 과연 언제까지 외국에서 들어온 사상이나 종교에 매달려 살 것인가. 동학(東

---

44 오지영, 《동학사》.
45 위와 같음.

學)이란 훌륭한 사상이 나왔는데도 어찌 박해하는가. 전봉준은 그 자신의 행위를 변호하며, 법부대신 박영효를 다음과 같이 타일렀다.

동학은 잘못된 세상을 고쳐 좋은 세상을 만들어 보려는 사상이다. 누구나 평등한 세상을 만드는 것이 얼마나 좋은 일인가. 낭비하는 세금을 풀어서 의로운 저항을 벌이는 것은 옳으며, 탐관오리와 탐욕스러운 부자를 응징하는 것은 잘못이 아니다. 낡은 신분제도를 고집하고, 공유할 농경지를 개인이 독점해 빈부 격차가 벌어진 것은 잘못이다. 이런 못된 짓을 바로잡으려 일어섰는데, 그런 우리를 외세의 힘을 빌려 소탕하다니, 대감의 죄가 무겁다고 하였다.[46]

마지막 3회전은 참으로 현실적인 싸움이었다. 박영효는 전봉준과 흥선대원군을 하나로 엮어서 엄벌하려고 했다. 전봉준이 수긍하지 않자, 박영효는 동학농민이 '척왜척양'을 부르짖으며 외세를 배격한 사실만 보아도 대원군과 협력했다는 점을 충분히 알 수 있다고 말했다. 그러자 전봉준은 이를 한마디로 일축했다. 일본과 서양은 백성의 적이다. 대원군 한 사람만 그렇게 생각하는 것이 아니라는 주장이었다.[47]

마침내 전봉준은 박영효와 더는 이야기할 생각이 없다고 했다. 박영효 대감 같은 사람들을 모두 없애고 나라를 바로잡으려고 일어

---

46 위와 같음.
47 위와 같음.

섰지만 뜻을 이루지 못했다. 전봉준은 이제 자신을 마음껏 죽이라고 했다. 박영효로서도 달리 할 말이 없어졌다.[48]

필자는 큰 틀에서 다음과 같이 정리하겠다. 1884년에 갑신정변이란 위로부터의 혁명이 있어서, 그 토양 위에서 1894년에는 아래로부터의 혁명, 즉 동학농민혁명이 피어났다. 하지만 두 사람의 설전에서 우리가 보았듯 그들의 사고방식은 근본적으로 달랐다. 대대로 특권을 누리며 산 서울 귀족 박영효와 전라도 시골의 평민지식인 전봉준의 소망은 서로 다른 곳을 향하였다. 처음부터 끝까지 외국의 선진문명에 기대었던 박영효, 그가 우리 자신을 중심으로 모든 문제를 스스로 풀려고 한 전봉준의 생각을 따라갈 수는 없었다. 전봉준이야말로 새 역사의 물꼬를 활짝 튼 선각자였다고 본다.

동학농민혁명의 교훈

동학농민혁명의 한계를 지적하는 목소리도 있다. 동학농민은 군주제를 부정할 만큼의 철저한 정치의식을 갖지도 못했고, 세상을 구제할 뚜렷한 대안을 제시하지도 못했다는 것이 비판의 골자이다. 또 새 세상을 열기에 충분한 경제 및 사회구조를 체계적으로 구상하지도 못했다는 혐의도 있다고 말한다.

---

48 위와 같음.

이러한 비판에도 일리는 있겠지만, 1894년에 일어난 동학농민혁명은 21세기를 사는 시민들에게 다음의 세 가지 가르침을 주고 있다고 본다. 첫째, 동학은 '해원상생(解寃相生)'이라 하여, 원망을 풀고 서로를 살릴 방법을 찾는 것이 소중한 일임을 깨우쳐 준다. 1894년 초여름에 동학농민군은 전주에서 조정과 화약(和約)을 맺고, 집강소를 설치하여 폐정개혁을 실천하였다. 이것은 관청과 백성이 상생할 길을 찾는 노력이었다. 극심한 혼란과 대립을 피하고, 차이와 차별을 극복하기 위해 지혜를 모은 것이다.

둘째, 아무리 사소한 사물이라도 자세히 들여다보면 그 본질은 우주에 닿아 있다는 가르침이다. 각자는 독립적 존재이면서도 상호 의존적일 수밖에 없다는 사실이 중요하다. 전봉준과 동학농민은 '유무상자(有無相資, 있는 사람과 없는 사람이 서로에게 의존함)'의 공동체를 추구했다. 그러한 믿음이 해월 최시형의 숙고를 통해 "이천식천(以天食天, 하늘로서 하늘을 먹고 산다)"이라고 하는 생태공동체의 성립으로 나아간 점을 기억하면 좋겠다.

셋째, 오늘날에도 동학농민이 행동으로 증명한 연대와 협동의 정신이 필요하다. 서로의 부족함을 채워주고, 이곳에 남는 것과 저곳에 부족한 것을 서로 기꺼이 교환하는 마음이 얼마나 소중한가. 제1차 및 제2차 혁명 과정에서 동학농민군이 실천한 삶의 태도는 현대인에게도 꼭 필요한 문화적 자산이다.

1894년에는 많은 농민과 초야의 평민지식인이 동학농민혁명을 전개하였다. 그 중심에 해월 최시형과 전봉준 등이 있었다. 그들이 현대 한국인에게 주는 교훈이 한둘에 그칠 리는 없다. 하지만 그것을 한마디로 줄인다면 우리 자신을 나날이 새롭게 개조하라는 명령이 아닐까 한다.

최제우와 최시형의 사면령

동학농민혁명은 성과 없이 막을 내린듯하였으나, 그것이 끝은 아니었다. 세월이 흐르자 동학은 점차 위기를 극복하고 다시 많은 사람의 지지를 받았다. 그리하여 1907년 7월 8일에 동학의 분파인 시천교(侍天敎) 측은 교조인 수운 최제우와 제2대 교주인 해월 최시형의 사면을 조정에 요청하였다. 9일이 지나자 조정은 그들의 요구를 전면적으로 수용하여 사면령을 내렸다.(1907년 7월 17일) 이로써 동학의 교조신원 운동은 마무리되었다.

사면을 요청한 이는 서울의 남서(南署) 미동(美洞)에 사는 박형채(朴衡采)였는데, 그가 올린 청원서에서 한 구절을 인용하면 다음과 같다.

"... 지금 그 학문을 받들고 그 도를 숭상하는 자가 200여만 명입니다. 다행히 하늘의 도가 순환하여 교화의 문이 크게 열리게 되었습니다.

굽어살피신 후 최제우와 최시형을 죄인의 장부에서 속히 없애버리고 (교조신원의) 숙원을 베풀어 주어 많은 사람의 억울한 마음에 부합되게 하여주기 바랍니다."[49]

조정에서는 이의 없이 이와 같은 청원을 수용하였다. 이렇게 바뀔 수도 있는 일이었다. 그런데도 1860년대 초반부터 1900년대 초반에 이르기까지 40년 동안에 동학을 탄압함으로써 희생된 생명과 탕진한 재물이 과연 얼마나 많았던가.

어쨌든 이제 동학은 손병희의 천도교와 김연국 등의 시천교로 나뉘기는 하였으나 그들이 소망하던 신앙과 포교의 자유를 누리게 되었다. 심지어 그들의 종교적 축일 행사가 신문의 한 귀퉁이를 장식하기도 하였다. 1910년 4월 17일자 기사를 소개한다.

"어제(昨日, 양력 4월 16일)는 시천교조(侍天敎祖) 최제우씨(崔濟愚氏)의 제삿날(亡日)이오, 최시형씨(崔時亨氏)의 생일(生日)이다. 그래서(故로) 해당 교단(該敎)에서 성대한 기념식(紀念式)을 행하였는데 지방교인(地方敎人) 수천여 명(數千餘名)이 와서 참석(來參)하였다고 한다."[50]

---

49 <관보(官報)>, 제3820호, 광무 11년 7월 17일.
50 <대한매일신보>, 1910년 4월 17일.

최제우가 세상을 떠난 것은 음력으로 3월 10일이었으며(1864년), 최시형의 생일도 음력으로 3월 21일이었다(1898년). 아마도 시천교에서는 해당되는 날짜를 양력으로 환산한 것으로 짐작하는데 정확히 일치하는지 모르겠다. 그러나 그것이 얼마나 큰 문제이겠는가. 무엇보다 중요한 사실은 교도들이 양력 4월 16일을 교조 최제우가 돌아가시고 제2대 교주 최시형이 태어난 날로 믿고, 성대한 행사를 공식적으로 개최하였다는 점이다.

그런데 1910년 8월 29일에 대한제국은 일본에 강제로 점령되어, 동학농민군이 기대한 "후천개벽"의 꿈은 물거품이 되고 말았다. "보국안민"이나 "척왜양창의"의 깃발도 빛이 바랬다. 그와 때를 같이하여 동학 내부도 심하게 분열되어 친일파와 독립운동가의 양대세력이 치열하게 대립하는 또 다른 비극적 사태가 다가왔다.

제5장

여주와 이천의 동학농민과 해월

　이 장에서는 경기도 이천과 여주지역에 초점을 두고 최시형과 동학농민의 활동을 살폈다. 두 지역은 동학의 역사에서 상당히 중요하였다. 최시형의 고제(高弟)로 손꼽히는 이종훈과 이용구는 음죽(현 이천시)과 연고가 깊었으며, 그 결과 한때 최시형도 앵산동에 은거하였다. 그리고 여주 전거리(전거론)는 최시형이 말년을 보낸 지역이기도 했다. 요컨대 경기도 이천과 여주에서 일어난 동학농민이 제2차 혁명 때 무슨 활동을 벌였고, 혁명 이후에 얼마나 심한 탄압을 받았는지를 서술하였다.

제2차 동학농민혁명이 일어났을 때 북접에 속한 여러 지역이 참여했다. 그중 필자의 관심을 끄는 곳은 경기도 여주와 이천이다. 그 두 지역과 최시형은 다음의 네 가지 점에서 최시형과 동학 교단에게 중요한 곳이다.

첫째, 이천은 최시형이 누구보다 깊이 신뢰한 제자들과 연고가 있는 지역이었다. 예컨대 이종훈과 이용구는 음죽(현 이천시)과 긴밀한 관계가 있었다. 둘째, 이천과 여주, 그중에서도 특히 여주는 최시형이 말년에 피신한 은신처였다. 가령 원주 전거리(현 여주시)가 그러했다. 셋째, 여주는 말년에 최시형이 중요한 가르침을 펼친 곳이기도 했다. 넷째, 최시형의 묘소도 여주에 있는데, 사실상 이천과 경계지역이나 다름이 없다.

그런 점에서 이천과 여주에서 동학농민의 활동이 어떠했는지를 살펴보는 것은 의미 있는 일이다. 이 기회에 여주와 이천 지역이 동학 교단과 어떻게 연결되어 있었는지도 곰곰 따져 볼 필요가 있다. 아래에서는 동학과 여주, 그리고 동학과 이천의 관계를 차례로 검토하겠다.

1. 여주, 이천의 지방의 동학농민

수운 최제우가 동학을 포교하기 시작한 것은 철종 12년(1861)이었다. 서구세력이 동아시아에 진출하여 청나라와 같은 강대국마저 반(半)식민지 상태로 전락한 시점이었다. 조선은 내부의 모순도 누적되어 각지에서 민란이 일어나고 있었다. 이러한 시대적 변화를 누구보다 민감하게 살피면서 최제우는 나름대로 독자적인 해결책을 제시하였다. 그것이 곧 동학이었다.

하지만 조정의 탄압이 거세져 최제우는 고종 원년(1864)에 순도하였다. 그가 생전에 포교한 지역은 경주를 중심으로 한 경상도 일부와 충청도 단양 및 전라도 남원에 그쳤다. 그러나 동학의 제2대 교주 최시형이 관헌의 눈을 피해 각지를 오가며 포교에 힘쓴 결과 경기도와 강원도에도 동학의 씨앗이 뿌려졌다.

전염병의 유행, 동학의 전파를 도와

해월 최시형은 먼저 강원도에서 포교에 힘썼다. 그 과정에서 최시형은 동학의 경전인《동경대전(東經大全)》을 강원도 인제에서 최초로 간행하였다.(1880년 5월) 그 점은 앞에서도 이미 설명하였다. 그보다 한 해 뒤에는 충청도 단양에서《용담유사》를 인쇄하였고, 다시 2년 뒤에는 충청도 목천에서《동경대전》을 재간행하였다.(1883년 2월). 이런 사실은 《시천교종역사(侍天敎宗繹史)》에도 기술되어 있다.[1] 요컨대 1880년대 초반에는 잇달아 경전을 간행하여 교도에게 나누어줄 정도로 동학 교단은 크게 성장하였다.

해월 최시형은 충청도와 강원도의 산악지방을 무대로 포교활동을 전개하였다. 수배령이 내린 상태여서 자신의 안전을 위해 깊은 산속으로 파고들었으므로 산간지역을 중심으로 포교활동이 전개되었다. 그중 하나가 현재의 여주시 강천면이다. 이곳은 본래 강원도 원주에 속했는데, 최시형은 이미 여러 차례 원주의 치악산을 드나들었다. 그 사이에 강천면의 주민도 자연히 동학을 알게 되었다.

경기도의 백성이 동학에 크게 주목한 것은 1880년대 후반이었다. 다른 지역에서도 그 시기에 많은 사람이 동학의 문을 두드렸다. 정확히 말해 경기도에 동학이 널리 퍼진 것은 1886년부터였다는 것이 통설이다.[2] 그해 8월에 경기도에서 여러 사람이 최시형을 찾아왔다는 기록이 《시천교종역사》에 기술되어 있다.

한 가지 사연이 있었다. 그해 6월, 전국에 호열자(콜레라)라는 새로운 전염병이 널리 퍼져 사망자가 속출하였다. 하지만 신기하게도 동학 교도는 대체로 무사하였다. 가령 최시형이 임시 거주하던 상주

---

1 《시천교종역사(侍天敎宗繹史)》의 경진, 신사 및 계미년 조항을 참조할 것.
2 동학농민혁명기 여주의 동학농민들에 관해서는 다음의 글이 중요하다. 신영우, <여주지역의 동학운동과 동학농민전쟁>, 《여주시사》, 2005.

화령의 전성촌은 40여 호가 살았는데 한 명도 이 병에 걸리지 않았다. 사람들은 최시형이 가르치는 대로 위생을 청결히 하고 수행에 힘썼다.

그해 가을 찬바람이 불자 호열자는 기세가 꺾였다. 그때 한 가지 소문이 전국에 널리 퍼졌는데, 동학을 믿으면 병에 걸리지 않는다는 것이었다. 그래서 각지에서 사람들이 몰려와 최시형에게 도를 물었다. 경기도에서 찾아온 사람도 많았다. 이 호열자 사건을 계기로 전국 어디에나 동학의 교세가 눈에 띄게 팽창하였다. 여주라고 예외일 수는 없었다.

보은집회에 참가한 여주, 이천의 동학교도

1893년 정월에 동학 교도는 보은의 속리산 밑에서 대규모 집회를 열었다. 장내리에 대도소(大都所)가 설치되어 각지의 교도가 모여 교조 신원운동을 어떻게 할지 상의하였다. 지도층인 대접주와 접주는 청주 남일면의 솔뫼 마을에 따로 모여 교조 최제우의 억울함을 씻어달라는 내용이 담긴 상소문을 만들었다. 솔뫼 마을은 동학의 대접주이자 최시형의 문서 담당인 손천민의 연고지였다.

그해 2월에 동학 교도는 손천민이 작성한 상소문을 가지고 서울에 올라가 이른바 복합상소(伏閣上疏)를 올렸다. 그러나 조정에서는 그들의 요구를 받아들이지 않았다.

이어서 동학 교도는 다시 보은의 장내리에 운집하여 집회를 열었다. 시간이 흐를수록 전국에서 더더욱 많은 교도가 모여들었다.

보은의 향리는 동학의 움직임을 상세히 파악해 《취어(聚語)》라는 제목의 보고서를 작성했다. 이 기록을 분석해 보면 집회에 참석한 경기도의 교도가 얼마였고, 어느 지역 출신이 많았는지도 알 수 있다. 그것은 물론 정확한 통계가 아니었으나, 대강의 추세를 짐작하기에는 충분할 것이다.

장내리에 모인 참석자의 숫자를 따져 보면 충청도의 교도가 가장 많았다. 그 뒤를 이은 것은 전라도의 교도요, 경기도는 다시 그다음 순이었다. 1893년 4월 2일자 《취어》를 보면, 집회를 마치고 고향으로 돌아간 경기도의 동학교도는 대략 아래와 같았다.

> "경기 수원접 840여명, 용인접 200여명, 양주·여주 등지 270여명, 안산접 150여명, 송파접 100여명, 이천접 400여명, 안성접 300여명, 죽산접 400여명"[3]

보은 집회에 참석했다가 그날에 귀향한 경기도의 교도는 모두 합쳐 2,860여 명이었다. 미리 돌아간 사람들도 다소 있었을 것이므로 정확한 숫자는 아니었다. 교세로 헤아려 보면 수원이 압도적으로 많

---

3 《취어(聚語)》, 《동학난 기록》, 권 상, 국사편찬위원회, 1959; 《동학농민혁명자료총서》, 2, 72-73쪽.

앉다. 그런데 이천과 죽산 및 안성도 상당한 규모였다. 양주와 여주는 하나로 묶어서 파악한 점으로 보아 아마도 한 사람의 접주가 지도한 것 같다. 안타깝게도 그 접주가 누구였는지는 아직 확인하지 못하였다.

알다시피 동학교도의 조직은 '접(接)'을 단위로 삼았다. 접의 범위는 하나의 행정구역과 반드시 일치하는 것이 아니었다.[4] 때로는 동일한 행정구역 안에도 몇 개의 접이 병존하였다. 또는 여러 지역을 하나로 묶어서 접이 만들어지기도 했다.

'유무상자'를 실천하는 공동체

왜 그처럼 많은 사람이 탄압에도 불구하고 동학에 입도했을까. 앞에서 우리는 호열자라는 전염병을 예로 들어, 동학을 일종의 피신처 또는 사회적 안전망으로 여겼다는 점을 언급했다. 그 점을 조금 더 구체적으로 설명해 보면 아래와 같다.

1890년대 초반까지도 동학은 비밀결사였다. 동학을 반대한 경상도 상주의 유림은 다음과 같이 주장했다.

"스스로 한 무리를 만드는 방법이 있었으니, 몰래 서로 주고받는 것이

---

4 표영삼, 《동학》, 1, 통나무, 2004, 221~224쪽.

라. 그 뿌리와 기맥이 산속의 숲보다 깊고, 고을과 마을에 두루 침투하
였다. 한번 사람의 마음에 (동학이) 들어가면 공장(工匠)과 상인은
생업을 폐하였다. 땅을 경작하는 농부도 다시는 일하지 않았다."5

인용문을 자세히 읽어보면 과장된 점도 있어 보인다. 예컨대 동학
에 들어가면 생업을 포기하였다는 말은 몇몇 지도자에게나 해당하였
을 것이다. 그러므로 약간의 과장된 기술은 있으나 인용문에 기록된
것은 당시의 실상에 부합하였다. 나라에서 동학을 엄히 금지하였기
때문에, 도를 '몰래 주고받는' 것은 당연한 일이었다. 조선 후기에는
동학에 앞서 여러 종류의 비밀결사가 존재하였기 때문에 사람들이
비밀결사를 조직하는 것은 별로 낯선 일이 아니었다.6

위의 인용문, 즉 유림의 <통문>에 따르면 동학 교도는 도를 전파
하는 데 심혈을 기울였다. 한 마을에 교도가 생기면 그는 마을사람
모두를 입도하려고 노력하는 식이었다. 그러므로 인망이 두터운 사람
이 교단에 들어오면 그 사람의 인품과 능력을 믿고 많은 사람이 동반
입교하였다.

동학이 큰 인기를 누리게 된 데는 실질적인 이유가 있었는데, 그것
이 곧 유무상자(有無相資)였다. 이미 앞에서도 설명한 것처럼 동학에서

---

5 최승희, <서원(유림)세력의 동학배척운동 소고>, 《한우근박사정년기념논총》, 지식산업사, 1981.
6 비밀결사의 전통에 대해서는 다음을 참조할 것. 백승종, 《정조와 불량선비 강이천》, 푸른역사, 2011.

는 당장에 빈부의 차이를 없애려기보다는 사회적 약자도 멸시받지 않고 평화롭게 살 수 있기를 바랐다. 그러므로 교도끼리는 서로를 높여 '접장(接長)'이라고 불렀다. 심지어 "노비와 주인이 함께 입도하더라도 서로가 서로를 접장이라고 부르며, 마치 벗들이 서로 사귀기라도 하는 모양이었다."[7]라는 말이 나올 정도였다. 적어도 동학 내부에서는 신분의 귀천에 따라 사람을 차별하지 않았다는 점이 중요하다. 그러므로 홀어미와 홀아비 같은 사회적 약자들이 동학에 쏠렸다고 한다. 여기서 더욱더 중요한 사실은, "가진 이와 없는 이들이 서로서로 돕기 때문에 가난한 사람들이 기뻐한다"는 점이었다.[8]

그에 더하여 동학이 교리상으로도 매력적이었다는 점도 빠뜨릴 수 없다. 동학은 사회변혁을 꾀하면서 이른바 '후천개벽'을 성포하였다. 최제우의 가르침을 충실히 실천한다면 새로운 세상의 주역이 될 수 있다는데 싫어할 농민 또는 평민이 어디 있었겠는가. 하물며 교리도 단순하고 명쾌해 누구나 쉽게 이해할 수 있고, 21자 주문만 잘 외우면 큰 문제가 없었다. 누구든지 자신의 내부에 하늘님(天主)을 모시고 있으므로 "시천주 조화정 영세불망 만사지"라는 주문을 거듭해서 외우고, 맑은 물(淸水) 한 그릇을 떠 놓고 기원하라, 병이 생기면

---

7 황현, 《번역 오하기문》, 김종익 역, 역사비평사, 1994, 129쪽.
8 인용부호 안의 글귀는 <도남서원(道南書院, 상주) 통문(通文)>에 나온다. 앞에 인용한 최승희의 논문에서 재인용하였다.

부적을 불살라 마셔라, 그러면 모든 병이 물러간다고 가르쳤다. 학식이 없는 사람이라도 이해하지 못할 교리가 없었다.

새로운 가르침

동학의 가르침에는 분명히 새로움이 있었다. 그저 유교와 불교와 도교를 적당히 혼합한 저급한 차원의 교리가 아니었다는 뜻이다. 쉬운 말로 설명하였으나, 심오하고 새로운 세계관이 있었으니, 여기서는 다음의 두 가지만 간단히 설명하겠다.

첫째, 그 시절은 서세동점(西勢東漸)으로 서구 열강이 동아시아의 존망을 위협하고 있었다. 거기에 일본까지 덩달아 나서서 조선을 침략할 야욕을 노골적으로 드러냈다. 동학은 이 문제를 외면하지 않았다. 가령 <권학가>에는 서양 사람이 중국에 교회당을 세워 천주교를 선교하는 문제를 언급하였다. 그리고 <안심가>에서는 일본이 우리나라를 다시 침략하리라는 염려를 털어놓았다. 당시 사람들은 서구 세력과 일본의 침략을 의심하였는데, 동학은 그 문제를 제기한 것이다. 또, <포덕가>에서는 우리의 장래를 다음과 같이 걱정하였다.

"서양은 싸우면 이기고 공격하면 빼앗아 이루지 못하는 일이 없으니, 천하가 모두 멸망하면 순망치한(脣亡齒寒)의 탄식이 없지 않겠다."9

<포덕가>의 일절이다. 이러한 격변의 시대에 자기 혁신을 꾀하지 않고 무사안일을 고집한다면 결국 망하는 길밖에 다른 무슨 대안이 있을까. 최제우와 최시형은 시대의 혼란을 경고하면서도 '개벽'의 시간이 곧 밝아온다며 교도의 가슴 속에 희망의 씨앗을 뿌렸다. 두려워하지만 말고 우선 내적으로 혁신하라며 격려한 것이다.

둘째, 동학이 새로운 사회의 도래를 선포했다는 사실은 매우 중요하다. 우주 만물은 저마다 하늘님을 모시고 있어 지극히 존귀한 존재이므로, 신분의 차별도, 연령에 따른 차별도, 성별에 따른 차별도 동학의 가르침 앞에서는 무력했다.

이상에서 설명한 것과 같은 사정으로, 1880년대 이후 동학은 가장 인기 있는 신종교가 되었으며, 경기도 여주를 비롯한 그 인근 지역에서도 동학에 입도하는 사람이 해마다 늘어났다. 1893년경 여주에는 최소한 수백 명의 교도가 신앙생활에 정진하였다.

여주 동학농민과 제2차 동학농민 혁명

1894년 봄, 남쪽에서 제1차 농학농민혁명이 일어났을 때 충청도와 경기도의 교도 역시 술렁였다. 그들의 열망이 심상치 않았으므로 해월 최시형은 그해 4월에 충청도 청산에 머물며 교도를 모이게 하였

---

9 《동경대전》, <포덕가>.

다. 최시형은 관군과의 접전을 원하지 않으나 장차 어떠한 일이 벌어
질지 몰라 일단은 교도를 대규모로 집결하게 하였다.

북접도 고을 행정에 개입해

남접이 일으킨 제1차 동학농민혁명의 여파는 거셌다. 고종은 관
군의 힘으로는 혁명을 진압할 수 없다고 판단해 청나라에 군대를
요청했다. 그리하여 1894년 5월 초순(5일, 7일)에 청나라 군대가 충청
도 아산만에 상륙했다. 침략의 기회를 엿보던 일본도 조선에 군대를
파견했다. 일본은 톈진 조약에서 중국과 일본 두 나라 가운데 한
나라가 조선에 군대를 파견하면 다른 나라도 '출병'하기로 약속했다
는 점을 상기시키며 제물포에 군대를 상륙시켰다.(5월 6일)

전봉준을 비롯한 동학농민군의 지휘부는 청일 양국의 군대가 조
선에 체류할 구실을 제공하지 않으려고 묘수를 두었다. 전봉준은
홍계훈에게 폐정개혁안(弊政改革案)을 제출하고 일사천리로 화약을 맺
었다.(5월 7일)

이후 6월에는 전라관찰사 김학진과 협의하여 전라도 각지에 집강
소를 설치하였다. 동학농민군이 관리들과 공동으로 행정을 담당하였
던 것인데, 엄밀히 말하면 조정에서 파견된 지방관보다도 동학농민군
의 의지대로 모든 일이 좌우되었다.

그러한 실정이 널리 알려지자 충청도, 경상도, 강원도 및 경기도에서도 동학농민의 영향력이 커졌다. 그들은 더 이상 관청을 두려워하지 않았으며, 나름대로 새로운 통치질서를 세우려고 했다. 그렇게 되자 동학의 인기는 더욱더 높아졌고, 동학에 입도하는 농민이 폭발적으로 증가했다.

북접의 지도부는 무고한 교도를 조정이 탄압하였으므로 제2차 혁명에 참전하였다고 말하지만, 그것은 절반의 진실이었다. 북접의 상당수 접주와 다수의 동학농민은 혁명의 대열에 뛰어들기를 바랐다. 그들도 남접과 함께 역사의 중앙 무대에 오르고 싶어 했다.

여주, 이천의 동학 접주

1894년 6월에 일본군은 조선의 법궁(法宮)인 경복궁에 난입하였다. 모든 백성이 조선의 주권을 모독하는 일본의 행위에 대해 분노를 터뜨렸다. '척왜양창의(斥倭洋倡義)', 곧 일본과 서구열강에 반대하여 의거를 일으키는 것은 남접만의 의무가 아니었다.

그해 9월에 전라도에서 제2차 동학농민혁명이 일어나자 최시형 역시 비장한 결심을 하지 않을 수 없었다. 그해 9월 18일부터 북접의 여러 접주가 움직이기 시작했다. 이 지역에서는 3명의 지도자가 기포(起包)했다. 그중 가장 주목되는 이는 이종훈(李鍾勳)이었다. 앞에서도 이미 서술한 것처럼 그는 해월 최시형의 가장 충직한 제자 가운데 하나였다. 물론 그것은 후일담이다.

1893년 연초에 동학에 입도한 다음, 이종훈은 자신의 고향 광주에서 포교를 시작했다. 그러고는 자신의 인맥을 따라 여주와 이천으로 포를 확대하였다. 나중에는 그 범위가 충주와 안성까지 확장되었다.

최시형이 북접도 기포하라고 명령하자 이종훈은 광주를 비롯하여 여주, 양지, 지평, 이천 등지의 교도를 거느리고 일어섰다. 그는 무려 5개 고을의 동학농민군을 지휘하였으므로, 북접 중에서는 매우 큰 세력을 형성하였다.

그 밖에도 두 명의 접주가 이 지역의 교도를 지휘하였다. 임학선(任學善)과 홍병기(洪秉箕)가 그들인데, 그중에서도 임학선은 강원도 원주의 동학 교인을 통해 입도한 것으로 보인다. 그는 홍병기와 함께 북접 내에서 영향력 있는 지도자로 성장하였다. 오지영도 《동학사》에서 "임학선과 홍병기는 여주에서 군사를 일으켰다"[10]라고 기록하였다.

임학선은 적극적으로 교세를 확장하였다. <동학관련판결문(東學關聯判決文)>을 검토해 보면, 경기도 여주군의 평민 황만기(당년 39세)가

---

10 오지영, 《동학사》, 3(<남북조화> 항목). 원문은 국사편찬위원회의 웹사이트에서 확인할 수 있다. http://db.history.go.kr/item/level.do?setId=1&itemId=prd&synonym=off&chinessChar=on&page=1&pre_page=1&brokerPagingInfo=&position=0&levelId=prd_002_0030_0140 (2019. 07. 22일 검색)

말하기를, 지난 갑오년(1894) 5월에 동학교도 임학선의 협박과 강요를 이기지 못하여 입도하였다고 진술한 부분이 있다. 협박과 강요 때문에 입도했다는 말은 조금이라도 형량을 줄이려고 꾸민 말일 것이다. 여하튼 분명한 사실은 황만기처럼 상당수 농민이 임학선의 영향으로 동학농민군이 되어 혁명의 일선으로 뛰쳐나갔다는 점이다.

요컨대 1894년 가을에 이종훈, 임학선, 홍병기 등 3명의 접주가 여주,이천의 동학농민군을 인솔하여 남쪽으로 내려갔다. 이렇게 해서 동학농민군은 수원, 광주, 이천, 죽산, 양지, 지평, 안성 출신의 교도와 함께 충청도 공주까지 내려가서 혈전에 직접 참가했다.

지방관 오횡묵의 일기

1894년 하반기에 경기도와 충청도 및 경상도에서 동학의 교세는 폭증하였다. 그해 9월에 오횡묵(吳宖默)은 경상도 고성부사를 역임하고 서울로 복귀하였다. 그때 그가 쓴 일기를 읽어보면, 경상도 고성에서 충청도 충주에 이르기까지 동학이 대세였다. 대로변 어디서나 동학 교도가 외는 주문 소리가 들렸다고 한다. 경기도 용인의 백암(白巖) 땅을 지나고 난 다음에야 주문을 외는 소리가 더는 들리지 않았다.[11]

---

11 오횡묵(吳宖默), 《고성총쇄록(固城叢鎖錄)》(필사본).

요컨대 오횡묵이 직접 목격한 것처럼 경상도와 충청도는 동학의 영향권이었다. 그리고 경기도에서도 여주, 이천, 죽산, 안성은 동학의 입김이 여간 크지 않았다.

경기도 지역 접주 이종훈 등의 활약

여주, 광주, 이천 등지에서 기포한 경기도의 동학농민군은 우선 충청도 보은으로 향했다. 그들은 계속 남하하면서 여러 지역의 동학 농민군과 진을 합쳤다. 1894년 9월 25일에 그들은 음성과 죽산을 지나면서 관아의 무기를 획득하였다.

나흘 뒤에는 충청도 진천 읍내로 들어갔다. 동학농민군의 주력은 안성과 이천 출신이었는데, 그들이 진천읍의 무기고를 점령해 자신들의 무장을 강화하였다. 그들은 충청도 괴산을 지날 때 읍내에 불을 지르기도 하였다.

충청도 보은 장내리에 도착하자 각지에서 몰려든 북접의 동학농민군이 인산인해를 이루었다. 북접군의 병력이 집결되자 사령부가 구성되었다. 최시형은 손병희를 총사령관으로 임명하고 통령기(統領旗)를 하사했다. 그 점은 이미 앞에서 서술하였다.

북접의 우익은 경기도 음성에서 내려온 접주 이용구였다. 그는 죽산의 농민군까지 지휘하였는데 흑색 깃발을 받았다. 그리고 북접의 좌익은 경기도 지역의 접주인 이종훈이었는데, 백색기를 가졌다. 그리고 선봉대는 안성의 동학농민을 이끌고 참전한 정경수(鄭璟洙)였다. 그에게는 청색기가 배당되었다. 그 밖에 경기도 이천의 접주 전규석 (全奎錫)은 후군으로서 적색기를 들었다.12

출전 준비가 대강 마무리되자 손병희는 대군을 지휘하여 옥천과 공주를 거쳐 논산으로 내려갔다. 논산에서 그는 남접의 총사령관인 전봉준과 함께 연합군을 편성했다. 여주의 동학농민은 이종훈의 지휘 아래 북접의 좌익이 되었는데, 앞서 말하였듯 그 안에는 이천과 광주에서 내려온 동학농민도 많았다. 그런가 하면 음죽(이천) 접주 이용구는 여러 고을의 동학농민군을 이끌고 대부대의 우익이 되었다. 또, 이천 접주 전규석은 부대의 후방을 지켰다. 이처럼 여주, 이천, 광주 등 경기도 출신의 동학농민군이 북접의 주력 부대였다.

이후에 북접의 활동이 어떠했는지는 이미 앞에서 서술한 바와 같다. 논산에서 남접과 힘을 합친 북접은 동학농민군의 주요 구성원으로서 관군 및 일본군과 혈투를 벌였다. 그러나 현대식 무기로 무장한 적을 제압하지 못하고 끝내는 우금치에서 좌절하였다. 헤아릴 수 없이 많은 무고한 생명이 희생되고 말았으니 실로 안타까운 일이다.

---

12 이돈화, 《천도교 창건사》, 천도교중앙종리원, 1933; 최홍규, <경기지역(京畿地域)의 동학(東學)과 동학농민군(東學農民軍) 활동(活動)>, 《경기사론(京畿史論)》, 창간호, 1997.

북접에 대한 관군의 공격

1894년 9월에 죽산부사 이두황이 쓴《진중일기(陣中日記)》라는 기록이 있다. 그에 따르면 경기도의 여러 요충지에는 동학농민군이 머물고 있었다. 그들은 해월 최시형의 명령에 따라 무장을 강화하는 한편으로 전투에 사용할 군수전(軍需錢)과 군수미(軍需米)를 확보하였다.13

조정에서는 경군(京軍)을 통해서 북접의 대부대를 진압하려고 했다. 그해 9월 22일에는 관군을 지휘하는 임시 지휘부를 설치했다. 양호도순무영(兩湖都巡撫營)이 그것이다.14 특별히 죽산부사와 안성군수 자리에 무관을 임명해 내려보냈다. 즉 장위영(壯衛營)의 영관(領官) 이두황(李斗璜)은 죽산부사가 되어 장위영의 군사를 이끌고 내려왔다. 또, 경리청(經理廳)의 영관 성하영(成夏泳)은 안성군수가 되어 휘하 병사들을 데리고 부임했다.

이두황과 성하영은 먼저 청주로 내려가 북접을 상대로 전투를 벌였는데, 청주 무심천에서 전투가 벌어졌다. 당시에 청주목사와 충청병사는 동학농민군의 예봉을 꺾지 못하고 양호도순무영에 구원을 요청했다. 이에 조정에서는 이두황과 성하영을 현지로 보냈다.

이두황은 우마(牛馬) 60필에 1천여 명의 군사를 거느리고 출병하

---

13 이두황,《양호우선봉일기(兩湖右先鋒日記)》;《동학농민전쟁사료총서》, 15, 경인문화사, 1996.
14《일성록(日省錄)》, 갑오 9월 22일.

였다. 그가 사용할 군수비용은 여주목을 비롯해 이천군, 음죽현 및 양지현의 조세로 충당하였다. 이두황은 서울의 탁지아문(度支衙門)과 이 문제를 협의하였다. 그 비용은 물론 후불이었다. 그는 승리를 거두고 돌아온 다음에 4개 군현에 미리 약속한 금액을 청구하였다. 그해 10월 9일, 여주목사는 이두황에게 군수비용으로 2만량을 곧 지급하겠다고 서면으로 약속했다.[15] 그 밖에도 3개 고을에서 이두황은 출전비 명목으로 큰돈을 받아냈다.

요컨대 여주 백성은 북접에 속한 동학농민군이 되어 전투에 나갔다가 큰 희생을 치렀다. 고을에 남아 있던 백성은 동학농민군을 진압하기 위해 관군이 지불한 비용을 부담하느라 허리가 휠 지경이었다. 이것은 여주만의 일이 아니라 거의 모든 고을에 공통적으로 해당되는 일이었다.

민보군

전국 여러 곳에는 동학농민군과 싸우려고 지방의 유지들이 결성한 민보군(民保軍)이란 것이 있었다. 경기도에서는 지평의 민보군이 특히 유명했다. 감역(監役 종9품)을 지낸 맹영재(孟英在)가 거느린 민병이었

---

15 이두황, 《양호우선봉일기》, 10월 10일자.

는데, 경기도 여러 지역은 물론이고 충청도까지 진출하여 북접의 동학 농민군을 탄압하는 데 앞장섰다.

1894년 9월 30일자 《양호우선봉일기》를 분석해 보면, 맹영재는 여주와 이천의 동학농민군을 주로 공격했다. 안성과 양지의 동학농 민군을 상대하는 역할은 죽산의 민보군인 이영종(李永從)이 맡았다. 그리하여 1894년 겨울이 깊어지자 북접의 동학농민군은 더 이상 활동 할 수 없게 되었다.

최시형의 안식처

동학의 제2대 교주 해월 최시형도 마침내는 강원도 원주의 송골 에서 체포되었다(1898년 4월). 그로부터 두 달이 지난 1898년 6월 초에 그는 사형선고를 받았다. <동학관련판결선고서(東學關聯判決宣告書)> 에 자세한 내용이 보인다.[16] 그 당시 해월은 72세의 고령이었다.

해월은 생전에 "포(包)와 회소(會所)를 설치하여 무리를 모았는데 그 수가 1,000만 명에 이르렀다."라고 하였다.[17] 과장된 숫자지만, 조정에서는 동학교도를 1천만 명으로 보았던 것이다. 그 당시는 조 선 인구를 총 2천만 명이라고 하였으니, 인구의 절반이 동학이란

---

16 <판결선고서원본 최시형(崔時亨) 등 4명>.
17 《동학관련판결선고서(東學關聯判決宣告書)》; <판결선고서원본 최시형(崔時亨) 등 4명>

말이었다.

해월과 함께 재판을 받은 송일회 등도 본래는 동학 교도였는데, 불행하게도 최시형의 체포에 앞잡이 역할을 하였다. 본래 송일회는 갑오년(1894) 4월에 동학에 들어갔다. 그는 해월이 충청도 청산군(靑山郡)에 머물 때 처음으로 찾아갔다고 한다. 그런데 어찌하여 해월의 체포에 간여하게 되었을까.

> "올해(1898) 1월에 친한 동학 교도 박윤대(朴允大)에게서 듣기로, 최시형이 이천군에 있다고 하였다. 송일회는 옥천(沃川) 사람 박가(朴哥)에게 그 말을 전했다. 송일회는 곧 경무청(警務廳) 관리에게 체포되었고, (경무청 지시로) 박윤대와 함께 길잡이가 되어 원주지방에 먼저 들어가서 최시형을 포획하였다."[18]

참으로 얄궂은 운명이었다. 송일회는 처음부터 해월 최시형을 배신할 생각은 아니었다. 일이 꼬이는 바람에, 심약한 그가 해월을 배신하고 만 것이었다. 그럼 박윤대의 배신은 어떻게 된 것일까.

> "피고 박윤대는 동학에 들어가 최시형의 사위 김치구(金致九)의 집에서 고용(雇傭)살이를 하였다. 그러다 경무청 관리에게 붙잡혀 송일회

---

18 위와 같음.

와 함께 길잡이 노릇을 해, 원주에서 최시형을 체포하였다. 이 공적으로 풀려나 돌아오는 길에 친한 동학교도 박치경(朴致景)을 만났다. 그의 부탁으로 엽전 20냥을 가지고 한양으로 먼저 올라와 최시형의 식비를 도우려고 경무청에 왔다. 여기서 다시 체포되었다."[19]

박윤대는 정말 기구한 운명의 소유자였다. 그는 해월의 사위 김치구의 머슴이었다. 배운 것도 없고 생각도 깊지 못해, 경무청의 앞잡이가 되었다. 그러나 일말의 양심은 있어, 친지의 부탁을 받고 엽전 20량을 들고 한양으로 올라와 해월 최시형의 영치금을 넣으려다가 다시 붙들렸다.

재판 결과는 가혹하였다. 해월 최시형에게는 교수형이 선고되었고, 송일회는 태형 100대에 10년의 징역형을 받았다. 그리고 박윤대는 영치금 건으로 죄가 무거워져 태형 100대에 15년의 징역형이 선고되었다.[20]

1898년 양력 7월 18일에 고등재판소(高等裁判所) 검사(檢事) 윤성보(尹性普)와 태명식(太明軾) 및 검사시보(檢事試補) 김낙헌(金洛憲) 등이 입회한 가운데 최시형은 교수형을 받고 숨을 거두었다. 모두가 아는 대로, 이 재판을 담당한 고등재판소(高等裁判所) 판사 중에는 전직 고부군수

---

19 위와 같음.
20 위와 같음.

조병갑(趙秉甲)도 포함되었다. 갑오년 동학농민혁명의 시발점을 제공한 탐관오리 조병갑이, 실패한 동학농민혁명의 재판관으로 당당히 참여했다니! 역사의 아이러니였다.

해월의 유해는 위의 서술에 등장한 이종훈이 비밀리에 운구하였다. 그는 이천에서 지척인 여주시 금사면 주록리에 해월의 시신을 안장하였다.

2. 이천 지방의 동학농민

갑오년(1894)에 일어난 동학농민혁명의 기세는 참으로 대단하였다. 그해 9월이 되자 동학농민혁명군은 한양으로 올라가기로 결정하였고, 그러자 충청도와 경기도 지역의 동학농민혁명군도 힘을 보탰다.(제2차 동학농민혁명)

그때 사정은 《갑오군정실기(甲午軍政實記)》에 자세히 기록되어 있다. 그 책자에 실린 보고서가 필자의 관심을 끈다. 당시 경기감사는 신헌구였는데, 그는 음죽(현 이천시)현감 김종원(金鍾遠)의 보고서를 인용해 조정에 동학농민혁명군의 동향을 보고하였다.

"요즘 비류(匪類, 동학농민혁명군)들이 죽산의 광혜원, 충주의 황산과 무극장(無極場) 등지에서 많은 사람을 불러 모으고 있습니다. 거기에 모인 무리가 이미 수십만이나 됩니다.

따로 예비할 방도가 없지 않으나, 본현(陰竹)에서 소장하고 있는 총(銃) 수십 자루와 창(鎗) 50자루를 수리하였습니다. 뜻밖의 사태에 대처하기 위한 것입니다."21

이미 "수십만"을 헤아리는 동학농민혁명군이 죽산과 충주에 집결하였다고 했다. 이 숫자는 물론 과장된 것으로 보이나, 그 당시에 조정으로서는 신경이 곤두서는 대목이었다. 음죽현감 김종원은 보유하고 있던 조총을 수선하여 만약의 사태에 대비하였다. 어디 그 한 사람만 그러하였겠는가. 이웃한 여러 고을에서도 비슷한 조치를 하였을 것이다. 그럼, 음죽현에서 수선한 조총은 장차 관군이 사용할 수 있게 되었을까. 경기감사의 보고서를 계속하여 읽어본다.

"9월 25일 유시(酉時, 오후 5~7시)에 동도(東徒, 동학농민혁명군) 수천 명이 각자 총과 창 및 환도(環刀)를 휴대하고 쳐들어왔습니다. 그들은 관사(官舍)를 포위하더니, 군기고를 부수고 남아 있던 군물(軍物, 군대 물자)은 모두 탈취하였습니다. 서리와 장교 10여 명이 그들의 약탈을 막으려다가 매를 맞아 죽을 지경이 되었습니다."22

---

21 《갑오군정실기(甲午軍政實記)》, <경기감사 신헌구가 원본을 베껴 보고함>.

22 위와 같음.

음죽의 상황은 그러하였다. 동학농민혁명군이 쳐들어와 얼마 전에 수리를 마친 조총과 그 밖의 무기를 몽땅 가져갔다. 그들은 군용으로 쓸만한 자산은 모두 집어갔다. 동학농민혁명군은 이렇게 나날이 무장을 강화하였다.

동학농민군의 처형

그럼 그 무렵 이천에서는 무슨 일이 일어났을까. 갓 부임한 이천부사 남정기(南廷綺)의 보고서가 있다.

> "본읍(利川)에 남아 있는 일본병들의 활동입니다. 그들은 9월 20일 밤에 동도(동학농민혁명군) 32명을 본읍의 갈산리(葛山里)와 활산(活山) 등지에서 붙잡아 진중에 단단히 가두었습니다.
> 또, 충주의 병참에서 체포하여 이곳으로 보낸 사람(역시 동학농민혁명군)이 8명입니다. (동학농민혁명군은 총 42명인데 그중에서) 30명은 귀화하라는 뜻으로 타이르고 풀어주었습니다. 나머지 10명은 9월 26일 술시(戌時, 오후 7~9시)에 총으로 쏘아 죽였습니다."[23]

숫자가 제대로 맞으려면 이천부사가 풀어준 사람 또는 사살한 사람의 수가 2명이 더 많았을 것이다. 그러나 그것은 별로 중요하지

---

23 위와 같음.

않아 보인다. 1894년 9월 말 현재, 이천으로 되돌아온 동학농민혁명군은 그 수가 약 40명이었다는 점이 인상적이다. 그해 가을에 적어도 수십 명의 혁명군이 이천에서 기병하여, 남쪽으로 내려갔다는 사실이 확인된 셈이다.

그런데 그해 10월에는 동학농민혁명군에 대한 처형이 시행되었다. 이천부사 남정기의 보고는 이러했다.

> "10월 17일에 일본군 200명과 영관(領官, 장교) 2명이 본읍에 들어왔습니다. 그들은 신면(新面) 절음리(切音里)에 사는 동학(東學) 김기룡(金基龍)을 잡아서 쏘아 죽이고는, 18일에 음죽(陰竹)과 장호원(長湖院)으로 떠나갔습니다.
> 그때 잡아 죽인 동학(교도) 김기룡의 아비 김한억(金漢億)은 원래 동학의 접주였는데, 다른 곳으로 도망쳤기 때문에 아직 체포하지 못했습니다. 돌아오기를 기다려서 바로 사로잡을 계획입니다."[24]

1894년 10월 말이면 이미 동학농민혁명군은 흩어진 다음이었다. 이제 관군이 복수할 시간이었다. 일본군과 관군은 전국을 휩쓸고 다니며 남아 있는 동학농민혁명군을 "처형"하였다. 절음리의 김기룡, 김한억 부자는 꽤 중요한 인물이었던 것으로 짐작된다. 일본군은 그

---

24 《갑오군정실기(甲午軍政實記)》, <이천부사 남정기가 첩보함>.

들을 제거하려고 이천까지 들어왔었다.

아마 그때 일인 것 같은데, 양호 도순무영(兩湖都巡撫營)에서는 다음과 같이 보고했다.

> "죽산부사 이두황(李斗璜)이 군사를 거느리고 보은(報恩) 관내를 출발하여 청산(靑山), 이천(利川), 안성(安城)의 비적(匪賊, 동학농민혁명군) 이태우(李泰友) 등 20명을 체포해 모두 죽였습니다. 소모관(召募官) 맹영재(孟英在)는 죽산의 비적 박성익(朴性益) 등 4명을 잡아서 효수(梟首)함으로써 많은 사람을 경계하였습니다."[25]

일본군은 일본군대로, 관군은 관군대로 동학농민혁명군에 대한 소탕 작전을 펼치고 있었다. 이 작전은 수년 뒤까지도 이어졌다.《창산후인 조석헌역사(昌山后人 曺錫憲歷史)》를 잘 살펴보면, 1898년 1월 1일에 일어난 한 가지 사건이 기록되어 있다.

> "지난 1일에 죽산군(竹山郡) 병정(兵丁)이 이천군(利川郡) 병정과 합세하여, 죽산 보야평(普野坪) 권성좌(權聖佐) 집에 들이닥쳐 성좌를 체포하였고, 즉시 앵산동으로 가서 신정희(申正義)씨를 또 체포했는데, 둘 다 이천군에 들여보냈다고 하였다."[26]

---

25 《양호 도순무영 일기(兩湖都巡撫營日記)》, 고종 31년 10월 20일.
26 《창산후인 조석헌역사(昌山后人 曺錫憲歷史)》.

권성좌와 신정희 두 사람은 동학교도로 보인다. 그런데 이천으로 압송하였다고 했다. 이천 출신이었다는 뜻이다. 이처럼 사방에서 동학 교도를 색출하여 고향으로 이송하는 작전이, 동학농민혁명이 끝난지 여러 해가 지났는데도 여전히 진행 중이었다.

해월 최시형, 이천으로 잠시 피신해

동학농민에 대한 검거 열풍은 좀체 잦아들지 않았다. 그래서 동학의 최고지도자 해월 최시형도 충청도와 경기도 및 강원도를 유랑하였다. 그에게는 하루하루가 고난의 사투(死鬪)였다.

그 당시 동학 간부였던 이종훈이 쓴 <이종훈 약력(李鍾勳略歷)>이란 글이 있다. 이 글에는 이종훈 본인이 음죽(현 이천시)에 피난하였다고 적혀 있다. 또, 그 시절에 해월 선생 등 동학 지도부도 음죽에 들른 적이 있다고 기록하였다. 여기에서 알 수 있듯 이천과 동학 및 해월 최시형의 관계는 매우 깊었다.

"병신년(丙申年, 1896) 정월 초순에 경기도 음죽군(陰竹郡) 북면(北面) 계곡(桂谷)에 있는 권재천(權在天)이라는 사람의 집에 (내가) 먼저 가서 오래 머물러 있었다. 그때 해월신사와 의암 선생께서도 왕림하셨다.
해월신사는 자신을 모시고 따라온 의암(義菴, 손병희), 송암(松菴, 손천민), 구암(龜菴, 김연국)이라고 세 사람에게 각기 암(菴) 자가 들어가는 도호(道號)를 내렸다. 세 도호인 삼암(三菴)을 내리고 말씀하시기를, '세 사람이 같은 마음으로 함께 힘을 모아 조금의 간극(間隙)도 없이 하라.'고 하셨다."[27]

1896년 정월 초에 음죽의 북면 계곡에서 동학의 지도부가 총회를 연 셈이었다. 그 자리에서 해월은 주요 제자인 손병희, 손천민 그리고 김연국에게 "도호"를 내려주고 지도부의 총단결을 호소하였다. 이러한 호소는 결국 제자들의 세력 다툼으로 무의미한 것이 되고 말았지만 그것은 나중의 일이었다.

관헌은 이종훈에 대한 포위망을 점점 좁혀와, 정유년(1897) 겨울에는 그가 더 이상 음죽에 머물 수 없게 되었다. 이종훈은 다음과 같이 기술하였다.

"그해 12월 29일에 설을 쇠기 위해 음죽군(陰竹郡) 계곡(桂谷)에 있는 나의 집으로 밤을 틈타 돌아왔다. 아버님과 어머님께 인사드리고 잠이 들었는데, 꿈속에 한밤중인데도 병정들이 집을 에워싸고 나를 잡으려고 하였다. 마음으로 깊이 기도하고, 나는 담을 넘어 밖으로 무사히 탈출하여 화를 피하였다. 한울님과 스승님께서 돌봐주시고 도와주시기 때문이었다. 그때 아버님께서는 (병정들에게) 붙잡히셨다."[28]

27 《이종훈 약력(李鍾勳略歷)》.

이종훈은 포위망을 뚫고 무사히 빠져나왔으나, 그 부친은 체포되고 말았다. 부친의 목숨이 위태로워졌다. 부친을 살릴 수 있는 한 가지 방법은 아직 남아 있었다. 인맥을 동원하는 것이었다.

> "나는 지평(砥平)으로 돌아가 정지철(鄭志喆) 씨를 만났다. 그에게 그동안의 일을 설명하고, 아버님께서 붙잡혀 가신 연도를 설명하였다. 정씨는 현임 이천부사의 외척(外戚)이라, (이 일을) 주선할 힘이 있었다. 그 덕분에 아버님께서는 무사히 방면되셨다."[29]

이종훈에게 도움을 준 정지철은 유력자였다. 이종훈이 그와 친하게 된 것은 지평군(砥平郡) 단월면(丹月面) 대왕리(大旺里)에서 피신할 때였다. 이웃마을 덕수리(德水里)에 동학 교도가 살았는데, 그 사람이 곧 "현직 가평군수(加平郡守) 정지철(鄭志喆)"이었다. 정지철과 부인 홍지화(洪志嬅)의 도움으로 이종훈은 여러 번 위기를 넘겼다.[30] 동학농민혁명을 겪으면서 유력한 양반 중에도 동학교도가 생겨났다. 그들의 도움에 힘입어 동학지도부는 연명하기가 수월해졌다.

---

28 위와 같음.
29 위와 같음.
30 <이종훈 약력(李鍾勳略歷)>. 이러한 이야기는 앞의 제3장에서도 잠시 거론하였다.

친일파 이용구의 삶

본래 이천 출신은 아니지만 음죽(이천)에 연고지를 가진 동학 접주 가운데 역사에 악명을 남긴 이도 있다. 그가 바로 이용구(李容九)이다. 처음 이름은 이만식이요, 해월 최시형의 5대 제자의 한 사람으로 그 도호(道號)는 봉암(鳳菴)이다. 같은 친일파로 세상의 배척을 받은 송병준(宋秉畯)이 1912년 5월에 지은 <해산 이용구 묘지명(海山李容九墓誌銘)>이란 글이 남아 있다.

아래에서는 그 묘지명을 중심으로 이용구의 삶을 간단히 소개하려고 한다. 친일파를 미화하려는 뜻에서 이 글을 쓰는 것은 결코 아니며, 한때 장래가 유망하였던 평민지식인이 어디에서부터 비뚤어진 인생행로를 가게 되었는지를 알아보기 위한 것이다. 그의 <묘지명>은 희대의 친일파 거두 송병준이 자신의 둘도 없는 동료 이용구를 추억하며 쓴 전기라서 두 사람의 친일행적을 전혀 감추지 않았다. 그런 점에서도 읽어볼 만한 가치가 있을 것이다.

불우한 청소년기

이용구의 자는 대유(大有), 초명은 우필(愚弼)이며, 다른 이름은 만식(萬植)이었다. 해산(海山)은 그의 호요, 벽진(碧珍) 이씨이다. 아버지는 이일화(李一和)요 모친은 김씨(金氏)인데, 외가가 음죽(현 이천시)에 있었던 것 같다.

무진년(戊辰年, 고종4, 1868) 정월 21일에 경상도 상주(尙州) 진두리(津頭里)의 고향집에서 태어났다. 13세 때에 조부와 부친을 잃고 홀로 남은 모친을 효성으로 섬겨, 마을에서 칭찬이 자자하였다.

제2차 동학농민혁명에 참전

23세 때 해월 최시형을 찾아가 동학(東學)에 입도하였다.(1890년) 갑오년(1894년)에 조정에서 동학 교인을 잡아 죽이자 이용구는 전봉준(全琫準) 등과 힘을 합쳐 제2차 동학농민혁명을 일으켰다. 그해에 온 나라가 시끄러웠고, 끝내는 청일전쟁이 일어났다.

이용구는 관헌에게 쫓겨 도망다녔는데, 한겨울에 근친(覲親, 어머니를 뵘)하러 고향으로 돌아왔으나 집은 이미 불에 타버렸다. 부인 권씨는 암혈(巖穴)에서 애를 낳았고, 동한(凍寒)과 기아(飢餓)가 한꺼번에 몰아닥쳤다. 모친이 밥을 구걸하자 마을 사람들이 도와주었다. 병졸이 추격하므로 이용구는 성명을 바꾸고 피신하였다. 병졸이 부인 권씨를 대신 잡아 가두어 몇 달 만에 병이 났다. 병신년(1896년) 가을에 권씨는 그 아이와 함께 죽고 말았다.

이용구는 여러 곳으로 숨어 다니면서 사람들에게 동학을 전파하였다. 그의 가르침을 받든 사람이 7만여 명이나 되었다고 한다. 정유년(1897년) 연말에 몰래 모친을 뵈러 음죽으로 갔다가 병졸에게 체포되어 이천(利川)의 감옥에 갇혔다. 고문이 가혹하여 그의 왼쪽 다리가 꺾였고, 얼마 후에 수레에 실어 경성의 감옥으로 압송하였다가 한참 뒤에 석방하였다.

일진회의 창설

쫓기는 삶에 지친 것일까. 이용구는 감옥에서 나온 뒤에 변절하였다. 이용구는 힘들고 어려운 반일투쟁을 벌이는 대신에 쉽고 편한 친일파의 길을 선택하였다. 신축년(1901)에 일본에 유학하여 널리 사람을 사귀었다. 갑진년(1904) 봄에 러일전쟁이 일어났는데 그때 마침 송병준이 일본에서 돌아오자 이용구가 그를 찾아갔다. 이용구는 조선이 일본과 협력하고 화합할 계책을 설명하였다. 그 의론이 정밀하고 투철하며 하는 말들이 모두 진심에서 나온 진솔한 말로 들렸다고 한다. 그래서 송병준은 이용구의 말을 옳게 여기고 함께 일진회(一進會)를 창설하기로 했다.

당시에 조정은 러시아와 국교를 맺고 일본군을 저지하기를 이용구에게 요청하였다. 그러자 그는 조정의 견해가 잘못되었다며 대대적으로 논박하고 스스로 여러 제자, 즉 동학 교도를 거느리고 종군(從軍)

하였다. 일본이 러시아를 물리치고 전쟁에서 승리하자 송병준은 친일파로서 조정의 대신이 되었고, 이용구는 바깥에서 친일파를 조직하여 여론을 일으켰다.

시천교의 창립

병오년(1906년) 12월이 되자 이용구는 해월 최시형의 도를 근본으로 삼아 따로 교문(教門)을 개설하여 시천교(侍天教)라 일컫고 교장(教長)이 되었다. 그보다 앞서 의암 손병희는 최시형의 후계자로서 동학이란 명칭을 천도교라고 바꾸고 어렵고 힘든 반일(反日) 독립노선을 천명하였다.

그와 달리 이용구는 정미년(907년)에 일본이 조선의 군대를 해산하고 고종을 강제로 퇴위시킬 때도 친일파로서 목소리를 높였다. 그 대가로 그에게는 훈3등 서보장(勳三等瑞寶章)이 내려졌다. 그보다 2년이 지나 기유년(1909) 9월에 모친이 작고하자 이용구는 과도하게 애통해하여 병을 얻었다고 한다. 개인적으로는 효성이 지극한 사람이었으나, 나라와 민족을 생각하는 마음은 조금도 없었다.

매국의 죄인

그보다 앞서 송병준은 동경에 있을 때부터 여러 일본인과 상의하여 서로 협력하고 화합할 계책을 마련하였다. 1909년 12월에 이용구가 일본정부에 요청하여 조선을 합병하라고 요청하자 경술년(1910) 8월에 일본의 천황(天皇)이 칙명을 내려 그 요구를 받아들였다. 나라가 이미 망한 뒤로 이용구는 시사(時事)를 언급하지 않고, 도(道)를 닦는 일에만 전심하였다고 한다. 더 이상 팔아먹을 나라가 없으므로 더는 감당할 역할이 없다고 보았던 것일까. 아니면 또 다른 기회를 노리고 있었을까. 아마 진실은 후자에 더욱더 가까울 것이다.

신해년(1911년) 연초부터 이용구는 몸이 점점 더 쇠약해졌는데, 임자년(1912) 4월에는 매국의 대가로 훈1등 서보장(勳一等瑞寶章)을 받았다. 매국노에게 주는 일본 제국의 마지막 선물이었다. 그해 5월 22일에 그는 드디어 눈을 감았으니, 향년은 45세였다. 오래 살지 못한 것이 그 한 사람을 위해서도 다행한 일이었고, 동학 또는 천도교를 위해서도 불행 중 다행이었다.

제6장

해월의 더욱더 새로운 가르침

이천과 여주지역에서 최시형의 삶이 어떠했는지를 구체적으로 분석하고, 그가 그곳에서 펼친 새로운 가르침도 이 장에서 알아보았다. 한 가지 다행스러운 일은 낙암(樂菴) 조석헌(曺錫憲)이 최시형의 동정을 생생한 기록으로 남겼다는 점이다. 그 덕분에 우리는 최시형의 일상생활을 비교적 상세히 재구성할 수 있었다.

또, 최시형이 이천과 여주에서 제자들에게 준 법설은, 손천민의 붓끝을 통해 <해월신사 법설>로 정리되어 있다. 그 법설을 자세히 검토해 보면 '향아설위', '이심치심' 및 '이천식천' 등을 통하여 최시형이 한울(天)에 관한 새로운 인식을 촉구한 점을 분명히 알 수 있다. 그는 인간 상호 간의 관계를 질적으로 혁신하는 데 그치지 않고, 인간과 우주 만물의 관계 또한 새롭게 정립하려고 노력하였다.

동학동민혁명이 기대했던 성과를 내지 못하고 끝났다. 그럼 동학
농민은 모든 활동을 중단하고 지하로 숨었을까. 그들은 해월 최시형
과 같은 지도자들이 관헌에 체포되지 않게 보호하는 한편으로 더욱
심화된 공부에 매달렸다. 동학의 제2대 교주 최시형은 깊은 산골을
오가며 수양과 포교에 정성을 기울였다. 동학 교도 또는 동학농민은
그의 신변을 보호하였고, 스승의 생계를 위해 기꺼이 희생을 치렀다.
가령 여주와 광주 등의 동학농민군을 이끌고 제2차 혁명 때 북접의
좌익을 담당한 이종훈은 얼마 남지 않은 재산을 몽땅 처분해서까지
스승의 생계를 도왔다.[1]

관헌의 매서운 눈길을 피하기 어려워 최시형은 한곳에 정주하지
못했다. 1895년 이후에 그는 강원도 원주의 수레너미, 경상도 상주의
높은 터를 거쳐 경기도 이천의 앵산동으로 집을 옮겼다. 최시형은
1897년 연초부터 7개월 동안 앵산동에 머물렀다. 그때 최시형은 이미
칠순이 넘은 고령이었는데, 이질(痢疾)로 짐작되는 병환 때문에 고생이
심했다.

손병희는 스승이 좀 더 편히 지낼 수 있도록 교인 임순호가 마련한

---

1 동학교단의 일원으로서 이종훈의 역할에 관해서는 다음의 책자에 실린 전기가 참고할 만하다. 정운현,
《3.1 혁명을 이끈 민족대표 33인》, 역사인, 2019.

새집으로 스승을 모셨다. 그 집은 강원도 원주군 서면(西面) 전거언리 (前巨彦里, 현 경기도 여주시 도전리 전거론)에 있었다. 두 말할 나위 없이 한적한 두메산골이었다. 최시형이 전거론으로 이주한 것은 1897년 8월이었다. 어떤 기록에서는 그해 9월이었다고 기록하였으나 8월이 옳다. 김연국(金演局) 등 여러 제자가 스승을 따라 그곳으로 옮겼다.

아래에서는 다음의 네 가지를 살펴볼 예정이다. 첫째, 최시형은 말년에 이천과 원주에 은거하였는데, 그 삶을 구체적으로 검토할 계획이다. 그 점에 있어 <창산후인 조석헌역사(昌山后人 曺錫憲歷史)>는 훌륭한 안내자의 역할을 할 것이다.

둘째, 노년에 이른 최시형은 이천과 여주에서 독특하고 깊이 있는 가르침을 펼쳤다. 특히 하늘에 관하여 여러 가지 법설을 새로 발표하였다. 우리는 그의 가르침을 좀 더 깊이 있게 분석할 필요가 있다.

셋째, 최시형은 다름 아닌 전거론에서 손병희에게 도통을 물려주었다. 그때의 사정에 관해서도 약간의 설명이 있어야겠다.

넷째, 이천의 앵산동과 여주의 전거론에서 최시형이 전개한 법설은 그의 사상을 대표하는 것으로 평가된다. 이 기회를 빌려 우리는 그의 사상이 어떠한 역사적 의미를 갖는지도 분석해야겠다.

제6장 _ 해월의 더욱더 새로운 가르침

1. 이천 앵산동과 여주 전거론 - 최시형의 말년 은거지

최시형의 말년 모습이 어떠했는지를 서술한 기록은 여럿이다. 가령 천도교의 역사책인 《본교역사》의 제2편은 <해월신사(海月神師, 최시형)>의 연대기를 정리한 것이며, 그 책의 제3편은 <의암성사(義庵聖師, 손병희)>의 연대기이다. 또, 동학의 초기 지도자들의 이력을 기록한 문헌도 다수 남아있다. 그중 하나가 <창산후인 조석헌역사(昌山后人 曺錫憲歷史)>이다. 모두 귀중한 문헌인데, 필자가 보기에는 <창산후인 조석헌역사>(이하 <조석헌>이라고 약칭)야말로 그의 스승 최시형과 동학 교단의 실제 모습을 가장 충실하게 기록한 것 같다. 아래에서는 <조석헌>을 바탕으로 1897년 1월부터 1898년 4월 3일까지 최시형의 일상생활을 몇 대목만 약술하겠다.

박희인에게 맡긴 중요한 임무

정유년(1897) 정월 3일에 충청도 태안접주 조석헌은 자신을 동학에 안내한 상암장(박희인, 상암은 호)을 모시고 경상도 함창군(咸昌郡) 내 은재로 찾아가서 해월신사(海月神師, 최시형)에게 인사를 올렸다. 그러자 최시형은 박희인에게 좀 더 일찍 오지 그랬느냐며, 자신의 집 근처로 이사하라고 말하였다. 이어서 최시형은 장석(丈席, 원로)에게 주는 <경시문(敬示文, 회람)>을 나눠주고 몇 마디 가르침을 베풀었다. 여기서 보듯 동학의 <통문> 중에는 원로용이 따로 있었다. 그리고 박희인은 최시형의 명령에 따라 함창 부근으로 급히 이사하였다.

그해 정월 16일에 해월 최시형은 가족을 대동하고 충청도 음죽군 (陰竹郡) 앵산동(鶯山洞) 충의포(忠義包)로 이주하였다. 그날에 조석헌은 장석(丈席) <경훈(敬訓)>과 <경고문>을 받아 들고 관내에 두 가지 문서를 알렸다. 조석헌은 접주로서 교단의 소식을 교도에게 전파한 것이다.

그다음에 조석헌은 상암 박희인이 해월 최시형의 집 근처로 이사하는 것을 도와야 했다. 그는 친구이자 태안의 접주인 문장준과 함께 길을 떠났다. 그들은 천안의 교인 강연홍의 집에서 잠을 자고, 강연홍까지 3인이 길을 재촉해 2월 8일에 보은의 갈목리에 있는 상암 박희인의 집에 도착하였다. 그 집에서 이틀을 머물며 이삿짐을 꾸렸다.

2일 11일에 상암 박희인의 식구만 모시고 강연홍, 조석헌, 한윤화, 문장준, 고창억 등이 길을 재촉하였다. 그리하여 결국은 충청도 충주 외서촌(外西村)의 솔박리에 도착하여 상암 박희인의 이사를 마쳤다.

상암 박희인은 이제 최시형을 찾아가 이사가 완료되었음을 보고하였다. 2월 12일에 솔박리를 출발하여 거기서 20리 떨어진 앵산동(鶯山洞)의 최시형 댁으로 갔는데, 조석헌이 동행하였다. 일행이 해월 최시형을 뵙고 인사를 올리자 그는 이렇게 말했다.

"지금은 매사에 처신하기가 어렵다. 각지의 두령(포주, 접주)이라도 임시 거주하는 식(住接)으로는 들어오지 못하게 하라. 너의 집에 먼저 도착한 다음에 2~3인씩만 안내하라."

그 후에 조석헌은 곧 태안으로 돌아왔다. 이후로 팔도의 접주 가운데 최시형을 뵙고자 올라온 교인은 누구든지 솔밭리에 있는 상암 박희인의 집에 머물렀다. 박희인은 기회를 보아 최시형의 허락을 얻은 다음에야 방문객을 들여보냈다. 대개 이러한 방식으로 주도면밀하게 최시형은 보안을 유지하였다.

교첩 또는 임명장의 발송

이천의 앵산동에서 해월 최시형은 한 가지 중요한 사업을 펼쳤다. 동학농민혁명 이후로 조직이 크게 흔들렸으나, 1896년 말까지 교세는 거의 회복되었다. 그러므로 각도의 동학 접주를 비롯하여 다양한 직책을 수행하는 간부들에게 정식으로 임명장을 보내는 일이 현안으로 떠올랐다.

<조석헌>에 따르면, 1897년 3월부터 최시형의 집에서 교첩(教牒, 임명장)을 작성해 각지로 보내는 작업을 시작했다. 조석헌은 홍주 김낙철(金哲洙)의 큰아들 김동식(金東植)을 서기(書記)로 삼았다. 보조역할은 김일택(金一澤)과 고창억(高昌億)이 담당했다. 그때 전라도(全羅道)에서

김낙철, 김경제, 주문상, 허진(許鎭), 임윤상 등이 올라와 함께 작업을 진행하였다. 그들은 각자 수천 매씩 교첩을 작성하였다. 혹자는 3~4일을 머물렀고, 혹자는 4~5일씩 머물면서 그 사무에 종사했다.

그해 3월 23일에 조석헌은 예포(禮包, 예산포)를 비롯하여 충청도 남부 각처로 포(包)의 규모(規模)를 다시 정하고, 대단위 포의 두령 밑에는 다시 6개의 직임을 정하고 교첩을 만들어 내보냈다. 그때 조석헌은 해미, 서산, 태안, 안흥(安興), 대산(大山) 다섯 읍(邑)의 교수(敎授)로 임명되었다. 조석헌의 둘째 형 조석훈(曹錫勳)은 동해(東海) 본포교장(本包敎長)으로 임명되어 해미, 서산, 태안의 모든 접을 주관하였다.

당시에 동해(東海)접주 이용신(李容信), 관송포(貫松包)접주 문장로(文章魯), 굴향 이원면(梨園面)접주 문장준(文章峻), 대산(大山)접주 이원영(李元榮), 서산(瑞山)접주 이계화(李桂化), 궁사(弓射) 접주문동하(文東夏), 서면(西面)접주 변봉호(邊鳳浩), 북포(北包)접주 이광우(李廣宇), 예산(禮山)접주 곽기풍(郭基豊) 등은 조석훈과 비밀리에 만나서 밤낮을 가리지 않고 동학을 부흥시키려고 노력하였다. 조석헌은 이 임무를 마치고 6월 20일에 고향으로 돌아갔다.

북부지방의 동학

1897년 3월에 황해도, 평안도, 함경도에서도 많은 두목이 5~6인씩 무리 지어 앵산동으로 왔다. 그들은 3~4일씩이나 박희인의 집에서 머물다가 최시형을 만나 뵌 다음에 다시 고향으로 돌아갔다. 북부지방에서도 동학의 인기는 대단히 높았다.

김연국의 재혼

1897년 3월 15일은 구암 김연국의 혼례일(婚禮日)이었다. 최시형은 그 결혼식이 있기 10일 전인 3월 5일에 혼함(婚函)을 충청도 서산군(瑞山郡) 갈치리(葛峙里)의 김종희(金鍾喜)씨 집으로 보냈다. 함을 들고 간이는 조석헌이었는데, 3월 10일에 서산의 신부댁에 도착하였다.

김연국의 첫 부인은 최시형의 딸이었다. 김종희의 딸은 김연국의 네 번째 부인이었는데, 스승이자 장인인 최시형이 신랑의 혼주(婚主) 역할을 하였다.

향아설위

1897년 4월 5일에 해월은 음죽(현 이천시) 앵산동에서 어느 두령에게 천일(天日) 기념식을 베풀게 하였다. 그때 향아설위를 처음으로 시행하였다. <조석헌>에는 다음과 같은 기록이 있다.

"내(최시형)가 천리(天理)를 보니 나를 향하여 제사를 베푸는 것이 옳다. 지금으로부터 나는 비록 조상의 기제(忌祭)라도 나를 향하여 베풀 것이다. 천사(天師)와 조상, 부모는 가까이에 있고, 멀리에 있지 않다."

동학의 유명한 제사 방법인 향아설위의 시작은 위와 같은 최시형의 가르침에서 비롯되었다.

손씨부인의 병환

1897년 8월에 해월의 셋째 부인 밀양 손씨가 아이를 출산할 예정이었다. 조석헌은 손씨부인을 위해 고향에서 선물을 마련했다. 미역 1수(手), 절찬(節饌), 홍합혜(紅蛤醯), 건포(乾脯) 등의 물건이었다. 조석헌은 이 물건을 조의숙, 정양진 두 사람과 함께 나누어지고 태안을 출발해 8월 11일에는 솔박리 상암 박희인의 집에 도착하였다.

그다음 날에 상암 박희인과 조석헌은 해월 최시형의 자택으로 찾아가 인사를 드린 후에 위에서 기록한 선물과 돈 50냥을 바쳤다. 그때 최시형이 말하기를, 6~7개월 전부터 손씨부인은 몸이 불편해 음식을 제대로 먹지 못하고 간혹 하혈(下血)하였다고 했다. 부인은 임신 중이었으나 건강이 매우 좋지 않았던 것이다. 조석헌 일행은 바로 그날 솔박리로 돌아갔다.

전거론으로 이주

1897년 9월 10일에 해월은 이천을 떠나 강원도 원주군(原州郡, 현여주시) 전거런리(全乞焉里, 전거론 또는 전거리)로 이주했다. 구암 김연국도 가족을 대동하고 그 이웃으로 이사했다. 또, 최시형의 신임이 유난히 두터웠던 부안접주 김낙철(金洛喆)도 그 마을에 거주했다. 김낙철은 유학(儒學)을 가르치는 훈장으로 행세하였다.

그보다 12일이 지난 1897년 9월 22일에 상암 박희인도 가족을 동반하여 경기도 여주군(驪州郡) 다부리(多富里)로 이사했다. 이번에도 최시형을 만나러 오는 전국 각지의 교도는 우선 박희인의 집에 머물면서 허락을 기다려야 했다. 박희인이 이사할 때 조석헌과 곽기동(郭基東), 이계화, 김일택(金一澤), 김동식(金東植) 등이 이사를 도왔다. 일행은 그 이튿날, 즉 9월 23일에 이사를 마쳤다.

어물과 돈을 최시형에게 바쳐

그해 10월 16일에 충청도 태안에서 문장준(文章峻), 변필삼(邊弼三), 문장희(文章喜) 등 3명이 여주군 다부리로 찾아왔다. 그들은 홍합혜(紅蛤醢) 10여 그릇(器)과 생복(生鰒) 100여 마리(首), 생낙지 10여 마리, 생굴 7~8그릇(器) 그리고 건어포(乾魚脯) 3~4종류를 구해서 다부리의 박희인에게 가져왔다. 그것은 물론 태안의 동학 교도들이 성의껏 준비한 것이다.

10월 18일에 박희인은 조석헌에게 지시하여 생복 50마리와 생낙지 5마리와 생석화 3그릇을 최시형에게 바치고 오라고 했다. 조석헌은 그것을 모두 짊어지고 다부리에서 50리 떨어진 전걸언리로 갔다. 그는 최시형에게 안부를 여쭙고 돈 50냥과 가져온 어물을 바쳤다. 최시형은 그에게 "이렇게 몹시 추운 겨울에 어찌 이러한 것을 구하였느냐"라며 감사의 인사를 하였다. 조석헌은 그 댁에서 하루를 묵고 그다음 날 바로 다부리로 돌아갔다.

다시 9일이 지난 10월 27일에 박희인과 조석헌은 전걸언리로 스승 최시형을 찾아뵙고 돈 30냥과 제사에 사용할 생물(生物)과 건포물 몇 종류 및 홍합혜 4~5그릇을 바쳤다.

그날 새벽에 닭이 운 다음에 제사를 모시고 음복하였다. 그때 최시형이 말하기를, 고기는 기운(氣運)에 이롭지 못하고, 어류는 맛이 좋다고 하였다. "어떤 음식이든 입에 맞아야 원기(元氣)를 돕는다. 어떠한 종류든지 몸에 이롭다든가 해가 된다고 따지지는 말라."고 하였다.

최시형은 이미 서너 달 동안 병환이 심해 입맛을 잃었고 원기가 약해져 있었다. 그래서 피마자 잎을 구하여 그것으로 반찬을 만들어 입맛을 겨우 살리고 있었다.

어물을 자주 바침

스승 최시형의 건강이 좋지 않았고, 그런 중에도 그나마 생선을 꺼지리 않아서 조석헌은 몹시 바빠졌다. 그는 1897년 11월 3일에도 반찬거리 몇 가지를 바치러 전거리로 갔다. 박희인과 조석헌은 4~5일에 한 번씩 교대로 다부리와 전거리를 오갔다. 그 사이에 교도에게 전파할 내용도 조석헌을 통해 전달하였다. 그때 해미, 서산, 태안 관내의 각 접에도 연락하여 신선한 생어(生魚)와 생복을 구해 달라고 부탁했다.

그해 11월 11일에 충청도의 포(包)에서 생복과 생굴과 생낙지를 구해왔다. 그래서 그다음 날 박희인과 조석헌은 전거리로 최시형을 찾아갔다. 그들은 생복과 여러 가지 물건을 바쳤는데, 최시형은 조석헌에게 바로 생복을 요리하라고 지시하였다. 생복 몇 개를 요리하여 드리자 최시형은 맛있게 들었다.

최시형은 노인(최시형 자신)의 밥상을 잘 차려주어서 고맙다고 하며, "굴죽 맛이 참 좋구나"라고 칭찬하였다. 이어서 사람의 분수에 관하여 설명하였는데, 요약하면 다음과 같다.

"사람에게는 저마다 분수가 있다. 가령 유생(儒生)과 농민(農民)은 의복과 음식의 등급이 다르다. 선비는 포목(布木)을 사용할 때도 8~9

승(升)의 가는 베로 만든 옷을 입고, 음식은 조금 적게 담아서 먹는 법이다. 일하는 농민은 5~6승의 거친 베로 지은 옷을 입는데, 음식은 그릇도 선비보다 높고 크게 하는 법이다. 사람마다 자기 분수에 맞지 않으면 하늘의 명(命)을 거스르는 것이다."

교첩의 반포

그때에 전라도의 포와 접을 재편성하였다. 박희인이 최시형에게 보고하기를, 의암 손병희가 이러저러하게 하라고 해서 그렇게 조치하였다고 했다. 그러자 최시형이 걱정하기를, "도(道)가 선생(최시형)의 도이지 (제자인) 아무개와 아무개의 도이더냐? 내가 가르쳐 주지 아니하여도 될까?"라고 하였다. 교첩을 둘러싸고 당시 동학 지도층의 의견이 제대로 조율되지 않았던 것으로 보인다.

최시형은 1897년 봄부터 교단을 재정비하여 교첩을 다시 나누어 주게 하였다. 그 작업은 3월에 시작하여 8월까지 일단락하였는데, 그 당시에 발행한 교첩에는 모두 '3월'이라고 기록하였다. 그리고 9월부터 그 이듬해 2월까지 못다 한 작업을 마치게 하였으며, 그 시기에 발행한 증서에는 9월이라고 쓰게 하였다. 즉, 봄철과 가을철의 두 시기로 구분하였다.

제6장 _ 해월의 더욱더 새로운 가르침

포주 및 접주는 솔선수범하라

최시형은 제사에 모인 여러 접주에게 말하였다. "두목(頭目, 포주와 접주 등 간부)이라고 하는 것이 어떤 것인 줄 아느냐? 두목은 그 포중(包中) 심부름꾼이다. 만일 너희 두목이 한가하고 나태하면 아무 일도 못 하느니라. 어떤 향례(享禮)든 절사(節祀)든 수백 명의 사람이 아침저녁을 함께 먹게 되었을 때 두목이 앉아서 한가히 지내면 수많은 사람을 누가 먹게 하겠느냐? 몇 번에 나누어 밥을 먹을 때 두목은 순식간에 몇 숟가락만 먹는 듯 마는 듯하고 일어서야 한다. 그래야 다들 차례를 잃지 아니하고 식사를 할 수 있다. 혹시라도 난리가 나서 수백만 명이 모인 진영 안이라면 영(令)을 내리고 통솔하는 사람은 처리하는 일이 명백하여야 한다. 그래야 수만 군병(軍兵)이 하나도 빠짐없이 모두 무사히 돌아올 수 있다." 최시형은 일상적인 예를 들어 간부들이 대접만 받으려고 하지 말고 솔선수범하기를 권장한 것이다.

박희인이 자금 운영

무술년(1898) 1월 2일에 해월 최시형은 박희인을 불러서 묻기를, "나는 돈이 없는데 너희들은 (교중에) 재산이 얼마나 있느냐?"하였다. 박희인이 엎드려 대답하기를, 금전(金錢)을 100금(金, 꿰미)이나 맡아 두고 있습니다. 언제든지 선생님께서 쓰실 곳이 있다고 말씀하시기를 몹시 기다렸습니다."라고 하였다. 100금이 현재 금액으로 얼마인지는 모르겠으나 당시에 동학 교단은 상당한 자금을 비축하고 있었다.

최시형이 명령하기를, 그대는 빨리 밖으로 나가 50금(金, 꿰미)만 구해서 들여보내라고 하였다. 그러자 박희인이 대답하기를, "내일 중에 조석헌을 통해 올리겠습니다."라고 하였다. 그때 조석헌은 박희인의 집에 머물고 있었다.

과연 그 이튿날인 1월 3일에 조석헌은 최시형을 뵙고, 천주(廤主, 재정 담당) 박희인이 바칠 여러 가지 물건을 바친 다음에 금 50꿰미도 바쳤다.

불길한 소식

1898년 1월 3일에 조석헌은 바깥에 나도는 여러 가지 소문을 종합정리하였다. 그에 따르면 그해 설날에 죽산군(竹山郡) 병정(兵丁)과 이천군(利川郡) 병정이 합세하여 죽산의 보야평(普野坪)에 사는 동학 교인 권성좌(權聖佐)의 집을 수색하여 권성좌를 체포했다. 이후 음죽(현 이천시) 앵산동으로 몰려가서 교인 신정희(申正羲)씨를 체포하였다. 병정들은 두 사람을 이천군에 가두었다.

조석헌은 위에서 언급한 것처럼 돈 50꿰미를 최시형에게 바치기 위해 이른 새벽에 다부리를 출발하여 거기서 50리나 되는 전거리로 직행하여 오전 사시(巳時) 초, 즉 9시경에 도착하였다.

최시형이 조석헌에게 묻기를, 어제(정월 2일) 박희인이 다부리로 갈 때 병정을 혹시 만나지 않았느냐고 하였다. 이하는 최시형이 조석헌에게 들려준 이야기이다.

박희인이 전거리를 떠난 직후에 권성좌가 병정 10여 명과 함께 구암 김연국의 집으로 들이닥쳤다고 한다. 그들은 김연국의 행방을 쫓고 있었다.

그때 김낙철(金洛喆)이 김연국의 집에 딸린 사랑방에 앉아 있었다. 바로 그 시간에 의암 손병희와 구암 김연국, 신현경(申賢景), 염창순(廉昌淳), 이용식(李容熄) 등은 최시형의 집에 있었다.

권성좌와 병정 10여 명은 김연국의 집을 벗어나 곧 최시형의 집으로 갔다. 그때도 최시형은 병을 앓고 있었다. 손병희와 김연국은 병정들과 먼저 인사를 나누고, 자신들은 주인장의 집안 조카, 또는 누이의 아들이라고 둘러댔다. 권성좌는 본래 교인이었으므로 거짓으로 초면인 것처럼 꾸며서 인사하고 나서 다시 김연국의 집으로 갔다가 곧 최시형의 집으로 돌아왔다.

병정들은 최시형이 있는 안방으로 들어가 문서를 수색하였다. "병중에 있는 노인과 부인(夫人)께서는 놀라지 마옵소서"라고 양해를 구한 다음에, 병정들은 방안에서 문서를 꺼내 샅샅이 살펴보았다. 위기

일발의 순간이었으나, 최시형은 마음을 고요히 가라앉히고 정심정기
(正心正氣, 마음과 기운을 바로함)로 천사성령(天師聖靈, 최제우의 성령) 앞에 무
위이화(無爲而化, 아무 일도 하지 않는 가운데 조화가 일어남)를 마음으로 기도하
였다. 최시형은 방 안에 앉아 수색이 어서 끝나기를 기다렸다. 병정들
은 방 안에 있는 많은 문서를 보고도 문제점을 발견하지 못한 채
자리를 떠났다.

그들은 다시 김연국의 집으로 내려가 수색작업을 하였다. 그러고
는 부안접주 김낙철을 해월 최시형이라고 판단해, 그를 이천군으로
끌고 갔다. 김낙철은 곧 서울로 압송한다는 소문도 있었다. 이런 이야
기는 모두 최시형이 조석헌에게 들려준 것이다.

무위이화

그날(1987.1.3.) 병정들은 동학의 문서를 보고도 알아채지 못하였
고, 최시형을 곁에 두고서도 엉뚱하게 다른 사람을 붙잡아 갔다. 그
일을 겪은 뒤에 최시형은 손병희와 김연국 등 여러 제자에게 무이위
화를 훈계하였다. 그 요지를 정리하면 다음과 같다.

"그대들은 언제 어떤 순간이든지 무위이화(無爲而化)의 이치를 깊이
생각하라. 오늘 있었던 그 일을 항상 마음에 간직하고 잊지 말거라.

　　　제6장 _ 해월의 더욱더 새로운 가르침

세상만사 가운데 사람의 힘으로 하지 못할 일이 많으나, 하늘의 명을 기다리면 된다. 무위이화로 감화(感化)하는 이치가 있느니라. 부디 오늘의 일을 명심하고 잊지 말지라."

또 다른 무이위화

그러나 최시형이 더 이상 전거리에 머무는 것은 위험천만한 일이었다. 결국 그다음 날인 정월 4일에 동이 트기도 전에 손병희와 김연국은 해월 최시형을 모시고 전거리를 떠났다. 조석헌과 박희인은 한동안 스승 최시형의 행방을 알지 못하였다.

그해(1898) 정월 대보름이 되자 박희인은 조석헌을 데리고 스승 최시형을 찾아 길을 떠났다. 스승에게 바칠 물건도 챙겼다. 즉, 건어물 몇 가지와 생선알 4~5덩이(脯), 남초(南草, 담배) 2줌(把)그리고 은화를 소중히 간직한 채 스승이 머문 곳을 탐문하기 시작하였다.

몇 달이 걸리더라도 기어이 최시형을 뵙고 돌아올 작정이었다. 어느 곳으로 갈지를 몰라 오직 천사성령(天師聖靈, 최제우의 성령)이 이끄는 대로 길을 갔다. 여주(驪州) 억억교(億億橋), 양화진(陽和津), 곡수장대(曲水場垈), 지평군(砥平郡), 용두리(龍頭里) 장대(場垈), 신대치(新垈峙)를 지나 강원도 홍천군 남면 향화대(香花垈)에 있는 이참봉(李參奉)의 집에서 하룻밤을 머물렀다.

그다음 날에 다시 발길을 재촉하여 난미봉(卵美峯)을 넘고 안흥치

(安興峙)도 넘어 사물아치에 있는 교인 오순지(吳順池)의 집에 도착했다. 거기서 최시형의 안부를 물어보았으나 아무 것도 알아내지 못하였다. 그 집에서 잠을 자고 아침 일찍 다시 길을 떠나기로 하였다. 그날이 곧 1898년 1월 18일이었다.

오순지의 집을 떠나 오채운(吳彩云)의 집과 사물아치의 주막을 거쳐 후령(后嶺) 방아재를 올라갔다. 그때 갑자기 검은 구름이 하늘을 덮고 하얀 눈이 쏟아졌다. 하루를 꼬박 걸어서 방아재리의 교인 용여수(龍汝洙)의 집에 도착하였다. 그날 하루 종일 걸은 거리가 알고 보니 10리밖에 되지 않았다.

그런데 용씨(龍氏)의 사랑방문을 열 때 박희인의 목소리를 듣고 그 집 안방에서 손병희와 김연국과 이용식(李容熄), 염창순(廉昌淳), 이자성(李自星) 등이 바깥으로 나왔다. 안방으로 들어가자 해월 최시형이 앉아 있었다. 조석헌과 박희인은 방 안으로 들어가 인사를 올리고, 행장(行裝)에서 각종 건어물과 생선알이며 담배와 은화(銀貨) 50꿰미를 꺼내 스승에게 바쳤다.

최시형이 말하기를, 오늘 이와 같이 서로 만난 것은 천리(天理)가 감화(感化)된 것이며, 자연의 이치라고 말하시고 칭찬하였다. 손병희도 말하기를, 느릅정이 최우범(崔禹範)이 스승님의 여행 경비를 마련해 주어 3~4일을 객지에서 묵었는데, 그 사람이 돈을 구하느라 애를 많이 썼으나 겨우 13꿰미를 만들었을 뿐이라고 하였다.

제6장 _ 해월의 더욱더 새로운 가르침

최시형 일행이 용씨 집에 도착한 것은 바로 하루 전날이었다. 하룻밤을 머물고는 다음 날 새벽에 떠나려 했으나, 날씨가 나빠서 최시형이 그 집에 좀 더 머물자고 하여 그대로 눌러 있는 참이었다. 하마터면 조석헌 일행과 스승 최시형은 길이 영영 어긋날 수 있었던 것이다. 최시형 일행은 선물을 받은 이후에 곧 조석헌 등과 헤어져 다시 길을 떠났다.

박희인과 조석헌은 하룻밤을 거기서 머물고 이튿날 귀가를 서둘렀다. 둘이 방아재 봉우리에 올랐을 때 박희인은 조석헌에게 다음과 같이 가르쳤다.

"이번에 이처럼 무위이화(無爲而化)로 자연지리(自然之理)를 직접 체험하고 배웠노라. 홀로 있을 때도 삼가고, 마음속에 새겨 잊지 말아야 한다."

그 뒤 며칠이 지나서 조선헌은 박희인을 수행하여 다부리의 박희인 본가에 도착하였다. 그날부터는 박희인도 이사 준비를 하기 시작했다. 스승 최시형의 거처가 정해지면 곧 떠나야 했기 때문이다.

손병희 등은 최시형을 가마에 태우고 깊은 산속으로 피신하였다. 그들은 여러 곳을 지나 지평군 갈현, 홍천군 서면을 두루 여행하였다. 그러고는 1898년 2월 말에 강원도 원주군 호저면 고산리 송동(松洞

=송골)에 있는 원덕여(元德汝)의 집에 눌러 앉았다. 최시형은 거기서 그해 4월 6일에 체포되었다. 최시형의 최종 거처였던 셈이다.

2. 하늘에 관한 새로운 가르침

최시형은 언제나 피신 중이었으나, 그 와중에도 동학의 조직을 재건하고 포교에 힘썼다. 그리고 무엇보다도 그는 새로운 법설을 펼쳐 교도를 가르쳤다. 1897년에 이천과 여주에 머물 때도 그러했다. 그 중 대표적인 것만 손꼽아 보면, 이천 앵산동에서는 '향아설위'를 새로 제정하였고, 여주 전거론에서는 '이천식천'과 '이심치심'에 관해 법설하였다. 이 세 가지는 하늘에 관한 최시형의 많은 가르침 가운데 서도 가장 핵심적인 것이었다고 평가된다.

향아설위(向我設位)

아래에서는 <해월신사(최시형)법설>에 나오는 해당 사항을 차례로 옮기고, 그에 관련된 필자의 소감 또는 설명을 덧붙이겠다.

"신사 물으시기를 '제사 지낼 때에 벽을 향하여 위를 베푸는 것이 옳으냐, 나를 향하여 위를 베푸는 것이 옳으냐.' 손병희 대답하기를, '나를 향하여 위를 베푸는 것이 옳습니다.'라고 했다."

인용문에서는 스승 최시형이 수제자 손병희에게 설위(設位, 제상 차림)의 법칙을 점검하라고 명령한 것으로 되어 있다. 그러나 실제와는 거리가 있다. 처음으로 "향아설위"를 하였을 때 그 현장에는 손병희가 없었다. 그러나 같은 시간에 손병희 역시 다른 곳에서 "향아설위"를 실천하였다고 한다.

그 이야기는 《천도교서》의 제3편 <의암성사(義菴聖師, 손병희)>에 나온다. 1897년 봄에 손병희는 강원도를 순회하였다. 마침 그가 여주군에 있는 임순호(林淳灝) 집에 이르렀을 때가 4월 5일이었다. 손병희가 교조 최제우의 향례(享禮)를 행하게 되었는데, 임순호와 염창순 등에게 이렇게 말했다.

"내가 지금 향아설위(向我設位)할 의향이 있으니 이는 나의 개인적인 뜻이 아니라 하늘의 뜻(天意)이다. 그러나 종문(宗門, 동학) 사람들이 만약 이런 일을 알게 되면 반드시 내가 개인적인 뜻으로 함부로 제사의 예법을 바꾸었다고 질책할 것이다. 그러므로 그대들은 아직 전하지 말라."라고 하고는 향아설위하여 제사를 마쳤다.

그다음 날에 손병희가 스승 최시형을 찾아갔는데, 최시형이 손병희에게 말하기기를, "어젯밤에 내가 앞으로 5만 년 동안 바뀌지 않을 법을 처음으로 정하였다. 그러나 그대가 참석하지 못하였으니 매우 섭섭하다"라고 하였다. 손병희가 그 이유를 묻자 최시형은 비로소 향아설위의 법을 정하였다고 대답하였다.

그러자 손병희가 말하시기를, "제자(손병희) 또한 어젯밤에 임순호 집에 있으며 향아설위하고 향사(享祀)를 행하였습니다"라고 하였다. 최시형이 무척 기뻐하며 말하시기를, "이는 곧 천심(天心)이 함께 하신 것이다"라고 하였다.

이와 같은 예화에서 보듯, 스승 최시형과 제자 손병희는 똑같은 시간에 서로 아무런 사전 약속이 없는 상태에서 "향아설위"를 처음으로 시행하였다고 한다. 그야말로 이심전심(以心傳心)이었다고 하겠다. 향아설위에 관한 최시형의 법설은 다음과 같이 이어진다.

> "신사 말씀하시기를, '그러하니라. 이제부터는 나를 향하여 위(位, 신위)를 베푸는 것이 옳으니라. 그러면 제물을 차릴 때에 혹 급하게 집어 먹었다면, 다시 차려서 제사를 지내는 것이 옳겠느냐 그대로 지내도 옳겠느냐.' 손천민이 대답하기를, '그대로 제사를 지내는 것이 옳겠습니다.'라고 했다."

손천민이라면 최시형의 모든 법설을 한문으로 정리한 유능한 제자였다. 그와의 문답을 통해 최시형은 제사상의 진정한 주인이 "나"라는 점을 드러냈다.

제6장 _ 해월의 더욱더 새로운 가르침

"신사 말씀하시기를, '너희들은 매번 식고(食告)할 때에 한울님 감응하시는 모습을 본 적이 있느냐.'고 하자 김연국이 대답하기를 '보지 못하였습니다.'라고 했다."

위에 등장하는 김연국은 손병희, 손천민과 더불어 최시형의 으뜸가는 제자였다. 세 제자와의 문답이란 형식을 빌려 최시형은 향아설위가 근본적으로는 "식고", 즉 식사 때 한울님에게 감사하는 것과 같다는 점을 강조하였다.

"신사 말씀하시기를, '그러면 한울님께서 감응하시지 않는 모습을 혹본 일이 있느냐. 사람은 다 모신 한울님의 영기로 사는 것이니, 사람의 먹고 싶어 하는 생각이 곧 한울님이 감응하시는 마음이요, 먹고 싶은 기운이 곧 한울님이 감응하시는 기운이요, 사람이 맛나게 먹는 것이 이것이 한울님이 감응하시는 것이요, 사람이 먹고 싶은 생각이 없는 것이 바로 한울님이 감응하시지 않는 이치니라. 사람이 모신 한울님의 영기가 있으면 산 것이요, 그렇지 아니하면 죽은 것이니라. 죽은 사람 입에 한 숟갈 밥을 드리고 기다려도 능히 한 알 밥이라도 먹지 못하는 것이니 이는 한울님이 이미 사람의 몸 안에서 떠난 것이니라. 그러므로 능히 먹을 생각과 먹을 기운을 내지 못하는 것이니, 이것은 한울님이 능히 감응하시지 않는 이치니라.'라고 하였다."

사람이 살아서는 한울님의 영기가 있으나 죽으면 그 영기가 사라지고 만다고 했다. 죽은 사람 앞에 음식을 차리는 것은 무의미한 일이라는 뜻이다. 누군가의 제사를 지낸다고 하더라도 그 상은 살아 있는 사람을 위한 것이므로 "향아", 즉 제사하는 주체를 위한 상차림이 되어야 한다는 주장이다.

"또 말씀하시기를, '제사 지낼 때에 몇 대조까지 제사를 받드느냐.' 하니, 김연국이 대답하기를, '보통 4대조까지 제사를 받들고 그 이상은 매년 봄과 가을에 시향을 베풀 따름입니다.'라고 하였다."

최시형이 이러한 풍습을 몰라서 물은 것은 아니고, 누구나 다 아는 상식을 확인한 것이다.

"또 말씀하시기를, '시향(時享, 시제)은 몇 대조까지 하느냐.'하자 대답하기를, '이십대 안팎을 지나지 아니하오며 그 이상은 알 수 없습니다.'라고 하였다."

이 또한 19세기 말의 일반적인 관습을 확인한 것이다.

"신사 말씀하시기를, '이십대나 삼십대를 거슬러 올라가면 반드시 첫 조상이 있으리니 첫 조상의 영은 받들지 않느냐. 사람은 다 부모가 있으리니 부모로부터 처음 할아버지에게 거슬러 올라가면 첫 할아버지는 누가 능히 낳았겠느냐. 예로부터 한울이 만백성을 낳았다 말하나니, 첫 할아버지의 부모는 한울님이시니라. 그러므로 한울을 모시고 한울을 받드는 것은 곧 첫 할아버지를 받드는 것이니 부모의 제사를 지낼 때 지극한 정성을 다하는 것이 마땅하며, 시간은 정오에 베푸는 것이 옳으니라.'라고 하였다."

최시형이 제사에 관해 정말 하고 싶었던 말이 위에 보인다. 조상을 잊지 않고 기념하는 것이 중요하다는 점은 누구나 알고 있지만, 정작 중요한 한 가지 사실을 놓치고 있다는 사실이다. 우리 모두의 조상은 한울이라고 했다. 한밤중이 아니라 한낮에 한울님을 위해 제사를 모시라는 부탁이다.

"임규호 묻기를, '나를 향하여 위를 베푸는 이치는 어떤 연고입니까.' 하자 신사 대답하시기를, '나의 부모는 첫 조상으로부터 몇만 대에 이르도록 혈기를 계승하여 나에게 이른 것이요, 또 부모의 심령은 한울님으로부터 몇만 대를 이어 나에게 이른 것이니 부모가 죽은 뒤에도 혈기는 나에게 남아있는 것이요, 심령과 정신도 나에게 남아있는 것이니라. 그러므로 제사를 받들고 위를 베푸는 것은 그 자손을 위하는 것이 본위이니, 평상시에 식사를 하듯이 위를 베푼 뒤에 지극한 정성을 다하여 심고하고, 부모가 살아계실 때의 교훈과 남기신 사업의 뜻을 생각하면서 맹세하는 것이 옳으니라.'라고 하였다."

향아설위의 본뜻을 설명한 것이다. 제사를 모시는 것은 자손을 위한 것이므로, 제사 모시는 자손을 향하여 상을 차리라고 하였다.

"방시학이 묻기를, '제사 지낼 때 절하는 예는 어떻게 합니까.'라고 하니 신사 대답하시기를 '마음으로써 절하는 것이 옳으니라.'고 하였다."

제사는 형식이 문제가 아니라 마음을 다하여 경건함을 잃지 말라는 뜻이다.

"또 묻기를, '제물 차리는 것과 상복은 어떻게 하는 것이 옳습니까.'라고 하니 신사 대답하시기를, '만 가지를 차리어 벌려 놓는 것이 정성이 되는 것이 아니요, 다만 청수 한 그릇이라도 지극한 정성을 다하는 것이 옳으니라. 제물을 차릴 때에 값이 비싸고 싼 것을 말하지 말고, 물품이 많고 적은 것을 말하지 말라. 제사 지낼 시기에 이르러 흉한 빛을 보지 말고, 음란한 소리를 듣지 말고, 나쁜 말을 하지 말고, 서로 다투고 물건 빼앗기를 하지 말라. 만일 그렇게 하면 제사를 지내지 않는 것이 옳으니라. 굴건과 제복이 필요치 않고 평상시에 입던 옷을 입더라도 지극한 정성이 옳으니라. 부모가 돌아가신 뒤에 굴건을 쓰고 제복을 입고라도, 그 부모의 뜻을 잊어버리고 주색과 잡기판에 나들면, 어찌 가히 정성을 다했다고 말하겠는가.'라고 하였다."

일체의 허례허식을 버리고 오직 마음을 다하여 정성껏 제사를 모시라는 부탁이다. 제사상을 화려하게 차리는 것도 중요하지 않고, 제관이 복장을 성대하게 꾸미는 것도 불필요한 일이라고 하였다. 당시 유교에서는 격식만을 숭배하여 제사의 본질을 놓쳤기 때문에 이러한 가르침을 편 것이다.

> "조재벽이 묻기를, '상기는 어떻게 하는 것이 옳습니까.'라고 하니 신사 대답하시기를, '마음으로 백년상이 옳으니라. 천지부모를 위하는 식고가 마음의 백년상이니, 사람이 살아 있을 때에 부모의 생각을 잊지 않는 것이 영세불망이요, 천지부모 네 글자를 지키는 것이 만고사적 분명하다라고 말하는 것이니라.'라고 하였다."

부모님이 돌아가셨을 때 상의 기간을 유교에서는 26개월쯤이라고도 하고, 불교에서는 49일이라고도 하였다. 그러나 최시형은 그와 같이 의례적인 기간은 무의미하고, 평생을 똑같은 마음으로 부모님이 작고하신 것을 슬퍼하라고 했다.

전거론의 여러 가지 설법

앵산동에서 전거론으로 이주한 뒤에도 최시형의 법설은 계속되었는데, 더욱더 심오해졌다. 특히 1897년 10월 28일, 최제우의 탄신일에 베푼 가르침은 후세에 큰 영향을 주었다. 그날 많은 제자가 모여 향례를 올릴 때 최시형은 몇 가지 중요한 가르침을 베풀었다.

'강화(降話)의 도(道)'를 비롯해 '식고(食告)의 의(義)', '물약자효(勿藥自效)의 이(理)' 등이 그것이었다. 풀이하면 '강화(降話)의 도(道)'에서 최시형은 우리의 마음이 바르면 심령의 가르침을 듣게 된다고 하였다. 그리고 '식고(食告)의 의(義)'에서는 하늘에 감사함으로써 화를 피하고 복을 구하라고 당부했다. 또, '물약자효(勿藥自效)의 이(理)'에서는 마음을 바로잡으면 약을 쓰지 않고도 병이 저절로 낫는다고 가르쳤다.

위에서 짧게 소개한 여러 법설이 다 중요하지만 후세가 길이 나침반으로 삼은 두 가지 법설이 또 있다. 그 하나는 '이심치심(以心治心, 마음으로 마음을 다스림)'이요, 또 다른 하나는 '이천식천(以天食天, 하늘이 하늘을 먹고 삶)'이었다. 이 두 가지 가르침은 모름지기 하늘의 마음으로 내 마음의 기준을 삼아야 한다는 뜻인데 아래에서 차례로 검토하겠다. 그 밖에도 동학의 미래를 예언한 '오도(吾道)의 대운(大運)'이란 법설도 많은 사람의 이목을 끌었다.

'이심치심(以心治心)'

먼저 최시형의 법설을 인용하고, 이어서 약간의 설명을 붙이겠다.

제6장 _ 해월의 더욱더 새로운 가르침

"마음으로 마음을 다스림도 또한 이러한(한울림이 사람에게 깃들어 있음) 이치에서 생긴 것이니라. 사람의 마음에 어찌 두 가지 뿌리가 있으리오. 마음은 하나이지마는 그 씀에 있어 하나는 (수단인) 이심 (以心, 마음을 가지고)이 되고 또 하나는 (결과인) 치심(治心, 마음을 다스림)이 되나니, 이심은 한울님 마음이오, 치심은 사람의 마음이니라. 비유하건데 간은 두 개가 아니되 그 씀에 의하여 선악이 생기고, 같은 물건이라도 씀에 의하여 이해가 다름과 같다. 똑같은 마음이로되 마음이 이치에 합하면 마음이 화하고, 기운이 화하게 되면 한울님 마음을 거느리게 되나라. 마음이 감정에 흐르면 마음이 너그럽지 못하고 좁아 몹시 군색하여 모든 악한 행위가 여기서 생기는 것이니라. 그러므로 도 닦는 자는 이심으로써 항상 치심을 억제하여, 마차 부리는 사람이 용마(龍馬)를 잘 거느림과 같이 그 씀이 옳으면, 화가 바뀌어 복이 되고 재앙이 변하여 경사롭고 길하게 될 수 있느니라."

한울님의 마음으로 생각하고 행동하면 사람은 군자가 될 수 있다는 뜻이다. 위의 설명은 성리학에서 강조하는 천인합일(天人合一)의 도와 조금도 다를 바가 없었다. 요컨대 사람의 마음속에는 한울님의 마음이 들어 있기 때문에 바르고 착한 본래의 마음으로 자기 마음을 다스리라는 것이다.

이천식천(以天食天)

최시형은 '이천식천'이란 법설에서 인간뿐만 아니라 동물과 식물 그리고 물이나 흙 같은 광물질도 모두가 생명이요, 하늘이라는 사상을 표현하였다. 만물은 크거나 작거나, 또는 그 형태가 어떠하든지 지극히 소중하다고 보았다. 그처럼 중요한 만물은 서로 독립적으로 존재하면서도 떼려야 뗄 수 없는 의존관계에 있다고 했다. 그 점에서 해월 최시형의 주장은 서양 현대의 생태사상과 다르지 않았다. 이제 최시형의 법설을 직접 인용하겠다.

"내가 항상 말하기를, 물건마다 한울이요 일마다 한울이라 하였나니, 만약 이 이치를 옳다고 인정한다면 모든 물건이 다 한울로써 한울을 먹는 것 아님이 없을지니. 한울로써 한울을 먹는 것은 어찌 생각하면 이치에 서로 맞지 않는 것 같으나, 그러나 이것은 사람의 마음이 한쪽으로 치우쳐서 보는 말이요, 만일 한울 전체로 본다면 한울이 한울 전체를 키우기 위하여 같은 바탕이 된 자는 서로 도와줌으로써 서로 기운이 화함을 이루고, 다른 바탕이 된 자는 한울로 한울을 먹게 하여 서로 기운이 화함을 통하게 하는 것이다. 그러므로 한울은 한편으로는 동질적 기화(氣化)로 종속(같은 부류)을 기르고, 다른 한편에서는 이질적 기화로 종속과 종속이 서로 연결되어 성장하고 발전하게 한다."

사람은 음식을 먹고 산다. 이것을 두고 최시형은 한울(하늘)이 한울(하늘)을 먹는다고 말하였다. 이러한 행위는 우주의 모든 생명체가 살게 하려는 것인데, 같은 종끼리는 서로 힘을 합하고, 다른 종끼리는 먹이사슬을 이루어 유기적으로 진화하거나 발전하기도 한다. 최시형은 우주만물에도 한울(하늘)이 있다고 주장함으로써 어떠한 사물도 객체화, 대상화 또는 타자화되어서는 곤란하다는 의견을 내놓았다.

"종합하여 말하면 한울로써 한울을 먹는 것은 곧 한울의 기화작용으로 볼 수 있다. 대신사께서 모실 시(侍)자의 뜻을 풀어 밝히실 때 안에 신령(神靈)이 있다함은 한울을 말함이요, 밖에 기화(氣化)가 있다함은 한울로써 한울을 먹는 것을 말씀한 것이다. 지극히 묘한 천지의 묘법은 모두 기운이 화하는 데 있느니라."

이 대목에서 최시형은 자신이 설파한 '이천식천'이란 법설의 기원을 밝혔다. 즉, 스승인 최제우의 가르침 가운데 누구나 널리 알려진 바, 한울님을 모시면 안으로 신령하고 밖으로 기화가 있다고 한 최제우의 교시(敎示)에서 이천식천이란 사상이 나왔다는 것이다.

"오도의 운(吾道之運)"

동학의 미래는 과연 어떻게 될 것인가. 이 문제는 교도라면 누구나 큰 관심을 갖지 않을 수 없는 주제였으므로, 최시형은 그에 관하여 다음과 같이 설명하였다. 보기에 따라서는 예언이라고 할 수도 있겠다.

"신택우 묻기를, '갑오 전란(즉 동학농민혁명)으로 인하여 우리 도를
비방하고 원망하는 사람이 많으니 어떤 방책으로 능히 이 원성을 벗어
날 수 있습니까.'하니 신사 대답하시기를, '갑오의 일로 말하면 인사로
된 것이 아니요, 천명으로 된 일이다. 사람을 원망하고 한울을 원망하
나 이후부터는 한울이 귀화(歸化)하는 것을 보이어 원성이 없어지고
도리어 찬성하리라. 갑오년과 같은 때가 되어 갑오년과 같은 일을 하
면, 우리나라의 일이 이로 말미암아 빛나게 되어 세계 인민의 정신을
불러일으킬 것이니라.'라고 하였다."

갑오년의 동학농민혁명은 한울님의 명령으로 일으킨 것이라고 하
였다. 그러므로 후회할 일이 아니고, 앞으로도 그런 때가 오면 역시
동학농민혁명을 일으킨 것처럼 해야겠다고 하였다. 그러면 다음번
혁명은 실패하지 않고 반드시 크게 성공하여 인류의 역사에 보탬이
될 것이라고 했다.

"이용구가 묻기를, '갑오 이후로부터 우리나라에는 왕이 황(皇, 황제)
이란 이름으로 변하고, 삼정승이 십부대신의 이름으로 변하고, 문호를
개방하여 세계 각국과 통상함으로써 문화와 물품을 수입하는 것이
많으니, 이것이 우리 도에 대하여 이해(利害)가 어떠하오리까.'하니
신사 대답하시기를, '우리 도의 운수는 세상과 같이 돌아가는 것이라.

제6장 _ 해월의 더욱더 새로운 가르침

나라의 정치가 변하는 것도 또한 우리 도의 운수로 인한 것이니라. 우리 도도 이 운수를 당하여 한번 변한 뒤에라야 반드시 크게 번영하리라. 우리 도의 이름과 주의를 멀지 아니하여 세계에 펴 날리고, 서울 장안에 크게 교당을 세우고, 주문 외우는 소리가 한울에 사무치리니, 이때를 지나야 현도(顯道, 도를 널리 드러냄)라고 이르느니라.'"

제자 이용구는 문명이 개화하는 시대를 맞이하여 동학의 앞날이 어떠할지를 물었다. 교도의 대부분이 그러한 궁금증을 가졌을 법하다. 이에 대하여 최시형의 판단은 명쾌하였다. 조선의 정치사회적 변화에 동학의 이바지가 있는 것도 사실이나 세상의 변화가 동학에도 영향을 주게 된다고 하였다. 그러면서 동학도 시대의 기운에 따라 혁신하면 널리 각광받는 종교가 될 것이라고 하였다. 이러한 문답을 주고받았을 때 최시형은 이미 70세가 넘었으나 그의 정신세계는 누구보다 개방적이었다.

"이 뒤에 또 갑오년과 비슷한 일이 있으리니 외국 병마(兵馬)가 우리 강토 안에 몰려들어 싸우고 빼앗고 하리라. 이때를 당하여 잘 처변하면 현도가 쉬우나, 만일 잘 처변치 못하면 도리어 근심을 만나리라."

최시형은 자신이 격변의 시대를 살고 있다는 점을 잊지 않았다. 청일전쟁에 이어 러일전쟁도 일어날 것으로 예측했던 것 같다.

"손병희 묻기를, '전란을 당하면 각국이 서로 병기를 가지고 승부를 결할 것이니, 이때를 당하여 우리 도인은 두 나라가 서로 싸우는 사이에서 어떤 좋은 생각으로 이길 수 있습니까.' 하니 신사 대답하시기를, '전쟁은 다만 병기만 가지고 이기는 것은 없느니라. 병전을 능가하는 것은 책전(策戰)이니, 계책이 지극히 큰 것이니라. 서양의 무기는 세상 사람이 견주어 대적할 자 없다고 하나 무기는 사람 죽이는 기계를 말하는 것이요, 도덕은 사람 살리는 기틀을 말하는 것이니, 그대들은 이때를 당하여 수도를 지극한 정성으로 함이 옳으니라.'"

종교지도자다운 가르침이다. 전쟁은 무기로 싸우는 것이 보통이지만 싸우지 않고도 이긴다면 더 이상 좋은 일이 없을 것이다. 최시형은 각자가 도덕심을 배양하여 전쟁의 소용돌이 속에서도 평화를 지킬 수 있기를 소망하였다.

"큰 전쟁 뒤에는 반드시 큰 평화가 있는 것이니, 전쟁이란 평화의 근본이니라. 사상은 동방에 있고 기계는 서방에 있느니라. 구름이 서산에 걷히면 이튿날이 맑고 밝으니라. 사람은 한 사람이라도 썩었다고 버릴 것이 없나니, 한 사람을 한번 버리면 큰일에 해로우니라. 일을 하는 데 있어 사람은 다 특별한 기술과 전문적 능력이 있으니, 적재적소를 가려 정하면 공을 이루지 못할 것이 없느니라."

이른바 동도서기(東道西器, 동양의 사상과 서양의 물질문명)를 주장한 것이다. 동서양 문명의 장점만을 선택하여 전문적인 기술과 학식을 연마해야 위기의 시대를 돌파할 수 있다고, 최시형은 후세에 훌륭한 충고를 주었다.

"산도 이롭지 않고 물도 이롭지 아니하리라. 이로운 것은 밤낮 활을 당기는 사이에 있느니라."

이야기의 마지막에 최시형은 위와 같은 두 구절을 인용하였다. 《정감록》에 나오는 유명한 글귀이다. 나라가 망하게 되면 사람들은 산속으로 숨거나 바닷가로 몰리겠으나, 그것은 지혜로운 방법이 아니라고 했다. "활을 당기는 사이", 즉 궁요(弓腰, 활의 허리)에 살길이 있다고 했다. 그럼 그것은 무엇일까. 최제우의 가르침과 그 뒤를 따른 최시형 자신의 가르침이라고, 그는 말하고 싶었을 것이다.

가르침의 핵심은 공경

동학의 가르침은 그 핵심이 공경이었다. 그 점은 다음에 소개하는 일화에서도 드러난다. 최시형이 전거론에 머물던 시절이었다. 그는 병으로 방에 누워 있다가 아이들이 나막신을 끄는 소리에 놀라 일어났다. "나막신 끄는 소리가 내 가슴을 울려 아프게 하였다"라며 그는 가슴을 어루만졌다.

이것은 무슨 뜻일까. 땅에 아픔을 준 작은 나막신이란 존재가 곧 사람에게 아픔을 주었다는 말인데, 우주만물이 모두 똑같은 기운에서 나왔으므로 오직 한울님으로 모시라는 뜻이다. 여기서 우리는 최시형의 많은 법설은 결국 공경(恭敬, 공손하고 존경함)에 있다는 점을 짐작할 수 있다.

그러므로 최시형은 "삼경설(三敬說)"을 펼쳤다. 사람은 누구나 하늘과 사람과 사물을 공경해야 한다는 말이었다. 그 요지를 간단히 정리해보자. 첫째, 한울(天)을 공경하라는 말씀이다. 이것이 교조 최제우가 처음 밝힌 도법(道法)이었다. 한울은 진리의 중심이기 때문인데, 그것을 공경하는 것은 허공을 향하여 상제 또는 한울님을 공경하는 것이 아니다. 각자가 자신의 마음을 공경하는 것이 곧 한울을 공경하는 것이다.

이에 관하여 최시형은 설명하기를, "사람은 한울을 공경함으로써 자신의 영원한 생명을 알게 될 것이요, 한울을 공경함으로써 모든 사람과 만물이 다 나의 동포라는 진리를 깨달을 것이요, 한울을 공경함으로써 남을 위하여 희생하는 마음과 세상을 위하여 의무를 다할 마음이 생길 수 있다."고 하였다.

요컨대 한울을 공경한다는 것은, 사사로운 이익을 위해 헛되이 살지 말고 언제 어디서나 공심(公心)을 발휘하라는 뜻이다.

둘째는 사람을 공경하라는 것이다. 한울을 공경한다고 하면서 사람, 즉 타인을 공경하지 않으면 모순이라는 지적이다. 이 세상 모든 사람을 한울과 같이 섬기는 사람이라야 도를 실천하는 사람이라고 하였다. 그러므로 최시형은 다음과 같이 말하였다.

"도인(교인) 집에 손님이 오거든 사람이 왔다고 하지 말고 한울님이 강림하셨다 이르라."

흔히 보통 사람은 귀신을 공경하는 풍속은 알아도 다른 사람을 여러 가지 이유로 천대한다. 그러나 한울이 사람을 떠나 별도로 존재하지 않는다는 사실을 통찰한다면 사람을 공경하지 않을 수 없다고 하였다.

셋째, 사물 역시 공경하라고 하였다. 다른 사람을 공경하는 것은 훌륭한 일이나 그것만으로는 도덕이 최고의 경지에 오르지 못한다고, 최시형은 가르쳤다. 사물에도 한울님이 계시므로 공경이 거기까지 이르러야 천지가 기화(氣化, 조화를 이룸)할 수 있다고 보았다.

3. 손병희에게 도통을 전수

동학농민혁명이 끝나고 최시형은 끊임없이 관헌에 쫓겨 사방으로 떠돌았다. 어느덧 그렇게 1년이 지나가고 1896년이 밝았다. 최시형은 70세의 고령이었고, 노환(老患)이 떠나지 않았다. 돌이켜보면, 1864년에 스승이 순도(殉道)한 뒤로 30년 이상 조정의 탄압에도 아랑곳하지 않고 풍찬노숙(風餐露宿, 심하게 고생함)하는 가운데 무극대도(無極大道)인 동학을 홀로 이끌어왔다. 그러나 이제 후계자를 염두에 두어야 할 때가 이르렀다.

1896년 정월에 최시형은 자신이 사랑하는 세 명의 제자를 불러 모았다. 손병희(孫秉熙)·손천민(孫天民)·김연국(金演局)이 그들이었는데, 각각 의암(義菴)·송암(松菴)·구암(龜菴)이라는 도호(道號)를 하사하고, 그들 3암(菴)을 중심으로 집단지도체제를 운용하라고 하였다. 강원도 원주의 수레미에서의 일이었다.

3암 가운데 의암 손병희는 지모가 탁월하고 지도력이 걸출한 한 시대의 호걸이요, 송암 손천민은 탁월한 문필로 해월 최시형의 법설과 각종 훈령을 곧바로 지어내는 비서였다. 그리고 구암 김연국은 어린시절부터 항상 스승을 최측근에서 모셔 온 수행비서였다. 이들 삼인은 언제나 스승을 최측근에서 보위하는 핵심세력이었다.

그들 외에도 최시형이 깊이 신뢰하는 제자가 많았는데, 그중에서

제6장 _ 해월의 더욱더 새로운 가르침

도 세 사람이 가장 출중하였다. 상암 박희인은 교단의 재정을 총괄하며 최시형과 전국의 포주 및 접주를 연결하는 이음매와도 같았다. 또, 봉암 이용구는 두뇌가 탁월하고 조직력이 강한 제자였다. 그밖에 정암 이종훈은 스승 최시형을 위해서라면 물불을 가리지 않는 충직한 집사였다. 물론 그들 외에도 김낙철과 조석헌을 비롯하여 전국 방방곡곡에 훌륭한 포주와 접주가 수백 수천 명을 헤아렸다.

그런데 최시형은 기라성 같은 여러 제자 중에서도 특히 손병희, 손천민 및 김연국을 가장 믿고 의지했다. 그러므로 1896년 정월에는 그들 3인이 집단지도체제의 방식으로 교단을 운영하라고 지시하였다. 그렇게 약 2년을 시험해 본 다음에, 1897년 12월 24일이 되자 최시형은 최종적으로 결단을 내렸다.

> "그대들 3인(손병희, 손천민, 김연국)은 나를 따라 수년 동안 도학(道學, 동학)을 같이 하였고 재앙과 경사도 함께했다. 그러므로 어찌 일체(一體)라고 하지 않으리오. 그러나 도(道)의 발전과 일의 종리(綜理, 다스림)에는 주장하는 사람이 없어서는 안 되는지라. 이후에는 의암(손병희)을 북접대도주(北接大道主)로 삼노라."[2]

한마디로, 손병희에게 도통(道通)을 전수한다는 선언이었다. 그날

---

2 《본교역사》, 제2편, <해월신사>.

이후에 손병희는 수운 최제우와 해월 최시형의 뒤를 이어 동학의 제3대 교주로서 교단을 이끌었다.

그런데 <조석헌>에 따르면, 후계자를 정하던 때 구암 김연국은 외지에 출타 중이었다고 한다. 그는 강원도의 어느 접(接)을 순시하고 있었다. 《본교역사》의 서술과 차이가 있는데, 필자는 조석헌의 증언에 무게를 둔다. 그때 최시형이 다음과 같이 분부하였다고 한다.

> "구암(김연국)이 본래 우매한 사람이나 그대(손병희)는 침착하고 성질이 너그러운 대장부이다. 항상 (그를) 용서하여 나(최시형)라는 선생의 본뜻을 말하거라. 모든 일을 너희 두 사람이 서로 의논하여 온 세상에 덕을 베풀고 세상 사람을 널리 구제하라."[3]

조석헌은 위와 같은 내용으로 누누이 손병희에게 당부하였다고 기록하였다. 나중에 김연국은 손병희의 교권에 반발하여 교단을 분열시켰는데, 그 조짐은 이미 1897년 연말의 후계자 선정 과정 때 감지되었다고 해석할 수 있다.

한 가지 의문이 제기될 수 있다. 최시형은 왜, 자신을 그림자처럼 따라다니며 최측근에서 수행비서 역할을 한 김연국을 제치고 손병희를 후계자로 선택하였을까. 손병희의 영성(靈性)이 제자 중에서 가장

---

3 <조석헌>.

탁월하였기 때문이라고 본다.

《본교역사》를 살펴보면, 1897년 4월 5일에 최시형이 이천의 앵천동에서 "향아설위"를 처음으로 시행하였을 때 일어난 기적이 소개되어 있다. 앞서도 언급하였듯, 그날 최제우는 원주의 교인 임순호의 집에 있었다. 최시형이 향아설위를 시행하는 현장에 없었는데도 손병희는 어떤 기운에 이끌려 스스로 향아설위를 하였다고 한다. 《본교역사》에서는 그날의 사실을 기록하고 다음과 같이 탄복하였다.

> "이상하도다. (스승 최시형과 제자 손병희는) 서로 거리가 90리나 멀리 떨어져 있었으면서도 사상이나 행사가 서로 모의하지 않았는데도 똑같았다. 사제 간의 두 마음이 부합되는 것이 이와 같았다."[4]

그 반면에 한날 한 장소에 있었는데도 김연국(金演局)·손천민(孫天民)·조재벽(趙在璧) 등은 스승 최시형의 뜻에 부합되지 못하였다. 최시형이 그들에게 묻기를, 가면 돌아오지 않을 리가 없다는 수운 최시형의 말이 무슨 뜻인지를 물었다. 이에 손천민은 대답하기를, "하늘의 운행이 순환한다는 뜻이 있는데, 이밖에 다른 뜻이 있는지 모르겠습니다"라고 하였다. 또, 김연국은 말하기를, "하늘의 운행이 어찌 대신사(최제우)에게만 강림하였겠습니까? 후학도 운행의 도를 따른다면

---

4 《본교역사》, 제2편, <해월신사>.

마땅히 가서 돌아오지 않을 리가 없을 것입니다"라고 하였다. 그러자 최시형은 고개를 가로저으며 불만을 표시하였다. "두 사람의 말이 미진하니 다시 깊이 생각하라."5

이것은 한울이 우주에 존재하는 과거와 현재와 미래의 모든 인간과 사물에 실려 있다는 뜻이다. 그러므로 내 안의 한울님도 공경하고, 다른 사람이나 만물에 깃든 한울님을 공경하라는 뜻이다. 그러나 손천민과 김연국은 그런 이치를 통달하지 못하였으므로, 최시형은 그들에게 도통을 전하지 않은 것이다. 필자의 해석은 그러하다.

4. 최시형, 조선 후기의 철학적 담론을 계승 발전시키다

한 마디로, 최시형에 따르면 우주만물이 한울 또는 하늘이다. 동물도, 식물도, 심지어 광물질조차도 모두가 하늘이라는 것이다. 지성사적 측면에서 볼 때, 이러한 주장은 성리학에서 강조하는 '천인합일(天人合一)'의 전통을 계승한 것이다. 성리학자들은 우주자연과 인간이 혼연일체라고 보았기 때문이다.

필자가 보기에, 최시형의 주장은 18세기부터 한동안 조선의 성리학계의 화두였던 '인물성동이론(人物性同異論)'과도 깊은 관련이 있다.

---

5 위와 같음.

최시형은 인성과 물성은 근본적으로 분리될 수 없다고 본 셈이었고, 그런 점에서 그는 "낙론(洛論, 서울의 노론이 지지한 학설, 대표자는 외암 이간)" 에 가까웠다.

어떤 사람은 최시형이 성리학적 배경이 전혀 없었는데, 무슨 말이냐고 항변할는지도 모른다. 하지만 필자는 최시형과 조선 후기의 철학적 담론을 단절된 것으로 보지 않으며, 거기에는 뚜렷한 이유가 있다. 어떠한 사상가도 그 자신이 속한 시대의 중요 담론에서 유리될 수 없다는 점이 중요하다.[6]

최시형은 조선후기의 성리학적 담론을 더욱 발전시켜 실천적인 모형으로 만들었다는 점을 말하고 싶다. 그의 사상적 결실은, 하늘에 관한 이론을 한갓 형이상학적 탁상공론에 묶어두지 않고 모든 인간의 실천적 명제로 탈바꿈한 점이다. 하늘에 관한 주장은 최시형을 통하여 누구나 일상에서 실천 가능한 실질적인 명제가 되었다.

서구 계몽사상의 한계 벗어나

최시형의 실천운동은 위에서 간단히 설명한 그의 '삼경설(三敬說)'에 가장 잘 나타난다. 경천(敬天)·경인(敬人)·경물(敬物)이 그것으로, 누

---

6 최시형을 비롯한 동학의 스승들은 조선후기의 철학적 담론을 한 발짝 더 멀리 밀고 나갔다는 것이 필자의 지론이다. 이 점은 《동학에서 미래를 배운다》(들녘, 2019)에서도 강조한 적이 있다.

구든지 우주만물을 지극히 공경해야 옳다는 것이다. 이것은 위에서 설명한 '이천식천'이나 '이심치심' 그리고 '향아설위'와 서로 안팎이 된다.

하늘이 하늘을 먹고 살며, 하늘과 사람과 우주 만물을 공경한다니, 그 요체는 하나이다. 만물이 곧 지존(至尊)이다, 지극한 가치를 가진 존재라는 새로운 각성이다.

지금까지 많은 이가 동학을 가리켜 평등을 주장한 사상이라고 평가했다. 서양의 근대시민사상도 자유와 평등을 강조했으므로, 동학과 일맥 일통한다고도 했다. 얼핏 보기에는 영락없이 맞는 설명이다.

그러나 깊이 생각해 보면 그 차이가 뚜렷하다. 최시형은 만물 위에 인간이 따로 있다고 주장하지 않았다. 인간이 만물을 지배한다든가 소유한다는 관계를 이미 벗어난 것이다. 최시형의 사상은 인간사회의 평등에 국한된 서양의 계몽사상과는 거리가 멀며, 생태계의 보편적 평등을 주장한 새로운 이론으로 평가하는 것이 옳다.

최시형의 사상은 본질적인 면에서 '생태적 전환'을 시급한 과제로 설정하였다. 인간이 우주만물 위에 군림하는 독점적이고 배타적인 존재일 수 없다고 한 점에 최시형의 위대함이 있다.

관계의 전환

최시형의 고뇌는 가난한 사람에게 밥 한 사발을 주자는 보시론(報施論)에 그치는 것이 아니다. 또는 사회적 약자가 강자로부터 권력을 탈취하자는 인간사회의 혁명론도 아니다. 그가 추구한 것은 인간과 인간, 그리고 인간과 사물의 관계를 질적으로 바꾸자는 것이었다.

그때 시대 상황은 최시형의 염원과는 정반대 방향으로 흘렀다. 봉건 지배층이 국내의 재부를 독점하는데다가 근대적 무기를 앞세운 제국주의 국가가 약소국을 침탈하였다. 그러므로 세상에 켜켜이 쌓인 묵은 갈등은 풀리지 못하고 더더욱 큰 원한을 낳았다.

최시형은 그러한 모순관계를 벗어나기 위해 고심하였다. 19세기 말에 동학농민이 '유무상자'를 실천한 것은 사회적 모순을 풀려는 노력이었다. 최시형이 여러 법설에서 '이천식천', '이심치심', '향아설위' 등을 강조한 것도 마찬가지였다. 한울님 또는 하늘의 항존(恒存)과 편재(遍在)를 강조함으로써 세상을 본질적으로 바꾸려 한 것이다.

'관계의 질적 전환'이야말로 최시형의 소망이었다. 동학에서 사용하는 용어를 빌리면 그것이 곧 '후천개벽'이었다. 그것은 불교의 미륵하생신앙이나 도교의 이상향인 '조화선경(造化仙境)' 또는 유교가 추구하는 '대동사회(大同社會)'와도 통하는 점이 없지 않았다. 그런 점에서 동학은 동양의 전통사상을 포용하였다고 볼 수 있다. 후천개벽에 대한 동학 교도의 열망은 오랫동안 식지 않아, 나중에 천도교단은 《개벽》이라는 제호(題號) 아래 진보적인 잡지를 발행했다(1920년 창간).

그들이 그토록 열망한 개벽한 세상은 어떠한 모습이었을까. 물질만능의 세상은 아니었다. 인간이 마음껏 자연을 약탈하고 파괴하는 세상도 아니었다. 최시형과 그 제자들이 갈망했던 새 세상은 평화가 넘치는 사회, 모든 존재가 억눌리거나 타자화되지 않고 각자의 소질을 발휘하며 상생하는 세상이었다.

누구든지 소유와 지배의 억압에서 탈출하여 평화와 정의를 마음껏 누리는 새 세상이 바로 후천개벽의 모습이었다. 그것은 인간만을 위한 세상도 아니고, 남성만을 위한 세상 또는 어른들만의 세상도 아니었다. 모든 사물이 공평하고 정의로운 대접을 받는 세상이었다는 점에서 오늘의 관점에서 보면, 최시형과 동학의 소망은 '자주적 근대화'였다. 19세기 이후 한국 사회는 어떠한 의미로든 "근대화"를 추진하게 되었는데, 최시형의 접근 방법에는 특별한 점이 있었다.

이상에서 검토한 최시형의 가르침을 기준으로 삼을 때, 우리는 장차 어떠한 세상을 이룩해야 하는 것일까. 첫째, 이익만을 추구하는 경제활동은 지양해야 할 것이다. 모든 사람이 평화적으로 공존할 수 있는 경제공동체를 건설하는 것이 더욱더 필요하겠다.

그런 점에서 연대와 협동의 기능이 강화되기를 바란다. 서로에게 부족한 것을 채워주고, 이곳에 남는 것과 저곳에 부족한 것을 교환하는 "유무상자"의 경제생활이 바람직하다. 생태계를 지나치게 파괴하는 과도한 산업화를 지양하고 '이천식천'과 '삼경설'에 토대한 새로운 세계관을 정립하는 데 힘을 모아야겠다.

종장

평민지식인의 미래

해월 최시형이 우리의 시대로부터 아득히 먼 곳에 있다고 생각할 사람도 적지 않을 것이다. 그렇게 생각하는 사람은 무위당 장일순의 삶과 사상을 살펴보면 될 것이다. 최시형이 간곡히 타이른 관계의 질적 전환은 장일순의 생명운동으로 다시 태어났으니, 21세기 시민에게는 이것이 바로 믿음직한 나침반이다. 장일순과 최시형 두 명의 평민지식인과 인연이 깊은 강원도 원주, 경기도 여주 및 이천의 시민에게는 더더욱 그러하다. 그런데 한 번 더 깊이 생각한다면 그러한 인연이 어찌 몇몇 도시에 국한될 일이겠는가. 우리는 감히 우주와 생명을 말하고 있지 않은가.

음력 4월 5일은 동학의 교조인 최제우가 득도한 기념일이다. 1898년 그날에 최시형은 자신이 사랑하는 여러 제자를 집으로 돌려보내고 원주의 송골에 있는 임시 주거지에서 조촐하게 제사를 모셨다. 그러고는 관헌에 체포되었다. 그는 무고한 죄인의 몸이 되어 남한강을 따라 서울로 압송되었다. 이어서 심리와 재판이 연달아 계속되었고, 72세의 나이로 교수형을 당하였다. 그의 유언은 매우 짧막하였다.

"내가 죽고 10년 후에는 주문 읽는 소리가 장안에 진동하리라."

그의 유언은 예언이었고, 그것은 곧 현실이 되었다. 가혹한 탄압은 이어졌으나 동학의 교세는 더욱 팽창하였다. 그리하여 1907년 7월 11일(양력)에 한성부에 사는 교인 박형채가 한 장의 의미심장한 청원서를 올렸다.

"... 지금 그 학문을 받들고 그 도를 숭상하는 자가 200여만 명입니다. 다행히 하늘의 도가 순환하여 교화의 문이 크게 열리게 되었습니다. 굽어살피신 후 (교조이신) 최제우와 (제2대 교주) 최시형을 죄인의 장부에서 속히 지워버리고 (교조신원의) 숙원을 베풀어 주어 많은 사람의 억울한 마음에 부합되게 하여 주기 바랍니다."[1]

고종은 이러한 요청을 받아들여 최제우와 최시형을 사면하였다
(1907. 7. 17). 그러고는 불과 이틀 만에 그 자신은 일본의 압박으로
황제의 자리에서 물러났다.[2] 1864년 봄, 고종 원년에 동학의 교조인
최제우가 사형을 당하였다. 그런데 바로 그 임금이 퇴위를 눈앞에
두고 동학에 신앙의 자유를 선포한 셈이었다. 19세기 말의 풍운은
한 편의 광기 어린 드라마였다.

해월 최시형은 그 역사의 한쪽 모서리를 움켜쥔 비운을 감내하면
서도 끝내 좌절하지 않았다. 어느 모로 보든지 그는 우리 역사에
빛을 던진 평민지식인의 전형이었다. 아래에서 우리는 이 책에서 검토
분석한 요점을 간략히 정리하고, 동학과 평민지식인의 앞날을 전망해
볼 생각이다. 20세기 후반에 강원도 원주에서 해월 최시형의 정신을
되살린 평민지식인, 즉 무위당(無爲堂) 장일순(張壹淳)을 지면으로 불러
들이는 까닭이 그 점에 있다.

1. 요약

각 장에서 살핀 주제 또는 내용을 정리해 보자. 우선 제1장에서는

---

1 <관보(官報)>, 제3820호, 광무 11년 7월 17일.
2 고종이 퇴위한 날짜는 1907년 7월 19일이다.

해월 최시형의 생애를 시간적 흐름에 따라 약술하였다. 첫째, 출생부터 교조인 수운 최제우의 후계자로 선정되기까지 최시형이 걸어간 험난한 인생 역정을 네 단계로 나누어 알아보았다. 둘째, 스승 최제우가 무고하게 희생당한 후에 최시형은 많은 어려움 속에서도 교단을 정비하고 세력을 키워 마침내는 교조신원(伸冤)운동을 대대적으로 벌였다는 점에 주목하였다. 셋째, 1894년은 동학의 역사에 있어서나 한국 및 동아시아의 역사에서 하나의 전환점이 되었다. 동학농민혁명을 통해 엄청난 변화가 일어난 것인데, 최시형은 동학의 교주로서 큰 역할을 담당하였다. 넷째, 동학농민혁명이 수포로 돌아가자 말년의 최시형은 다시 고난의 늪에 빠졌다. 그러나 그 속에서도 그는 교단을 발전시키고 사상적으로도 완숙한 경지에 올랐다.

제2장에서는 최시형의 동학사상이 현대의 생태주의와 서로 통한다는 결론을 얻었다. 그의 사상은 생태 페미니즘이나 생태 아나키즘과도 유사한 성격을 가졌는데, 위에서 우리는 다음의 세 가지 주제를 가지고 그의 사상적 특징을 탐색하였다.

첫째, 최시형이 남긴 삶의 궤적을 추적하여 그의 법설이 어떠한 구체적인 상황에서 탄생하였는지를 분석하였다. 고난 속에서도 사색을 멈추지 않는 평민지식인의 모습이 발견되었다. 둘째, 최시형의 법설(法說)은 그 범위도 넓고 범위도 광대하다. 이 장에서는 그의 사상적 지형도를 정리해 보았다. 셋째, 최시형에게서 발견되는 사상적 독특함, 특히 생태주의적인 면모를 탐구하였다.

제3장에서는 최시형을 곁에서 보좌하고 한결같이 따랐던 5명의 제자를 면밀히 관찰하였다. 후계자로 선정된 의암 손병희와 신실한 수행비서 구암 김연국이 있고, 문필로 스승을 보좌한 송암 손천민과 전라도 부안접주로서 호남에서 북접을 이끈 용암 김낙철도 있었다. 그에 더하여 언제나 최시형의 살림살이를 염려한 정암 이종훈이 바로 우리가 주목한 최시형의 제자들이었다.

제4장에서는 1894년을 뜨겁게 달구었던 동학농민혁명을 집중적으로 검토하였다. 먼저는 전봉준 등이 일으킨 제1차 동학농민혁명의 전개 과정을 여러 가지 자료를 통해서 재조명하였고, 이어서 최시형의 명령으로 북접까지도 참여한 제2차 동학농민혁명에 대하여도 살펴보았다. 그 내용은 널리 알려진 것이 대부분이다. 그러나 심문 과정에서 작성한 <공초>와 여러 전기 자료를 통해서 동학농민혁명의 실체가 좀 더 생생하고 입체적으로 조명되기도 하였다.

이어서 제5장에서는 경기도 이천과 여주지역에 초점을 두고 최시형과 동학농민의 활동을 살폈다. 두 지역은 동학의 역사에서 상당히 중요하였다. 최시형의 고제(高弟)로 손꼽히는 이종훈과 이용구는 음죽(현 이천시)과 연고가 깊었으며, 그 결과 한때 최시형도 앵산동에 은거하였다. 그리고 여주 전거리(전거론)는 최시형이 말년을 보낸 지역이기도 했다. 이 장에서는 경기도 이천과 여주에서 일어난 동학농민이

종장 _ 평민지식인의 미래

제2차 혁명 때 무슨 활동을 벌였고, 혁명 이후에 얼마나 심한 탄압을 받았는지도 서술하였다.

끝으로, 제6장에서는 이천과 여주지역에서 최시형의 삶이 어떠했는지를 구체적으로 분석하고, 그가 그곳에서 펼친 새로운 가르침도 알아보았다. 한 가지 다행스러운 일은 낙암(樂菴) 조석헌(曺錫憲)이 최시형의 동정을 생생한 기록으로 남겼다는 점이다. 그 덕분에 우리는 최시형의 일상생활을 비교적 상세히 재구성할 수 있었다.

또, 최시형이 이천과 여주에서 제자들에게 준 법설은, 손천민의 붓끝을 통해 <해월신사 법설>로 정리되어 있다. 그 법설을 자세히 검토해 보면 '향아설위', '이심치심' 및 '이천식천' 등을 통하여 최시형이 한울(天)에 관한 새로운 인식을 촉구한 점을 분명히 알 수 있다. 그는 인간 상호 간의 관계를 질적으로 혁신하는 데 그치지 않고, 인간과 우주 만물의 관계 또한 새롭게 정립하려고 노력하였다.

2. 해월 최시형의 현대적 의미

1898년 봄에 해월 최시형은 중죄인의 몸으로 세상을 하직하였으며, 그로부터 9년이 지난 1907년 여름에 그의 억울한 죽음은 신원(伸冤)되었다. 다시 그때부터 110여 년의 긴 세월이 흐른 오늘날이다.

최시형의 삶과 사상은 현대 한국사회에서 어떠한 의미를 지니는 것일까. 그에게서 우리는 과연 무엇을 배울 것인가.

역사의 격랑 속에서 우리는 하마터면 해월 최시형이란 존재의 중요성을 잊을 뻔하였다. 그런데 20세기 후반에 무위당(无爲堂) 장일순(張壹淳, 1928~1994)이란 특별한 지식인이 있어서 최시형의 가치를 재발견하게 되었다. 아래에서는 최시형과 장일순의 사상적 만남에 관해 간단히 서술할 것이다. 해월 최시형이란 평민지식인이 한국사회에 뿌린 사상의 씨앗이, 수십 년의 공백을 넘어 또 한 사람의 평민지식인을 통해 부활한 귀중한 역사이기 때문이다. 장일순에 관한 이야기는 해월 사상의 미래에 관해 암시하는 바가 적지 않다.

장일순이라는 평민지식인

장일순은 고향인 강원도 원주를 무대로 활동한 평민지식인이었다. 그는 평생 단 한 권의 저술도 남기지 않았다. 언어도단(言語道斷)이라고 하든가. 말로는 진리를 표현할 수 없다고 확신하였기 때문에, 그는 저술을 꺼렸다고 한다. 사실 장일순만큼 동서양의 종교와 고전에 두루 해박한 이는 거의 없었다. 그는 여러 현인 중에서도 노자(老子)를 스승으로 삼았다.

종장 _ 평민지식인의 미래

"아는 자는 말을 하지 아니하고, 말하는 자는 알지 못한다."

노자의 이 말씀 따라 장일순은 입을 굳게 다문 것이 아니었을까 짐작한다. 그의 당호는 '무위당(无爲堂)'이었다. 불필요한 일은 하지 않겠다는 다짐이었다. 과연 장일순은 평생에 돈과 명예와 지위를 얻기 위해 노력한 흔적이 없다. 어느 때인가 그는 자기 자신을 다음과 같이 설명했다.

"저는 너무나 오랜 세월 동안 두문불출하고 살다시피 한 사람이다 보니, 뭐라고 붙일 딱지가 없어요."

이 말은 맞고도 틀린다. 평생에 그가 종사한 일은 여러 가지였다. 장일순은 약자를 구하는 일이면 언제나 팔을 걷어붙이고 앞장섰다. 그가 평화롭고 정의로운 세상을 만들고자 노심초사했다는 것을 많은 사람이 알고 있다. 또, 그는 그림과 글씨에도 뛰어나 많은 작품을 세상에 남겼다. 그는 평생 많은 일을 하였으나 그 모든 일이 일신의 부귀영화와는 무관하였으므로 아무 일도 하지 않은 것이기도 했다.

20세기의 평민지식인

장일순을 가리켜 어떠어떠한 사람이라고 짧게 요약하기는 어렵다. 필자는 그를 일컬어 평민지식인이라고 부르겠다. 그는 해월 최시형, 수운 최제우, 또는 전봉준과도 같은 인재였다. 요즘 말로는 '생명사상가'요, '양심적 지성'이라고 말해도 좋겠다. 혹자는 장일순의 사상을 요약해, 하늘과 땅과 사람의 세 가지를 하나로 보았다고 평가하기도 하였는데 옳은 말이다.[3]

그런데 장일순의 제일 큰 매력은 언행일치에 힘썼다는 점이다. 그는 사소한 일상의 일부터 매우 어렵고 복잡한 일에 이르기까지, 겉과 속이 일치하도록 힘을 쏟았다. 그러면서도 언제나 사람들과 함께 일하고, 더불어 나누며, 서로를 극진히 모시는 태도를 유지했다. 도가(道家)의 방식으로 말하면, 세속(朝市)에 숨은 '대은(大隱)'이었고, 유가(儒家)의 표현을 빌리면 난세의 '대현(大賢)'이었다.

일제 말에 장일순은 경성공업전문학교(서울대학교 공과대학 전신)에 입학했는데 해방이 되자 서울대학교에 통합되었다. 그때 남한을 점령한 미군 대령을 국립서울대학교의 총장에 임명한다는 내용이 포함된 '국립서울대학교 설립안(국대안)'이 발표되었다. 장일순으로서는 이런 처사를 이해할 수 없는 일이라, 반대에 앞장섰다가 학교에서 제적되었다. 그것으로 그의 학교생활은 막을 내렸다. 이러한 이력에서 보듯 장일순은 무도한 세상과 화합하지 못하는 평민지식인이었다.

---

3 장일순의 삶에 관해서는 특히 다음의 책을 참조할 것. 한상봉, 《장일순 평전 - 걸어 다니는 동학, 장일순의 삶과 사상》, 삼인, 2024년.

종장 _ 평민지식인의 미래

불굴의 의지

6·25전쟁이 끝나자 장일순은 도산 안창호의 구국정신을 본받아, 고향 원주에 '대성학원'을 설립하였다. 그러나 곧 '5.16 군사쿠데타'가 일어났고 장일순은 교육자로서의 일생에 종지부를 찍게 되었다. 박정희가 이끄는 군부 정권은 장일순의 사상을 문제 삼았다. 평소에 장일순은 한반도의 분단을 슬기롭게 극복하려면 한반도의 '중립화'가 필수적이라는 주장을 폈는데, 이것이 화근이었다. 군사정권은 사상이 불순하다는 이유로 장일순을 3년간이나 감옥에 가두었다.

형기를 마친 장일순은 1963년에 대성학원 이사장직에 복귀하였으나 독재정권은 그를 내버려 두지 않았다. 이번에는 독재정권이 추진하던 한일국교정상화를 반대했다는 이유로, 장일순을 '정치활동정화법'과 '사회안전법'으로 묶어 사회활동을 금지하였다.

정권의 엄혹한 감시는 계속되었으나 장일순은 세상에서 자신이할 새로운 역할을 찾아냈고 꾸준히 노력하였다. 그는 피폐해진 농촌과 광산촌을 살리고자 노력했으며, 1968년에는 고향 원주에서 신용협동조합운동을 펼쳤다. 또, 1971년 10월에는 천주교 원주교구의 지학순 주교와 함께 독재정권의 부정부패를 폭로하고 사회정의를 촉구하며 거리로 나가 시위를 벌였다. 이는 반독재 민주화 투쟁의 시작을 알리는 횃불이었다.

그보다 2년 뒤에는 강원도가 홍수로 큰 재난을 입었는데, 장일순은 난민을 구제하고자 지학순 주교와 함께 '재해대책사업위원회'를 조직했다. 그리고 '민청학련사건'으로 억울하게 구속된 사람들을 석방하기 위해 국제사회와도 연대를 꾀했다. 장일순은 민주화운동의 숨은 대부였다고 말해도 지나치지 않다.

최시형의 생명사상으로

장일순의 삶에 큰 변화가 다시 일어난 것은 1977년이었다. "종래의 방향으로는 안 되겠다." 이렇게 확신한 그는, 사회운동을 공생의 원리에 따른 '생명운동'으로 바꾸었다. 그로부터 6년이 지난 1983년에 장일순은 농촌과 도시의 직거래를 위한 '한살림'을 출범하였다. 또다시 6년 뒤에는 생명사상의 원류인 해월(海月) 최시형(崔時亨) 선생의 기념비를 원주에 세웠다.

이제 최시형은 장일순의 정신적 지주이자 생명운동의 밑거름이 되었다. 그 뒤에 장일순은 생명사상을 주제로 자주 강연회를 열었다. 그는 노자에 정통했으므로 생명사상의 관점에서 '도덕경'을 풀이하기도 했다. 이현주 목사는 그의 강의안을 정리해 '장일순의 노자이야기'를 펴냈다. 이 책이 나오고 몇 달 지난 1994년 5월 22일, 67세를 일기로 장일순은 영영 눈을 감았다.

현대문명 비판

"지구 전체가 지금 온통 장삿속으로 돌고 있어요." 장일순은 어느 강연에서 자본주의 사회의 속성을 비판했다. 그의 문명 비판은 적확하였다. "돈이 기준이 돼 있는 세상이니까, 사람이 기본적으로 살아가는 데 적당한가, 알맞나 이러한 문제는 얘기도 안 되는 거라."

또, 그는 다음과 같이 한국사회를 어지럽히는 유별난 문제점을 지적했다.

"내 자식이 꼭 일등 해야 되고, 요놈이 꼭 출세해야 되고, 요놈이 꼭 돈 많이 모아야 되고. 그러니까 공해가 올 수밖에 없잖아요. 일등만이 가치 있고, 나머지는 무시되는 이건 엄청난 공해입니다."

과연 20세기에는 시대의 총아인 과학을 비롯하여 학문 전반이 인간의 오만을 더욱더 노골적으로 드러냈다. 그리하여 지식이란 인간의 끝없는 욕망을 추구하는 수단으로 전락하였다. 장일순은 현대문명을 다음과 같이 날카롭게 비판했다.

"선진국이라는 나라들, 심지어는 우리까지도 사람 죽이는 무기를 생산하고 있어요. 그게 지금 이익이 제일 많아요. 전부 무기장사라고…."

이런 현실이 수정되지 못하면 종국적으로 "반(反)생명적이고, 반자연적이고, 반인간적"인 비극을 빚게 될 것이다. 한정된 지구의 자원이 고갈되고 말 것도 당연한 일이다. "도깨비도 이런 짓은 안 해요." 장일순은 장차 현대문명과는 정반대되는 새 문명이 출현하지 않으면 안 될 것으로 전망하였다.

밥 한 사발에 담긴 우주

놀랍게도 장일순이 찾아낸 대안은 해월 최시형의 사상에 맞닿아 있었다. 그는 다음과 같이 주장했다.

> "일체 현상은 유기적 공존체(有機的共存體)요, 서로 밀접한 관계를 형성한 것이니, 개체와 전체가 분리되어 있지 않습니다."

또 이렇게도 설명했다. "하나도 떨어져 있을 수가 없어. (만물이) 유기적인 관계에 있다, 이 말이에요." 그렇다면 관계의 회복이 본질적인 과제가 되는 것은 당연한 일이다. 우리가 지나친 욕심을 버릴 때, 그때 비로소 생태계의 질서가 되살아날 수 있다는 것이 장일순의 신념이었다.

장일순은 이런 확신은 두말할 필요도 없이 동학의 2대 교주 해월 최시형에게서 온 것이다. 앞에서도 인용하였듯 해월 최시형은, "밥 한 사발을 알면, 세상만사를 다 아느니라"라고 말하였다. 장일순은 해월의 가르침을 인용하며, 밥 한 사발이 되려면 많은 농부가 땀을 흘려야 한다는 점을 떠올렸다. 그뿐 아니라 하늘도 땅도 사람도 하나가 되어야만 밥 한 사발의 농사가 이뤄지므로, 밥 한 사발은 우주적인 만남이 있어야 한다고 설명하였다.

이 책에서도 강조한 것처럼 최시형은 "하늘이 하늘을 먹는다(以天食天)"라고 일렀는데, 하늘이란 사람을 비롯해 곡식 한 알, 돌멩이나 버러지 하나까지도 포함하였다. 모두가 하늘이며, 그 하늘이 서로를 극진히 위해야 평화도 정의도 가능하다는 뜻이다. 그런데 이것이 바로 장일순 사상의 중심이 되었다. 평민지식인 최시형은 곧 장일순이라는 말이다.

해월 최시형이 우리의 시대로부터 아득히 먼 곳에 있다고 생각할 사람도 적지 않을 것이다. 그렇게 생각하는 사람은 무위당 장일순의 삶과 사상을 살펴보면 될 것이다. 최시형이 간곡히 타이른 관계의 질적 전환은 장일순의 생명운동으로 다시 태어났으니, 21세기 시민에게는 이것이 바로 믿음직한 나침반이다. 장일순과 최시형 두 명의 평민지식인과 인연이 깊은 강원도 원주, 경기도 여주 및 이천의 시민에게는 더더욱 그러하다. 그런데 한 번 더 깊이 생각한다면 그러한 인연이 어찌 몇몇 도시에 국한될 일이겠는가. 우리는 감히 우주와 생명을 말하고 있지 않은가.

종장 _ 평민지식인의 미래

참고문헌

《갑오군정실기(甲午軍政實記)》

《고종실록(高宗實錄)》

《동경대전》, 윤석산 역, 모시는사람들, 2014.

《동학관련판결선고서(東學關聯判決宣告書)》

《동학난 기록》, 권 상, 국사편찬위원회, 1959.

《동학농민전쟁사료총서》

《동학도종역사》, 제13장 <송암의 전수와 무술년의 조난(松菴傳授戊戌曹
難)>.

《본교역사(本敎歷史)》

《승정원일기(承政院日記)》

《시천교종역사(侍天敎宗繹史)》

《양호초토등록(兩湖招討謄錄)》

《용담유사》, 윤석산 역, 동학사, 1999.

《일성록(日省錄)》

《창산후인 조석헌역사(昌山后人 曺錫憲歷史)》

《해월신사(海月神師) 법설(法說)》

<관보(官報)>

<김명기의 증언> (2025년 2월 5일 19시 검색)
　　　https://e-donghak.or.kr/archive/?menu=135&mode
　　　=view&no=54&keyword=%EA%B9%80%EC%97%B0%EA%B5
　　　%AD

<대한매일신보>

<도남서원(道南書院) 통문(通文)>

<독립신문>

<동아일보>

<이종훈 약력(李鍾勳略歷)>

<전봉준 공초>: 1차 1895년 2월 9일, 2차 2월 11일, 3차 2월 19일, 4차 3월 7일 , 5차 3월 10일.

≪동경 아사히 신문(東京朝日新聞)≫

≪동학농민전쟁사료총서≫

남철(南哲), <문제(問題) 중에 잇[있]는 천도교(天道教)의 해부(解剖)와 전망(展望). 그 출현(出現)과 생장(生長)>,《동광》, 제33호(1932년 05월).

미나미 고시로(南小四郎), <동학당정토대(東學黨征討隊)의 조사결과보고(調査結果報告)>, 1895년 5월 13일.

박인호,《천도교서(天道教書)》, 천도교중앙총부, 1921.

박정동,《시천교종역사(侍天教宗繹史)》, 시천교, 1915.

백승종,《동학에서 미래를 배운다》, 들녘, 2019.

백승종,《시민을 위한 이천의 역사》, 이천문화원, 2024.

백승종,《정조와 불량선비 강이천》, 푸른역사, 2011.

신영우, <여주지역의 동학운동과 동학농민전쟁>,《여주시사》, 2005,

야뢰(夜雷), <인내천(人乃天)의 연구(研究)(속 續)>,《개벽》제3호, 1920년 8월.

오문환, <강증산의 '해원상생'의 의의와 한계>,《정치사상연구》, 4, 한국정치사상학회, 2001년.

오상준,《본교역사(本教歷史)》, 천도교회월보사, 1910-1915.

오지영(吳知泳),《동학사(東學史)》(2019. 07. 22일 검색)

  http://db.history.go.kr/item/level.do?setId=1&itemId
    =prd&synonym=off&chinessChar=on&page=1&pre_page=1&b
    rokerPagingInfo=&position=0&levelId=prd_002_0030_0140

오횡묵(吳宖默),《고성총쇄록(固城叢鎖錄)》(필사본)

우치다 사다즈치(內田定槌), <동학당사건(東學黨事件)에 대한 회심전말
  (會審顚末) 구보(具報)>, 1895년 9월 2일.

이돈화,《천도교 창건사》, 천도교중앙종리원, 1933.

이두황,《양호우선봉일기(兩湖右先鋒日記)》

임상욱, <21세기 동학적 유무상자(有無相資)의 실천 과제>,《동학학보》,
  48, 동학학회, 2018년.

정운현,《3.1 혁명을 이끈 민족대표 33인》, 역사인, 2019.

최승희, <서원(유림)세력의 동학배척운동 소고>,《한우근박사정년기념논
  총》, 지식산업사, 1981.

최시형,《해월신사 법설해의》, 이령로 해설, 천법출판사, 2000.

최홍규, <경기지역(京畿地域)의 동학(東學)과 동학농민군(東學農民軍) 활
  동(活動)>,《경기사론(京畿史論)》, 창간호, 1997.

표영삼,《동학》, 1, 통나무, 2004.

한상봉,《장일순 평전 - 걸어 다니는 동학, 장일순의 삶과 사상》, 삼인, 2024
  년.

황현(黃玹),《오하기문(梧下記聞)》, 김종익 역, 역사비평사, 1994.